谢春霖 著

效率红利

EFFICIENCY DIVIDEND

机械工业出版社
China Machine Press

图书在版编目（CIP）数据

效率红利 / 谢春霖著 . -- 北京：机械工业出版社，2022.3（2022.8 重印）

ISBN 978-7-111-70302-0

I. ①效… Ⅱ. ①谢… Ⅲ. ①工作 – 效率 – 通俗读物 Ⅳ. ① C935.49

中国版本图书馆 CIP 数据核字（2022）第 039004 号

　　这个世界缺的从来都不是有想法的人，而是那些能更快地把想法变成现实的人。本书从"个人效率升级、协同力升级、团队效率升级"三个维度全面讲述了提升效率的具体方法，是每个追求工作效率的职场人士及管理者的必备读物。希望通过阅读本书，读者能迅速提升个人以及团队的效率，更快地将梦想变成现实，取得属于自己的"效率红利"。

效率红利

出版发行：机械工业出版社（北京市西城区百万庄大街 22 号　邮政编码：100037）

责任编辑：秦　诗　　　　　　　　　　　责任校对：殷　虹

印　　刷：北京铭成印刷有限公司

开　　本：170mm×230mm　1/16　　　　版　　次：2022 年 8 月第 1 版第 4 次印刷

书　　号：ISBN 978-7-111-70302-0　　　印　　张：22.25

　　　　　　　　　　　　　　　　　　　　定　　价：79.00 元

客服电话：（010）88361066　88379833　68326294　　投稿热线：（010）88379007

华章网站：www.hzbook.com　　　　　　　读者信箱：hzjg@hzbook.com

"C轮死"魔咒

根据IT桔子《2020～2021中国新经济创业投资分析报告》截至2020年12月31日的数据，中国新经济创业项目中获得B轮融资的公司，有近70%都无法拿到C轮融资，这就是我们在投资圈内经常听到的"C轮死"。

为什么会有"C轮死"现象？

按理说，A轮看产品，B轮看模式，能拿到B轮投资的创业公司，大多数公司的产品已经获得了市场认可，并且基本都找到了自己的盈利模式，业务算是步入了正轨，但为什么还会有那么大比例的公司倒在这里呢？

因为团队走到这里，比的不仅仅是产品和模式，更重要的是效率。

比如共享专车、共享单车、网上团购等业务模式，当年在市场上都同时并存着几十乃至上千家公司，它们的产品类似，模式一致，公司本身都没什么大问题。

一开始，它们的差别不大，市场处在群雄逐鹿的"均衡态"，各自都拥有一定数量的用户。

但市场上的用户总量是有限的，同类型的产品，他们只会选择其中的1~2款，选择了A产品，就没必要去用B产品，而一旦用户发现身边的人都在用C产品了，就会立刻弃旧图新，放弃A产品转而去使用C产品。

结果就是，使用C产品的人越来越多，其他产品的市场份额越来越少，再接着，大鱼吃小鱼，差距不断扩大，市场最终形成"7/2/1"的格局——第一名占有70%的市场份额，第二名20%，剩下的所有玩家瓜分仅剩的10%。

你发现了吗？在这种竞争格局下，最关键的是谁能率先打破"均衡态"，成为市场的领先者，一旦取得领先，就能因为"规模效应"或者"网络效应"而受到市场上更多用户的青睐，然后引来更多的资本注入，获得更强的市场推广能力，进一步扩大领先优势，最后，赢者通吃。

这就是"C轮死"最重要的原因，打破平衡取得领先的公司永远是少数，而剩下的所有"落后者"都很难再获得资本的青睐，因为它们不会在一个"胜负已分"的比赛中继续支持输家，那些落后的公司会在弹尽粮绝后倒在此处。

那么关键点来了，大家的产品都差不多，模式都一样，该如何打破"均衡态"取得领先呢？

答案是两个字：效率。

在大鱼吃小鱼之前，这里的游戏规则是快鱼吃慢鱼，谁能更快地组建起一支团队，谁能第一个把产品做出来，谁能迭代得更快，谁能率先占据有利的资源位置，谁能更早地被用户熟知……谁就有可能打破平衡，脱颖而出，然后赢下比赛。

这就是效率带来的红利。

效率红利

不仅团队之间的竞争需要拼效率，个人也需要。

在我的上一本书《认知红利》中，我说在这个时代，普通人要想脱颖而出，得升级自己的认知，因为我们眼里的世界和能给出的解决方案，是由我们的认知决定的，认知不改变，现状也不会发生改变。

但就算认知改变了，现状也不一定就能改善，为什么？

因为中间还差着"行动"。

认知是改变的起点，但如果不能转化成行动，将一个好想法、一个好计划变成现实，那一切都是白搭。

不仅要行动，你还得提高行动的效率。

一项工作，别人用一周的时间才能做完，而你只需要花三天，剩余的时间，你用来继续提升自己的能力，提高自己做事的效率，进一步拉开与同事们的差距，当公司有升职的机会时，不给你给谁？

除了个人与团队，当你回看历史长河，你会发现效率也在推动着我们的文明从落后走向先进。

更高效的生产技术，将刀耕火种变成了机械智能；

更高效的信息传递，将远隔万里变成了触手可及；

更高效的协作方式，将手工作坊变成了跨国企业；

更高效的组织形式，将封闭僵化变成了开放共生；

······

可以说，整个文明史，其实就是不断用"高效率"替代"低效率"的过程。

谁能提高效率，谁就能给自己，给团队，乃至给整个人类文明带去红利。

那怎么提高效率呢？

怎么提高效率

在讲具体的方法之前，我们先来明确一下什么是效率。

比如你要从上海去北京，怎么衡量你的效率呢？

首先，你的方向得正确，不能心里想着北京，车却开向了南京，那永远也到不了。

其次，你的动作得正确，比如你开车去，那开车熟不熟练，道路选择是否正确，行程安排是否妥当……如果这些动作不正确，或者你的开车技术不佳，路上经常擦碰追尾，那么你就得花更多的时间才能抵达北京，甚至根本到不了。

最后，在以上都正确的情况下，你才能加速，从平均30km/h的速度提升到100km/h。

怎么衡量效率？

效率 = 方向的正确率 × 行为的正确率 × 行动的速率

简化成更直白的词语就是：

效率 = 目标 × 能力 × 速度

本书内容简介

如果我们把效率分成个人效率和团队效率，那么按照公式"效率 = 目标 × 能力 × 速度"，就可以得到一个2×3的矩阵（见图0-1），本书的核心知识点就落在这个矩阵之中。

具体我将会把这些知识点分成三大模块，分别是：个人效率升级、协同力升级、团队效率升级（见图0-2）。

图 0-1

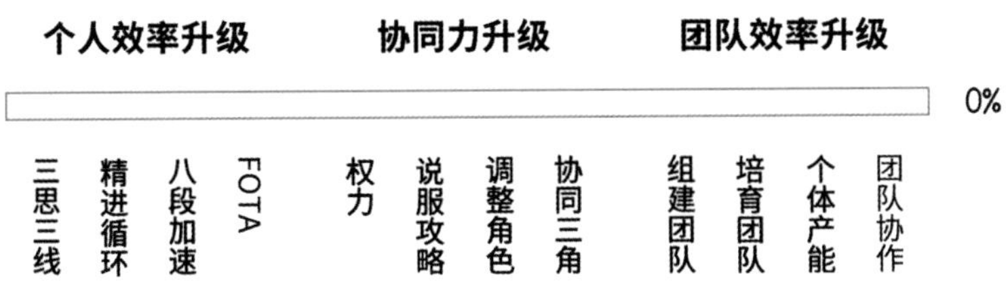

个人效率升级	协同力升级	团队效率升级

0%

三思三线　精进循环　八段加速　FOTA　　权力　说服攻略　调整角色　协同三角　　组建团队　培育团队　个体产能　团队协作

图　0-2

第一模块：个人效率升级

我将用"三思三线"来校准你的个人目标，也就是在出发之前，你要问自己三个问题，画出三条线，它们是你提高效率的基础、成事的前提，不然你踩一脚油门，可能会让你撞上南墙！

有了目标，你需要的也不是立刻行动，而是要提升自己的能力，先成为某个领域的高手，因为现在是一个强者通吃的时代，高手们获得了比以往更大的优势，我将会告诉你一套"精进循环"的修炼方法，助你快速提升自己的技能。

有了正确的目标，具备了相应的能力，然后才是提升做事的速度。

你可以使用"八段加速"的方法，来逐级提升完成单一任务的工作速度；而面对多任务时，你可以运用"FOTA"这套时间管理技巧，让事情多而不乱，做到有序高效。

第二模块：协同力升级

一个人的力量终究是有限的，当目标超出了个人能力所及，你就需要召集天下英雄好汉，和你一起并肩作战。

虽说人多力量大，但如果彼此的"目标"不一致，就会变成一群乌合之众，三个诸葛亮也抵不过一个臭皮匠。因此，想要提高团队的效率，你得先拥有协同力，将大家的目标统一起来。

首先，你需要的不是说服力，而是获得"权力"，因为它能改变你和他人的沟通模式，让协同变得更加简单。

但获得权力需要时间，如果现在你的权力不够大，那么你可以运用"说服攻略"来增强自己的说服力，达成协同。

其次，"屁股决定脑袋"，人的社会角色也会影响他的所思所想、所言所行，因此你还需要"调整角色"的方法，来帮对方换个身份，重新思考。

最后，我会把以上三种方法结合在一起，形成强大而有效的协同力工具——"协同三角"，助你实现大规模协同。

第三模块：团队效率升级

统一了团队目标，接下来就是提高团队的能力与速度了。

团队的能力，可以通过两种方式获得：第一，"组建团队"，我将告诉你如何通过四个步骤，快速组建起一支有战斗力的团队；第二，"培育团队"，我将告诉你如何通过五个步骤，打造一个有利于员工成长的环境，然后让他们自己成长。

团队的速度，需要从两个方面来提高：第一，"个体产能"，我将告诉你如何通过回答三个问题，让每个员工都全力以赴；第二，"团队协作"，我将告诉你从哪三个视角观察并改进团队，能有效地提升它们之间的协作效率。

天下武功，唯快不破

这个世界缺的从来都不是有想法的人，而是那些能更快地把想法变成现实的人。

希望你能通过本书 12 章的内容，迅速提升个人以及团队的效率，更快地将梦想变成现实，取得属于你的"效率红利"。

天下武功，唯快不破！

我们书里见！

目　录

第一模块　个人效率升级

第二模块

协同力升级

12 你要改变的是系统，而不是员工

核心概念
团队协作

第一模块

个人效率升级

一事无成，是因为你
第一步就错了

个人效率升级　　协同力升级　　团队效率升级

8%

三思三线　精进循环　八段加速　FOTA　权力　说服攻略　调整角色　协同三角　组建团队　培育团队　个体产能　团队协作

1

天下武功，唯快不破

2018 年 8 月，一款名为"子弹短信"的 App 上线并迅速蹿红，站上了各大应用商店社交榜的首位。

上线 7 天便完成 A 轮 1.5 亿元融资，App 日下载量高达 44 万；截至 2018 年 8 月 30 日 0 点 14 分总激活用户超 400 万……

"子弹短信"就如同它的名字一样，从上线到爆发，再到融资壮大，这一切都太快了！

但是，由于开发团队之前都没料到这个原本定位比较"附属"的软件会如此火爆，所以产品发布的时候，功能、用户体验等多方面都做得还不够完善，官方的意思是，完成度还不到 1/4……

因此，在经历了上线后的一波光速增长后，子弹短信的用户数据开始急转直下，产品发布后的 3 个月，日活[⊖]就下降到 10 多万，日下载量仅为高峰期的 2%……

眼看这个明星产品就要"凉凉"了，怎么办？

转！

快速地转！

为了提高用户留存，公司决定通过补贴用户的方式提升产品的日活和留存率，转为趣头条[⊜]的运营模式。

时间紧，任务重，必须加快脚步！

⊖ 日活：平均每日活跃的用户数量。
⊜ 趣头条，一款内容聚合 App，以"通过现金奖励补贴用户阅读行为"的运营模式而著称。

老板对团队说：

"作为一个拿到这么多钱的公司，大家的开发速度太慢了！"

"你一个人要干三天，我给你三个人，你给我干一天。五个人不够，我给你加十个人，加二十个人。"

于是，"996"成为常态，熬夜通宵成为习惯……团队迅速膨胀，公司全员踩足油门开始狂奔！

仅仅两个月，这款快速转弯后的产品更名为"聊天宝"并于2019年1月全新上线（见图1-1）。

图 1-1

快，是真的快！

但是……

经历一波小幅回暖之后，产品的日活又一次跌入谷底。

仅仅两个月之后，2019年3月5日，公司弹尽粮绝，宣布团队就地解散……

就这样，子弹短信，真的像一颗子弹划过夜空，划出绚烂的光芒，却又立刻消失在茫茫黑夜之中！

效 率 红 利

为什么会这样？

一款增长接近光速的明星产品、一个反应和行动速度都极快的团队、一个产品上线 7 天后就达到 6 亿元估值的公司，怎么就在短短半年的时间里，说没就没了呢？

不是说"天下武功，唯快不破"吗？

我都快成子弹了，咋还没用呢？说好的效率红利呢？

速度快就是效率高吗

我们一想到要"提高效率"，第一个反应就是要"快"！

但是，提速之后，效率就真的提高了吗？

你一脚油门踩到底，也许不是跑得更远了，而是撞到墙了！

- 建筑商为了赶工期，偷工减料，结果却带来巨大的安全隐患；
- 你为了不迟到而闯红灯，分秒必争，结果却造成交通事故，延误了更多的时间；
- 微信公众号必须每天发文，因此，你只能缩短篇幅、牺牲质量、减少原创，结果阅读量却越来越少；
- 你发现最近股票行情非常好，想抓住机遇快速致富，于是加了杠杆[⊖]全仓买入，结果却倾家荡产……

这就是我们常说的，欲速则不达！

只会猛踩油门加速的人，不是赛车手，是马路杀手……

"快"就是不对的吗？

当然不是，要做成一件事，效率是必须的，而想要提高效率，就肯定得加快速度。

⊖ 杠杆，指按本金的一定比例借钱投资。

但是，在你踩下油门准备"加速"之前，你必须先做好另外两件事，它们才是你做成一件事的第一步，也是最重要的一步！

比"快"更重要的两件事情

1. 确保正确

"确保正确"，你要确保这件事情本身是正确的，不然速度越快，死得也越快。

就像子弹短信，如果这款产品诞生在移动互联网元年2012年，并且还能以这种方式增长，那么今天，我们用得最多的社交产品也许就不是微信，而是子弹短信。

但是这都2018年了，再做会成功吗？

微信的网络效应已完全成型，这条护城河已固若金汤，在市场上没有出现巨大的结构性变化（比如大的技术变迁，社会法制的大调整等）之前，任何以通用型社交产品为核心的挑战者，几乎都不可能成功，当年的来往、易信、米聊如此，如今的子弹也一样……

2. 可实现

"可实现"就是你的想法和计划不是飘在天上的，是能落地的，你得有能力把想法实现，而不只是嘴上说说。

你说你有个很好的想法，现在就差投资人和程序员了，那请问钱多久可以到账？程序员什么时候可以上岗？

雷军当年想做"小米"的时候，一通12小时的电话就可以把这些搞定，这个想法对他来说就是"可实现"的，而如果你说你还得先找200个投资人的邮箱，把商业计划书发给他们看看，那这件事对你来说，就还飘在天上。

因此，在没有把这两点考虑清楚之前，你的"快"非但不能提高效率，还会让你绕更远的路，甚至变成一颗打向错误方向的子弹，就算在途中发现走错了路，也无力再回到正轨上来了……

所以，想要做成一件事，想要提高效率，你就得先放开油门，去确认一下你正要做的这件事是不是正确的，是不是可实现的，它们才是你成事的前提和提高效率的基础。

好，那你该如何确认这两点呢？

如何确保正确

什么是"正确"

首先，你得知道什么才算"正确"。

这好像是个伪命题，什么是"正确"？

韩寒的电影《后会无期》里有句台词说得好——"小孩才分对错，大人只看利弊。"

什么意思？

就是这件事对我有好处，它就是对的，对我没好处，它就是不对的！

因此，同一件事情，给不同的人造成的结果不同，每个人对它的看法就会不同，评判标准可能就会截然相反。

比如，三国时期赤壁之战，曹操率领几十万大军准备攻打东吴，由于兵力过于悬殊，东吴内部立刻分成两派人马。

一派是以老臣张昭等一帮文臣为主的主降派，天天和孙权说："千万别打，这实力相差太远了，别以卵击石啊！"

为什么？因为投降之后，这些文官依然可以每天吃香的喝辣的，原来做什么官可以继续做，投降当然是更好的选择。

而另外一派呢？

是以周瑜等一干武将为主的主战派，他们整天劝孙权："你父兄创业不容易，大好的江山不能拱手让人啊，我们有长江天堑，可以一战！"

为什么？你想嘛，武将是靠战功立业的，不打仗就投降，那还有什么价值？

你看，同一件事情，站在不同的立场，彼此的利益诉求不同，就会得出完全不同的所谓"正确"的选择。

所以，所谓的"正确"都是相对的，除了客观事实之外，没有绝对意义上的"正确"。

那怎么办？

你该如何衡量一件事的"正确性"呢？

答案是，这件事能带来的"社会总收益"为正。

什么意思？

就是你做的这件事"带来的所有好处"大于"带来的所有坏处"，那么它就是一件对的事情。

简单来说，就是这件事对大家都有好处，那么它就是正确的！

你说："哇，这个太复杂了，要详细分析一件事情对各个方面的利弊，衡量每个人的具体得失，这牵涉的面就太大了，比如国际上关于碳排放的问题吵到今天，如果所有事情都按这种方式来分析，人人都来发表个意见，投票表决一下，那什么事都别做了！"

确实，在日常生活中，我们面对一件事情，通常没有那么多时间和资源来做完整的权衡分析，也不可能把所有的利益相关者都叫来唇枪舌战一番。

那我们该如何快速判断一件事情是不是正确的呢？

其实，早在2500年前孔老夫子就给了我们一个心法，叫作"三思而后行！"

不过，那个时候孔老夫子说的"三思"是指反复思考的意思，我在这里把它转换成了"每次开始行动之前，你都需要问自己三个问题"，如果这三个问题都能得到正面的回答，那这件事情大概率上就会比较靠谱，对你来说就是一件值得做且正确的事情，你就可以开始行动了。

那具体是哪三个问题呢？

第一个问题：对方能获得什么

所有问题的思考都应该从"对方"的角度出发。

你要做一款产品，你就得先思考：用户是谁？他能获得什么？

你要写一篇文章，你就得先思考：这是写给谁看的，他为什么要看，他能看得懂吗？

如果你要把这篇文章发在公众号上，那就要先思考：用户希望收到这篇文章的推送吗？

许多人是不会这样思考的，他们的思考逻辑可能是，今天我要在公众号上发布4篇文章，一篇是公司最近的动态，一篇是我们最近推出的活动，一篇是广告文案，还有一篇……为了不浪费推文位置，我找别家转载一篇，增加一下阅读量……

如果是这样的推文，用户收到后的反应可能是：

"这个号是什么时候在我微信里的？"

"这写的都是什么东西，看不懂啊！"

"你们公司的动态和我有什么关系？"

"取关！！！"

通常，我们把这种状态叫作"自嗨"，自己觉得很满意，对方完全不知道你在干什么……

你得牢记一条"定理"：你的成功很多时候都是别人给你的！

换句话说，不是你想做某件事，而是有人需要你做某件事，你做成了，他满意了，他才会把你想要的给你。

你无法自己变出钱，也无法独自拥有人气，你的财富、名誉、声望……你所拥有的一切，最终都是别人给你的。

因此，一切问题的思考，都应该从"对方"的角度出发，多想想他要什么。

第二个问题：我能获得什么

通过这件事情，你想得到什么，要钱，要名，还是为下一步做准备？

千万别只说："这件事情很有意义，我们先干了再说……"

这样的话，这件事情将来很可能会无法持续。做了个 App 天天谈日活、月活，你先告诉我，你怎么活？

你只有在过程中持续得到你想要的，这件事才能愉快地进行下去，不然钱少了，心委屈了，事也就"凉凉"了……

好，那你该给自己设计怎么样的回报呢？

按回报周期的长短，我们大致可以把回报分成两大类：第一，打猎式的回报；第二，种田式的回报。什么意思？

我给你举个例子，在《富爸爸穷爸爸》中有这么个故事。

有一个奇特的村庄，村庄内除了雨水，方圆一里以内没有水源，所以，村内用水一直是个问题。于是，村长就找了两个人来解决这个问题，一个人叫艾德，一个人叫比尔，并分别与他们签订了送水合同。

艾德签完合同后就立刻行动了起来，他买了两个大桶，每天从一个一里以外的湖泊中打水并运送到村庄。

虽然每天起早贪黑很辛苦，但是他很快就赚了钱，他感到很满足……

而比尔呢？

他签完合同后人就跑了，消失了！

他去哪了？村里没人知道……

过了半年，比尔带了一支工程队回来，并开始在湖泊和村庄之间修建一根巨大的不锈钢水管！

原来，在这半年里，比尔拿着这份送水合同，写了一份商业计划书，找到几个投资人融了一大笔钱，并且成立了公司，雇用了职业经理人来帮自己打理，这次回来，他打算在村庄里建造一个供水系统！

一年之后……

比尔的供水系统终于建成了，并且以艾德供水价的 1/4，开始为村民们 24 小时不间断供水，村民们欣喜若狂！很快，比尔的供水系统就进入了这个村庄里的每一户人家……

艾德当然不能坐以待毙啊，于是他把自己的两个儿子叫来帮忙，水价也降低到原来的 1/4！但是，这个时候三个人就算累死，也已经完全不是比尔的对手了，这份事业已经很难维持下去了……

当艾德还在哭天抢地的时候，比尔又开始思考如何将这个模式复制到更多的村庄，乃至推广到全国！

多年后，比尔就算每天躺在床上刷电视剧，收入也能不停地增加。

而后来的艾德呢？

他依然在温饱线上，为生计而拼命工作……

为什么会这样？明明一开始艾德才是领先的那个人啊！

这是因为他们要的"回报类型"不同。

艾德要的就是打猎式的回报。

打猎是怎么样的？

就是早上提了一把枪出去，看到一只兔子，抬手把它打死，晚上就能有肉吃，整个回报期很短，你付出努力，很快就能有回报，当下会很爽很满足。

猎人更在乎眼前的得失，一旦发现有赚钱的机会就会扑上去争夺，就像艾德，看到卖水能赚钱，提了两个桶就往湖里冲。

而比尔呢？

他要的就是种田式的回报。

种田是怎么样的？

它需要春播秋收，就是你做的这件事，当下可能不会马上给你带来回报，甚至还需要你把很多时间、金钱投入进去……

但是，你做的每一个动作都会产生累积效应，它们会在未来给你兑现更多的回报。

就像比尔，他想要建造一个供水系统，这件事的结果很好，但供水系统没有办法一下子建成，前一年半的时间，每天都需要砸钱，一分钱收入都没有，还会面对无数的质疑……

当这个系统建成，村民们家里的水管能滴出第一滴水时，他的回报期才正式开启，当然，这个时候的回报，就远远超过这一年半以来一直都在勤勤恳恳工作的艾德了，这个供水系统就是比尔曾经种下的"庄稼"，如今丰收的季节到了。

打猎式的回报 vs. 种田式的回报

那么，这两种方式哪种更好呢？

你可能会说，这个故事不是已经证明了"种田"的模式更好吗？

其实不然，比尔是一个成功的案例，他的供水系统建成了，可如果最终没建成呢？

开发到一半资金不够，烂尾了；水管质量不过关，系统崩溃了；系统建成了，村民们却要集体搬迁……比尔就会成为人们口中的笑话，变成个失败者，余生都要用来还债。

所以，孰优孰劣，我们并不能以成败来论英雄，而是要透过这个案例，理解这两类回报的不同，要学会在不同的阶段，选择更适合自己的回报类型。

打猎式的回报，它的好处是当下立刻就能有收益，也更自由，可以随时换方向，但缺点是长期收益缺乏增长性，一旦遇到刮风下雨等恶劣天气，今晚可能就得饿肚子，而且如果这个地方的猎物打完了，你还得换个地方。

很多打工者其实就是在追求"打猎式的回报"，他们关注的是自己每个月到手的工资，不管公司好不好，总之我的付出要有回报，如果公司没钱了，给的回报少了，让我不舒服了，那我就换个地方继续打猎！

他们十年如一日地勤奋工作，"打猎的技能"确实提高了，比如从原来每个月能打 5000 元，到现在每个月能打到 20 000 元了。但是，一旦遇到类似公司裁员、倒闭等"恶劣天气"，他们就不得不面临短时间内"无猎可打"的局面，然后开始寻找下一个猎场……

种田式的回报，它的好处是成型后收益非常大，但缺点是，前期的过程会非常煎熬，建设期很长，还没等庄稼长成熟，你可能就饿死了；或者在过程中遇到天灾人祸，所有的努力都付之东流；又或者土地和种子选错了，这是块贫瘠之地，种子很劣质，奋斗了一年，最终啥都没有……

大部分互联网的创业项目追求的就是种田式的回报，开发期没有收入，软件上线后还是没有收入，除了每天砸下数不清的运营成本，过程中还得与无数的竞争者斗智斗勇……只有当用户数量突破某个临界值之后，才会有第一笔收入！

而这个时候，低头一看，脚下已经尸骨成堆……你，成为一名幸存者。

因此你看，两者其实并没有优劣之分，都有各自明显的优缺点。

那你该如何选择呢？

如果未来变数比较大，而你手上又没有足够的"存粮"，你就得先做有"打猎式回报"的事情，不然就会活不下去。

但是，天天打猎，你就没有时间去种田，你就可能永远打猎，看似很自由，其实完全没自由……

想要脱离这种状态，让自己的财富和事业获得一次跨跃式的发展，你就必须获得至少一次"种田式的回报"。

贫富差距不断变大的重要原因之一，就是富人一开始就去做"种田"的事，而不必担心每天的口粮，一旦做成，财富又能上升一个台阶，然后就有更多的存粮，继续去另外一块"农田"播种，这就形成了良性循环；普通人如果切换不到这种"种田"的模式，就会终身为口粮而忙碌。

那具体该怎么转换模式呢？

第一步：积累存粮

打猎的时候，你要有意识地开始积累"存粮"，为之后种田做准备，别做月光族。这不是为了存钱，而是为之后做准备。这里的"存粮"不仅包括金钱，也包括知识、技能、人脉等。

第二步：变换模式

当你有了一定的"存粮"之后，就可以开始留意市场中的机会，一旦发现了好种子（比如好的创业项目），找到好土壤（比如巨大的市场机会），你就可以迅速切换成"种田"的模式。

第三步：活到秋收

"种田式的回报"最怕的是中途夭折，还没等到秋收，人就饿死了。因此，这个时候最重要的事，就是让自己活下去！

你可以在开始的时候再去借点粮食，也就是通过融资、合伙，把过程中的风险分摊或转移出去；过程中，你要悉心照料这片"农田"，让它免于各种灾害的侵扰，保证"农作物"的健康成长；如果过程中断粮了，实在饿得不行了，别硬撑，回去打猎，活着比什么都重要！

然后，静静地等待丰收季的到来！

第三个问题：时机到了吗

有了前面两个问题做支撑，这件事就已经是个双赢的局面了，成事的基础已经具备。

但是，万事俱备，你还欠一阵东风！

东风是什么？

东风就是时机，对自己有利的特定时间段。时机不对，好事也会变成灾难，就像赤壁之战，如果所有条件不变，只是风向变成了西北风，那会是什么情况？

"火烧连船"就变成"玩火自焚"了……

所以，这时候你要考虑，"现在"做这件事情，赢的概率是不是最大的？

就像我们开头说的"子弹短信"，它就选错了时机，如果它早生6年，花同样的钱，以同样的速度增长，也许它已经成为一款国民级应用了。

那什么样的时机才是适合的呢？

就是你能"顺势而为"的时候！

如果你知道某件事情的未来会如何发展，你就能顺着它前进的方向行动，你就能事半功倍，就像是坐上了顺风船，用最小的代价，获取最大的回报。

具体该怎么做呢？

关于如何找到趋势，如何顺势而为，我在《认知红利》[⊖]的第9章"未来世界给你发来的信号"里已经详细讲过了，有兴趣的话你可以去看看，这里我再简述一下：

第一，用"点、线、面、体"分析框架分析现状，看清目前的形势；

第二，找到"势能高地"，要么成为它的一部分，要么让它给自己赋能；

第三，如果找不到势能高地，也没有"外力"相助，那你就要学会蓄势待发、伺机而动。

并不是每一件有价值的事情都得现在就去做，有时候时机没到，你就得等。许多成就，都是熬到时机成熟后顺势一击拿下的。比如求婚，怎么求不重要，什么时候求才重要，你必须得等到情过三年，酒过三巡，待音乐奏起，掌声响起的时候，才能顺势掏出戒指，一举成功！

三思而后行

这三个问题像是一个等边三角形（见图1-2），是一件事情靠谱的必备条件，缺少任何一边，它都不值得你去做。

图 1-2

对方不能获益，市场就根本不需要你，这是一切的基石，你能成功，不是因为你有多厉害，而是有人需要你；

自己不能获益，你就根本坚持不下去，要么中途放弃，要么最后饿死；

时机不够成熟，事情的成功率就太低，早一刻太费力，晚一刻费力也没用。

当你把这三个问题都认真地思考一遍后，那么你对这件事情的理解就会

_____

⊖ 该书已由机械工业出版社出版。

比较通透，这个时候如果你还是决定去做，那么它在大概率上就是一件"正确"的事，是靠谱的。

下一步，你就该思考如何实现它了。

如何实现你的好想法

把以上三个问题都想明白之后，你就能马上开始行动吗？

还不行！

这三个问题能告诉你这件事靠不靠谱，值不值得你去做，但并不能说明这件事你可以做成……

把一个好想法，变成一件可以实现的事情，你还需要画出做这件事的"三条线"，这"三条线"就像是你做这件事的说明书，告诉你能做什么，不能做什么，具体该怎么做。

第一条线：基线

这里的"基"是"基础"的意思，基线就是你目前做这件事情"马上就能用的能力和资源"，具体的行动应该是从你的"基线"出发的。

比如前面提到的，"你说你有个想法，现在就差投资人和程序员了……"

但如果你没有投资人的资源，就不能从"先拿到投资"这个目标开始，因为这不是你的基线。

那什么是你的基线呢？

比如你的想法是做一个生鲜水果平台，让用户以比普通水果店更低的价格，买到更新鲜、更安全、品质更好的水果。

你之所以会有这个想法，是因为你和一个果农关系不错，他可以小批量、低价格给到你新鲜的有机水果。

但是你目前没有钱，开发不了 App，做不出这个平台，怎么办？

那你可以先用微信群啊，这是你马上就能动手实现的事情，用户在微信群里下单，你去果农那里拿货，这生意不就开始跑起来了吗？

"建微信群，从果农那里直接拿货"就是你做这件事情的基线，你可以用这个"老土"的方式把生意先做起来，把数据先跑出来，验证自己的想法，如果真的不错，那么这个现成的"业务"和已经跑出来的"数据"就是你"新的基线"。

然后，你就可以用这个"新的基线"再去融资，这样就会容易很多，即使在短时间内融不到钱，你心里也不会慌，至少业务还能继续做，钱还能继续赚……

从基线出发的"虫妈邻里团"

上海有一个叫作"虫妈邻里团"的社区生鲜电商就是这么开始的。2014年，美女"虫妈"开着特斯拉，开始在自家社区门口卖水果，吸引了不少人的眼球，由于大家都是街坊邻居，彼此之间有一定的信任基础，邻居纷纷加入了她的微信群。

具体的运营方式是，邻居先在群内下单，虫妈根据他们的需求，再去找果农采购，这样可以去掉自己的库存压力，并且之后需求量大了，还可以跟果农谈到更低的价格；由于用户都是邻里，大家都住在附近，水果可以送到指定的地方，用户自己过来领取，这样既能大大降低配送的成本，又保证了水果的新鲜度。

模式验证成功后，虫妈邻里团就将该模式大量地复制，短短 1 年，他们就拥有了 300 多个微信群，服务 20 000 多户家庭，每户家庭每月的客单价平均在 750 元左右，虫妈邻里团成为中国当时 4000 多家生鲜电商中那 1%的盈利者，后续他们也完成了融资，目前的发展非常不错！（数据截止到 2019年 10 月。）

所以，再大的目标，都得从你自己的"基线"开始计划。不然你就会感觉这件事还飘在天上，做的时候会发现效率极低，事情的进展非常缓慢……

比如我自己，在做专栏的第一季语音课的时候，就错误预估了自己的"基线"，导致了重大的"效率事故"……

我错误预估"基线"而导致的"效率事故"

当时我觉得自己做语音课的"基线"很不错，不就是语音课嘛，我讲了10多年的课，课程的内容又都是现成的，我天生的声音条件也不错，感觉这个事对我来说太容易了。

但是，开始之后才发现完全不是那么回事儿。

文字稿不是录音稿，录音的表达方式和文字的表达方式完全是两码事，文字稿得全部重改；演讲是对着几十上百人的说话方式，不适合用来录音；而且平时说话和演讲的时候，为了让大家能听清楚，我已经习惯性"吊着嗓子"用比较尖锐的声音说话，而用这种错误的说话方式来录音，声音会变得很难听……

后来我才知道，想要声音好听，说话得用气，得气沉丹田……可是，方法是知道了，但这是个技能啊，我没有办法一下子掌握，比如我刚开始用气录音的时候，会感觉声音太虚，有气无力的，像午夜电台，完全不能用。没办法，只能重新开始"学说话"……

总之，以前的经验几乎都没办法直接派上用场，原定的录制计划得全部推倒重来，最终导致制作的时间比原计划增加了3倍多，这就是错误预判"基线"的后果……

因此，如果你发现电脑慢，想要提速，怎么办？升级软件，提高手速？

最大的可能，是你电脑的硬件已经落伍了！

而硬件问题是不能用软件来解决的，如果你目前的"基线"还无法支撑你开启当前的这件事，那就不要勉强，你得想办法先提高自己的"基线"，磨刀不误砍柴工。

第二条线：边线

如果你看过类似足球、篮球、排球等体育比赛，你就会发现，这些比赛场地都会有自己的"边线"。

"边线"是什么？

"边线"规定了运动员的活动范围，比赛必须是在"边线"内进行的，一旦越过了"边线"就会被判定为"出界"或者"违规"，"越界"的这一方就会受到相应的惩罚。

你做事情也要有自己的"边线"，你的计划和行动是不能越过这些"边线"的，不然你就会受到对应的惩罚。

那么，有哪些"边线"是你不能逾越的呢？

1. 理论边线

它是指目前技术条件下的理论极限。

比如最快的速度为"光速"（约等于 30 万公里 / 秒），最低的温度叫"绝对零度"（约等于 −273.15℃），这些在目前人类已知的技术条件下是无论如何无法突破的。

因此，你需要知道"你正在做的这件事"有没有可能存在"理论极限"。

知道极限的存在，你就不会异想天开，企图去制造什么永动机了，你能节约下大量做无用功的时间，整体的效率自然就会更高。

2. 能力边线

除了理论极限，你还得知道自己能力的极限，换句话说，你得知道自己几斤几两重，你得有自知之明，这个很重要。

你是不是会觉得，自己一直都很有自知之明啊，但其实真的能认清自己的人并不多，不信你可以去问问身边开车的人，问他们认为自己的开车水平如何，我猜绝大多数人会告诉你"他们至少都超过了平均水平"，但你知道这显然是不可能的……

所以，大多数人容易高估自己的能力，以为自己什么都能做到，比如某个普通股民，企图通过"分析各种技术指标"来击败市场；比如某款社交软件，妄想凭借精美的设计、优秀的用户体验，颠覆已经形成网络效应的社交巨头……

那真的是想多了！

这些事完全没有可能吗？

当然也不是，只是这些事对你当前的能力要求太高了。

你的能力会增强，它们对你来说，未来也许会成为可能，但不是现在！你得从力所能及的事情开始。

3. 法律边线

也就是我们常说的红线，某件事情有再大的利益，哪怕看上去还很符合道德的要求，但只要触犯了法律，你就不能做，因为这也许会伤害更多的人！

比如 2018 年上映的一部很火的电影《我不是药神》，男主程勇做了一件"利润可观且很有道德"但却"违法"的事情，就是走私并售卖"印度仿制药"，他让很多身患绝症却吃不起正品天价药"格列宁"的患者获得了新生，成了大家心中的"药神"。

从感性上来看，程勇应该被所有人支持，因为他虽然犯了法，但确实救了很多人的命，甚至最后赔本卖药，感动了无数观众。

但是，这个药那么贵，并不是因为药企黑心，而是现在要研发一款新药的成本太高了，平均每款新药需要投入几十亿美元、经过几十年的时间，通过层层审批才能成功上市。

因此，像格列宁这种针对"发病率较低的病种"的药品，想要在专利保护期内，尽快收回研发成本甚至获得一定的利润，就必须提高售价，这样才能保证药企的良性运转，它们才能在未来，有更多的资金投入，研发更多的新药，造福更多人。

而一旦无视这条"边线"，允许假药横行，短时间内确实能救很多人的命，但却切断了药企继续研发新药的动力，甚至会让药企破产倒闭，导致更多的病患在未来无药可吃，最终伤害了整个社会中的更多人。

第三条线：路线

找到"基线"，你就有了起点，画好"边线"，你就不会异想天开，而想要让你的事情真正落地，你就得从"基线"出发，在"边线"之内，画出你的行军"路线"。

"路线"就像是一个导航软件，你要去某个地点，跟着导航走就不会绕远路，每一步心里都是踏实的，因为你知道，现在离目标又近一点了。

路线图有"计划"和"演化"两种画法，我分别在《认知红利》的第 22 章"做计划！不是列一份愿望清单"、第 23 章"如何在迷茫中找到答案"里有详细讲过，这里我简述一下。

1. 如果目标明确，就用"计划"来冲刺

如果目标明确，风险可控，有相关的成功案例，有可参考的方法套路，那么你就可以用"计划"的方式画出路线图，然后向目标发起冲刺，具体分为四个步骤。

第一步：设定一个符合 SMART[⊖]原则的目标，没有目标则没有计划；

第二步：通过"加法分解"或"乘法分解"，将一个大目标分解成多个小目标；

⊖ SMART 原则的 5 个字母分别代表：Specific（具体明确的）；Measurable（可衡量的）；Achievable（自力可成的）；Rewarding（值得的）；Time-bound（有时间限制的）。（在企业目标管理中，A 代表 Attainable（可实现的），因为在企业中你可以借助团队的力量来帮助你实现目标；R 代表 Relevant（相关性），因为对企业来说，员工制定的目标只有和公司的目标相关，它才是值得的）。

第三步：把目标翻译成任务，这一步就是把"结果"翻译成实现结果的"路线图"；

第四步：放入 GTD[⊖]开始执行，并开启一个 PDCA[⊖]循环。

2. 如果目标不明确，则用"演化"来推进

如果目标不明确，未来存在大量变数，没有可参考的成功案例和方法套路，那么你就需要用"演化"的策略，慢慢向前推进，具体也分为四个步骤。

第一步：开启演化的初始状态，先把你的想法变成一个"最小可用品[⊜]"；

第二步：进行一次自然选择，将这个"最小可用品"放入环境中获得反馈，优胜劣汰；

第三步：进行一次变异，也就是创新。创新有两种方式，分别是："重组式创新[⊛]"和"突变式创新[⊛]"；

第四步：把这一轮的成果遗传到下一代中，然后开启下一轮的演化循环。

始于基线，远离边线，忠于路线

当你能画出这三条线（见图 1-3），你才算是把飘在天上的想法拽到地上，

⊖ GTD（Get Things Done），是一套任务管理的方法，意思是把事情做完，由戴维·艾伦在《尽管去做》中提出，大意是把所有待办任务都从大脑里移出，在外部管理，让大脑只负责思考。它有五个步骤：收集、整理、组织、回顾、执行。

⊖ PDCA 又名戴明循环，它代表四个步骤：Plan（计划）—Do（执行）—Check（检查）—Act（处理），由美国质量管理专家休哈特博士提出，通过 PDCA 能持续改进计划和行为，以帮助团队或个人实现最终的目标。

⊜ 最小可用品（Minimum Viable Product，MVP）由埃里克·莱斯在《精益创业》中提出，它是指围绕目标用户最核心的痛点，先开发出一款只包含最核心、与痛点最相关、功能最小组合的可用产品。

⊛ 重组式创新，是指把原来就有的各种元素，用新的方式组合起来，形成一个新的个体来完成创新，具体请看《认知红利》第 24 章。

⊛ 突变式创新，是指通过主动试错，或复制、或删减、或重组、或改变某些特点，让它像基因突变一样，出现一种有价值的新特性来完成创新，具体请看《认知红利》第 24 章。

效 率 红 利

这个想法对你来说，才是可实现的。

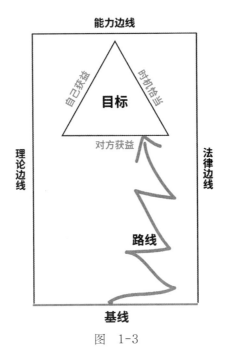

图　1-3

始于基线，远离边线，忠于路线。

只有这样，你的心里才会有谱，动作才会靠谱，最终的结果才不会离谱。

也只有在这三条线的共同限制之下，你的"加速"才能真正提高效率，才能成就一件又一件大事！

所以你看，所谓的效率，并不是肆无忌惮地快，而是在许多限制条件和规定动作下的极致发挥。

本章小结

下面我们来小结一下本章内容。

所谓效率，并不是一味地追求"快"，你踩一脚油门，也许并不会让你取得领先，而是会让你撞上南墙！

因此，在提速之前，你必须先做好另外两件事，它们才是你成事的前提，提高效率的基础。

第一，三思而后行，确保目标正确

要确定一件事情值不值得你去做，你得先问自己三个问题。

1. 对方能获得什么？

你所有的成功，很多时候都是别人给的，因此你的思考就得从对方的需求出发，这是一切的起点。

2. 我能获得什么？

自己有回报，这件事才能持续，回报分成两大类：①打猎式的回报，优点是当下就有收获，但缺乏增长性；②种田式的回报，优点是成型后收益巨大，但中途容易饿死。

你想要让自己的财富或者成就实现质的飞跃，就至少得获得一次"种田式的回报"，你可以通过"积累存粮、变换模式、活到秋收"这三个步骤来实现。

3. 时机到了吗？

事欲善其功，必先顺其势，时机不对，费力不讨好，你可以用我在《认知红利》第9章说的方式，找到"势能高地"并顺势而为。

第二，画出三条线，让事情能够落地

要确定一件事情能不能做成，你得画出三条线，它们是你行动的说明书。

1. 始于"基线"

"基线"是指你目前做这件事情"马上就能用的能力和资源"，你的行动应该是从"基线"出发的，有了"基线"，你就知道自己能做什么。

2. 远离"边线"

"边线"规定了你的活动范围，一旦出界你就会受到惩罚，"边线"有三条：理论边线、能力边线和法律边线，有了"边线"，你就知道自己不能做什么。

3. 忠于"路线"

"路线"就像是导航软件，跟着导航走你才不会绕远路，有了"路线"，你就会知道具体该怎么做。根据情况的不同，你可以设计两种行动路线：①目标明确的时候，就用"计划"来冲刺；②目标不明确的时候，则用"演化"来推进。

开始全速前进了吗

好，回答完三个问题，画好了三条线，下一步你就该全速前进了吗？

还不行！

为什么？

比如你和别人百米赛跑，你的起跑线设在了"0 米处"，而对手设在了"50 米处"，那么发令枪一响，同样的速度，对手肯定比你先到达终点！

你可能会说，这不是作弊吗？这不是不公平竞争吗？

同样的事情，处在不同"基线"上的人，达成的效率就是会不同啊！

因此，想要提高效率，在全速前进之前，你还需要做一个关键的动作：提高"基线"。

正式比赛之前，你得让自己获得一些"不公平"的竞争优势，先把自己从业余选手变成专业选手，这样，你才能在正式比赛中拥有更大的胜算！

别指望什么"以赛代练"，这在体育比赛中也许行得通，但是在真实的商业世界里，许多比赛的参与机会往往只有一次，输了，就是输了，而且代价高昂！

好，那么你该如何提高自己的"基线"呢？

我们下一章再说。

如何成为
一个顶尖高手

个人效率升级	协同力升级	团队效率升级

17%

三思三线　精进循环　八段加速　FOTA　权力　说服攻略　调整角色　协同三角　组建团队　培育团队　个体产能　团队协作

2

站上风口

2012 年 12 月，小锤辞职创业

小锤，公司里的顶尖销售员，没有任何征兆，他突然向公司提交了一份辞职报告……

老板："什么情况？小锤，是钱没给到位，还是让你心委屈了？"

小锤："对不起老板，不是你不好，是我听到了时代的呼唤，我，要去创业了！"

老板突然胸闷难忍，公司从此少一栋梁……

小锤怎么那么狠心？这是要去干什么？

原来，2012 年，中国出现了一个时代级的风口。2011 年诞生的国民级应用"微信"，在这一年突然爆发并席卷全国，用户数迅速逼近 3 亿，成为全球下载量和用户量最多的通信软件。

这一年，我们正式进入移动互联网时代。

小锤正是敏锐地捕捉到这个千载难逢的机会，放弃了高薪的工作，决定创业！

2013 年初，他迅速建立了自己的微信公众号，正式站上了这个历史级的大风口。

他想成为这个时代的弄潮儿。

微信对创业者也非常友好，任何人都可以成为一个公众号的运营者，它的口号是"再小的个体，也有自己的品牌"。

而且微信公众号不设置排行榜，甚至没有公开的地方可查询有哪些公众号……因此，公众号不容易出现"富者越富"的现象，每个人只要用心服务好自己的用户就可以了！

这是一次公平的竞赛，普通人终于也有机会成为大赢家！

好，那具体写些什么呢？

小锤："管他呢，站在风口上，猪也能飞！我那么多年的销售经验，就写点销售技巧吧，肯定有很多人喜欢。再说了，网上有那么多好文章，随时拿来就可以用，永远也发不完……"

果不其然，小锤的第一篇文章，就带来了50个粉丝！

然后是200个，1000个，3000个……

事业，就这样顺风顺水地开展了起来！

……

两年后的一天……

小锤发完最后一篇推文《两年心酸创业史，换来的100条忠告》后，他的公众号正式停更……

啊！为什么？

明明猜中了开头，这结尾咋又跑偏了呢……

不是找到了一个时代级的机会吗？

是方向错了吗，是没有势能吗，是速度不够吗？

不是啊！

小锤这次确确实实就站在了风口上，还是一个时代级的大趋势，执行效率也够快，但为什么还是没能飞起来？

因为他的能力还不够

顺势而为，确实能让你事半功倍，但是，别人也一样啊！

截至2019年3月，微信公众号的注册数量已超过2000万个，每50个人里面，就有一个人拥有自己的公众号……

这几乎已经成为一个全民参与的比赛。

那这场比赛的结果如何？

2019年第一季度，依然保持发文的公众号数量仅为175.6万个，不足总注册量的10%，而这其中80%的公众号，头条推文的平均阅读量低于1000，也就是说，存在一定商业价值的公众号已不足总量的2%。

注：数据来源于"西瓜数据"。

这是一场千军万马过独木桥的比赛。

那最终是谁赢下了比赛呢？

给你看一张2018年度公众号排行榜（部分截图，见图2-1），这是目前在这场比赛中处于第一梯队的"自媒体"们。

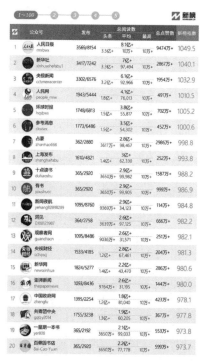

图2-1　2018年度公众号排行榜（部分截图，数据来源于"新榜"）

效率红利

你发现了什么？

嗯？！

不是说自媒体吗，怎么都变成这些传统媒体了？

对的，最后脱颖而出的，绝大部分都是这些曾经的"专业选手"，比如传统媒体、专业的内容团队、曾经的杂志主编、公众人物、政府组织/大机构的官微等。

红利期来临时，千万人蜂拥而至，有些人，第一次向全网发出了自己的声音，而有些人，他们早已身经百战，备好了一把磨了十年的利刃！

这看似是一场在同一时刻开始的公平竞赛，但是，他们的起点是一样的吗？

这就相当于一场马拉松比赛，原来只有专业选手可以参加，现在全民都可以参与了。

初期，普通人看上去也很厉害，甚至还有很多处于领先地位。

但是，跑了一半你就会发现，业余选手不断掉队，前排队伍里已经鲜有他们的身影了……

最后，你揉揉眼睛，仔细打量，咦？怎么还是原来那几个专业选手在比赛？

这，原来是一场不公平的比赛！

比速度更重要的是能力

小锤虽然选对了方向，并开足了马力，但却发现自己的车技稀烂，横冲直撞做了很多废动作，走了很多弯路，而且抬头一看，身边还全都是职业选手！那么，结果就可想而知了……

所以，上一章我们说，想要提高效率，首先不是快，最重要的第一步，是要确保方向的正确，不然越快越离谱。

而当方向正确后，你最应该提高的，也不是速度，而是能力！

先把自己变成一个做这件事的高手，你才有机会赢得最终的比赛。

以前，社会遵循的大多是 2/8 法则，也就是 20% 的高手，拿走 80% 的市场收益。

但是未来，也许将变成 1/99，甚至是 1/999 的世界！

互联网提高了连接效率，让彼此存在关联的事物更容易产生幂律分布，形成强者愈强、富者愈富的格局。

过去，一个一流销售员的业绩能抵十个二流销售员，很厉害！但是你不会特别担心，因为你只需要再雇十个二流销售员，总业绩也能超过他。

但是现在，如果大家都通过互联网文案来营销，一个一流文案所创造的价值，可能比一千个二流文案加起来都要多……

过去，一个老师讲课讲得好，顶多在学校里报他课的学生多一些，但是教室坐满也就满了，其他老师还是有学生的。

但是现在，一个好老师在线上开课，可能就会抢走这门课在全国所有的学生！

所以，未来抢走你饭碗的，很可能就是躲在某个小黑屋里的一位你从未谋面的顶尖高手……

这将是一个强者通吃的时代！

那你该如何成为某个领域里的顶尖高手呢？

高手之路

下面，我就从你还是个零基础的小白开始讲起，如果某个技能你完全不会，那么你该如何快速入门，然后一步步成为这项技能的高手呢？

特别提醒 1：此处，请先在心里默念一个你正在训练或最想提升的技能，然后带着"如何提升该技能"的问题来看下面的内容，这会让你的思考更加聚焦。

特别提醒 2：分清知识和技能。知识能学到，主要靠记忆与理解，而技能只能习得。比如语言是技能，没经过一段时间的练习你就无法熟练运用。我们这里讲的是"技能水平"的提升方法。

阶段1：入门

1. 掌握必要知识、获得基础物料

首先，你要做一些出发前的准备工作。

要学习一项新的技能，就好比你要进入一个新的世界，你得先知道这个新世界里的规则是什么，哪些动作在这里能做，哪些不能做，先有个大致的了解。

因此，你需要先买一些相关的入门书籍，进行大量的泛读，掌握必要的知识。不过，仅作为入门阶段的学习，网上搜索也许是更快捷的方式，很多入门教程也许都已经帮你总结好了。

比如小锤要学做自媒体，他得先知道做自媒体具体需要做些什么，比如内容运营、文案写作、图文编辑、插图设计、爆文技巧等。

比如你要去学打篮球，你就得先知道篮球比赛的规则是什么，有哪些基本的动作，比如运球、传球、上篮、投篮等；有哪些动作不能做，比如用脚踢球、把球放怀里往前跑……

然后，你还需要购买相应的物料装备，比如学篮球，那至少得先买个球吧，然后找到一个可以练球的球场；比如要学做自媒体，那你就得先注册一个公众号，选择一款编辑器，在电脑上安装Photoshop、脑图等相关软件……

2. 通过模仿开始

做好了这些基础的准备工作，下一步该从哪里开始学呢？

这时候，你需要开启人类天生的超级学习能力：模仿！

想想你是怎么学会走路的，怎么学会吃饭的，怎么学会说话的？

小时候，你可能还听不太懂大人们说的话，更无法理解这么做、那样动

背后的原理是什么，但你的学习能力却是超强的，你在短时间内就能掌握很多技能，这靠的是什么？

模仿。

你不需要理解为什么，跟着做就行，做几遍，你也许就会了。

虽然这时候，你并不一定懂其中的道理……

但是没关系，我们现在的目的是快速入门。

相反，成人之后，我们学习的过程恰恰是反过来的，先学一大堆理论，看似懂了很多，却不常使用……技能的学习效率反而很低。

所以，入门阶段的学习，你得先会，再去理解。

比如你要学写作，那就直接去找那些你看着很爽很有启发的文章，然后模仿他的写作方式，从文笔到段落结构都不要放过，这样你就能快速写出一篇差不多的好文章。等模仿的文章多了，再结合一些写作的理论知识，你就能慢慢摸索出一些门道，进而拥有自己的写作风格。

比如你要学打篮球，那就直接去看你最喜欢的球星的比赛录像，模仿他的动作。不过，由于球星的很多技术动作对基本功的要求都很高，你为了做出一样的动作，就倒逼着你去补相应的基本功，这样的话，你的技能提升起来就会很快。

然后，不断重复练习，直至熟练。

3. 完成一次展示

最后，你需要完成一次成果展示，比如把文章公开发表到网上，去篮球场上和小伙伴们打几场比赛，这样，你就算正式入门了。

当然，通过模仿学会的技能只能让你达到入门级的水平，想要再进一步，你就需要进入下一个阶段。

阶段2：高手

如果你不满足于入门级水平，想要成为人群中的高手，甚至想变成职业选手，怎么办？

继续不断地重复练习，模仿各种大师的动作技巧？

还是去学习战术套路，参加各种比赛和别人切磋？

不是！

你需要回过头，去苦练基本功

所谓基本功，就是组成你这个技能的一个个最小单元。

比如篮球运动中的运球、传球、投篮、上篮、扣篮、试探步、三威胁……篮球这个运动，其实就是这些最小单元的集合体。

再比如，写作这项技能里的最小单元是什么？

是词汇量（动词、名词、形容词、成语……），是修辞手法（比喻、排比、拟人、倒装……），是关联词的使用（如果……那么……；因为……所以……；一边……一边……）等，这些我们在学生时代都进行过一定量的训练（见图 2-2），没有这些基本的训练，你可能连一篇完整的日记都写不出来。

图 2-2

这些最小单元就像是编写计算机软件时所使用的代码，软件和系统都是用这些代码组合起来的，因此，代码的好坏，将决定你的软件质量。

比如我小时候挺喜欢打乒乓球的，13 岁左右的时候，就参加了一段时间的专业训练。训练期间基本是不打比赛的，学员之间的切磋更多是被当成课后的娱乐活动，也不练什么技巧套路。

那专业训练练的是什么？

每天就是重复练习那些最最基本的动作，比如步伐、发球、接发球、正手攻、反手攻、正手弧圈、反手削……

刚训练的前两周，每天就是上午 1 小时的体能训练，2 小时的正手攻球；下午 2 小时的反手攻球，再练 2 小时的步伐；晚上，练完 1000 个发球后回家。

日复一日，基础、单调、反反复复……

但是，仅仅这样训练了 2 个多月后，我出来打路人局，只要对方不是同样经过专业训练的，甭管业余打了多久，基本上就是直接虐……

打球战术？

没有的。

即使都是最基本的动作，业余选手通常抵挡不住两三下……

阶段 3：专业选手

当你把基本功练扎实了，在大众眼里基本上就是个高手了。

但是，这还远远称不上是专业选手。

就我这乒乓球水平，如果遇到真正的专业选手，我就是一盘菜，还挺嫩的，经常被打到怀疑人生。

我和这些专业选手的区别在哪？

第一当然是练习的时长，我基本功练了 2 个月，而他们也许是 2 年、10 年。

更重要的是……

他们在基本功扎实的基础上，掌握了很多技战术套路

也就是他们把"阶段2"中练习的这些基本功，彼此搭配，组合成了一套套更有用的"组合拳"。

这个过程，就像是把许多代码组合在一起，编成了软件，软件的功能当然要比纯粹的代码强很多。

比如篮球运动里，单人技术套路有Crossover（交叉步快速过人）、后撤步投篮、背身单打翻身跳投、欧洲步上篮……，多人配合的套路有传切、突分、挡拆、高位策应、联防、三角进攻……

再比如，写作的常用套路有SCQA、英雄之旅、疯传六原则，网络小说里常用的"金手指"等。

由于专业选手的基本功已经非常扎实，再把这些基本功组合成套路之后，威力就会非常大。

很多业余选手看似也学过这些技巧套路，练的时间也足够长，但为什么一遇到专业选手，就高下立判了呢？

因为他们的"代码层"是不过关的，也就是基本功不好，代码不好软件质量肯定差，差的软件用得再熟练，作用也很有限，就像花拳绣腿，打人不疼。

所以，如果你想要达到专业级别，首先还是得把基本功练得更扎实，在这个基础之上，你再花大量的时间开始练习各种套路，并在实战中积累经验，假以时日，你就能成为人们眼中真正的大神。

不过，这还没有登顶，在他们之上还有一群人，他们就是职业选手。

阶段4：职业选手

所谓职业选手，就是靠这门手艺吃饭的人，比如职业篮球运动员、职业作家、职业歌手、职业辩手……

这些人和专业选手有什么区别?

是比他们基本功更扎实,套路练得更炉火纯青吗?

这个当然是的。

但真正拉开差距的,是另外一项重要因素:硬件条件。

什么是硬件条件

就是类似于电脑的硬件,它是软件运行速度的上限。软件再好,如果硬件性能不够,那整体的作用就要大打折扣,硬件是一切技术、套路、战术得以发挥的基础设施。

比如竞技体育项目里,硬件主要是指你的身体素质,例如身高、体重、臂展、耐力、速度、力量、爆发、弹跳、协调、反应……

同样一个动作,比如三步上篮,我和詹姆斯(NBA 球星)做的动作看上去是一样的,但是他可以一个箭步撞飞 3 个 200 斤重的壮汉,然后飞向天空来一记暴扣,而我只能跟跄两步后被一个大叔轻松盖帽……

说到这里,估计你想和我抬杠了,你可能会说,那个谁谁谁身体素质也不是那么好,不也是职业选手吗?

比如我最常听到的案例是说一位叫"库里"的 NBA 现役球星,说他身材瘦弱,和普通人一样,靠一手精准的投篮称霸 NBA。

真的是这样吗?

我们来看一下他在 2009 年参加 NBA 选秀时的体测数据(数据来源于 NBA 官网):

- 裸足身高 187.96cm,体重 82.1kg,体脂含量 5.7%;
- 84kg 级卧推举起 10 次,硬拉 181kg;
- 原地起跳 74.93cm,助跑弹跳 90.17cm;
- 禁区往返跑 11.07 秒……

什么概念?

他的弹跳堪比格里芬、威少(NBA 中弹跳惊人的两个人)、禁区往返跑速度差点打破世界纪录、力量堪比詹姆斯（NBA 中公认身体最强壮的人之一）……

这样的身体素质，在普通人面前就是个怪兽，而作为一个以投射见长的后卫，这样的身体素质在 NBA 也属中上级。

他只是投篮准？

嗯。

在同一个硬件级别中，大家再来比技术，就像拳击选手，不同的级别，根本就不能同场竞技。（当然，不排除极个别跨级别还能打到一起的怪兽，这种极端案例这里就不讨论了。）

所以，如果你想成为某方面的职业选手，除了需要夯实基本功、练熟技战术套路之外，你还得升级自身的硬件条件。

比如职业运动员，他们大量的训练时间是用来提升力量、速度、耐力等身体硬实力。

比如职业播音员，他们需要通过训练提升横膈膜的力量、肺活量，以及舌头的灵活度等。

比如职业作家和演说家，他们的硬件是知识量，以及知识之间的结构性，还有人生阅历、成功案例等，因此他得花很多时间去学习、去经历，而不是一味地写，一味地说，不然就会言之无物，或者说话没有信服力。

当然，有些技能的硬件很难通过锻炼提升，还真得靠点天赋，比如打篮球得长得高，弹钢琴得手指长，下围棋得智商高，歌手的声音得有辨识度……

技能分层图

为了让你对刚才说的这四个技能阶段有一个更直观的认识，现在，我把这几个部分整合起来，组成一张技能分层图（见图 2-3），任何一项技能，其实都是由这四层黏合起来的整体表现。

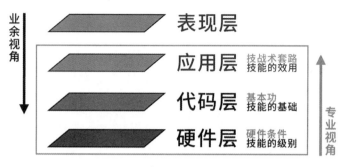

图 2-3

在技能分层图中你可以看到，上一层是下一层的集合，是基于下一层能力的发挥。

- 硬件层，它是技能的级别，决定了你技术动作的能量密度；
- 代码层，它是技能的基础，决定了你技战术套路的威力等级；
- 应用层，它是技能的效用，决定了你比赛、作品或者是工作结果的整体表现。

另外你还可以看到，业余爱好者看待一个技能的视角和专业选手有很大的不同。

业余爱好者的视角，通常是从上往下看的，他看到的是别人比赛、表演、工作时所展现出来的整体效果，深一步，能看到他们的技战术套路，而再深的基本功和硬件条件往往就不容易察觉了。如果按照这个视角来学习一门技能，练的就是表面功夫，看似很唬人，其实都是绣花枕头。

而如果你立志想成为某个领域里的顶尖高手，那么，你就得把这个视角反过来，从下往上进行训练。越在底部的核心层次下功夫，越夯实技能的"地基"，上层的表现就越稳定、越有力，下层的训练看似枯燥，但却能让你的技能水平得到质的提升。

当你有了这样的一个新视角，训练就不会走弯路，技能的提升效率将大幅提高，看似练的都是笨功夫，展现出来的却是惊人的威力。

好，你已经知道这条高手的成长之路，那么现在你就能顺利地从"小白"变成"职业选手"吗？

效率红利

当然……

还不能!

你现在只是知道了大致方向,就像你在丛林中拥有了一个指南针,但是具体的路还是得一步步脚踏实地地走出来,想要真正提高技能,你必须得积累足够的"有效训练量"才行。

什么是有效训练量

它必须同时满足三个条件

1. 专注的训练状态

训练时你必须专注,这是有效训练的前提。如果三心二意,那再正确的方法、再好的老师也没用!

2. 正确的训练方法

有了一个好的训练态度,你还需要一套正确的训练方法。我们刚才已经讲过,不同阶段对应着不同的训练项目,你不能瞎练。

而且你每次训练的动作都得确保正确,因为训练是对肌肉记忆和大脑神经元连接强度的强化,一旦你练错了动作,变成了习惯,那后期再要改回来的难度就很大了。

3. 不断重复

满足以上两点之后,你当然还需要不断重复这些训练动作,因为技能不像知识学了就会,它需要不断地重复,形成肌肉记忆,或是在大脑中建立起新的神经元连接,才能让你最终熟练掌握该技能。

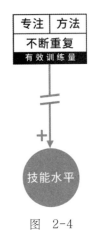

图 2-4

当这三个条件同时符合,才能叫作"有效训练量",而你的"技能水平"最终也只和你的"有效训练量"成正比,也只有当你在某项技能上,积累了足够多的"有效训练量"之后,你才有机会成为这项技能的高手(见图2-4)。

不过，在积累"有效训练量"的过程中，你会遇到两个棘手的问题。

第一，不想练了。

可能是因为太辛苦，可能是训练项目太枯燥，或者是遇到挫折，受到嘲讽……

总之你不想练了，练的时候也没法专注了，这时候，"有效训练量"中的条件一（专注的训练状态）和条件三（不断地重复）将同时失效，那你的技能水平也就会停止增长。

第二，练废了。

虽然你知道该练什么，但是练的具体方法不正确，甚至把错误的动作练成了习惯，或者你经常在重复练习那些已经掌握的动作……

虽然花了很多时间，但这时，"有效训练量"中的条件二（正确的训练方法）已经失效了，那你的技能水平提升也会出现停滞。

怎么办？

你需要进入"精进循环"！

精进循环

什么是精进循环

"精进循环"就是为你持续提供训练的动力，并帮助你构建一个可以自动调整训练方法的"系统"，一旦你进入了这个系统，你的训练热情就根本停不下来，你的"技能"也会在不知不觉中持续精进。

注：下面的内容，需要用到我在《认知红利》中第20章讲过的"系统性思维"，为了便于你理解后面的内容，我在这里先简述一下其中几个关键的知识点。

"系统性思维"里有三种基本反馈：

1. 正反馈：代表两个要素之间是正比例关系，A 增强，B 就增强，用箭头与 "＋" 表示（见图 2-5）。

图 2-5

2. 负反馈：代表两个要素之间是反比例关系，A 增强，B 就减少，用箭头与 "－" 表示（见图 2-6）。

图 2-6

3. 延迟反馈：代表两个要素之间的互动关系不是即刻发生的，A 发生一段时间之后，B 才会有反应，在箭头中加入 "//" 表示（见图 2-7）。

图 2-7

我们即将要搭建的 "精进循环" 就是由这些反馈搭建的。

"精进循环"，听着挺唬人的，具体该怎么做呢？

第一步：建立增强回路，持续提供动力

首先，我们要解决 "不想练" 的问题，一旦你在训练时出现 "不想练" 的情绪，就会无法专心，容易放弃。而没有足够的训练量，再好的训练方法也没用，这是技能提升的头号敌人。

那怎么样才能让自己持续 "想练"，练的时候又能保持 "专注" 呢？

能让我们专心投入做某件事的原因无非就两类。

第一，愉悦的事情。比如玩游戏，你玩开心了，爽了，似乎就感觉不到

时间的流逝了，你会完全沉浸其中。

第二，恐惧的事情。比如你正在高考，你知道，如果失败，人生就此不同，你感到压力充斥全身，注意力就自然会高度集中。

这两种方式看上去都很有效，但"恐惧"带来的是压力，而压力一旦过量，很多人就容易崩溃，比如在考场急哭、晕倒。

另外，"恐惧"带来的专注力往往也是短暂的，如果恐惧感长期存在，那么它就会演变成另一种情绪，叫作"焦虑"，焦虑并不会令你更专注，而是让你变得更着急……

比如小锤，他要去做自媒体，因为他看到了一个千载难逢的机会，他"害怕"错过，所以他很想参与进去。但如果他本身并不喜欢写作，而想要的结果（赚钱）又无法快速实现，那么他在过程中就很难耐下性子专注磨炼自己的写作技能，提高内容的含金量，很可能会为了快速提高阅读量，退而求其次，在标题上下功夫，在诱导分享上下功夫，结果带来了阅读，却赢不来口碑，最终沦为标题党，等潮水退去，用户便会纷纷离开……

因此，我们应该选择"愉悦"这种情绪。

它能帮助我们既获得持久的专注力，又静下心，不急不躁，享受训练过程中的每一刻美好，让我们不断地"想做"这件事，这种状态就叫"乐此不疲"。

好，想得很美，可问题是，想让自己开心就能开心吗？

你知道的，训练这件事，特别是专业训练这件事，反反复复做一个动作，123123……每天像机器人一样地重复，很枯燥的。

那你该如何让自己产生愉悦感呢？

给自己讲笑话吗？

愉悦的本质，是需求被满足。

根据马斯洛需求金字塔（见图2-8），我们可以将人的需求大致分为两大类。

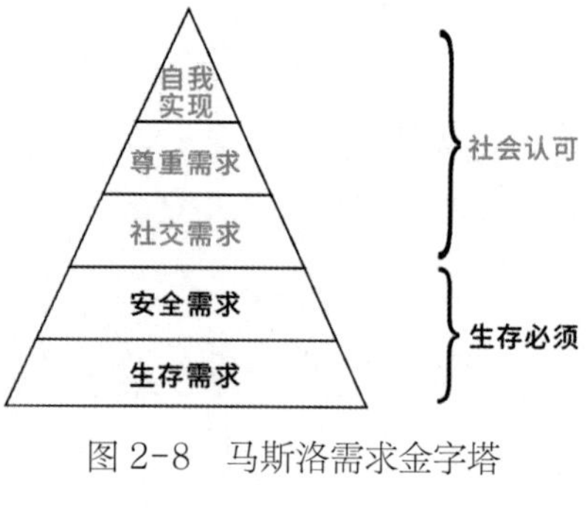

图2-8　马斯洛需求金字塔

效 率 红 利

1.较低层次的生存必须

其中包括"生存需求和安全需求"。比如你现在很饿,想吃东西,现在给你吃的,你就会满足、开心。

2.较高层次的社会认可

其中包括"社交需求、尊重需求、自我实现"(社会认可的程度和范围)。比如你发了条朋友圈——"始于颜值,陷于才华,忠于人品",并配上自拍照,结果竟然获得了200个点赞,并伴随一堆赞美之词,你就会欣喜若狂。

我们对动物的训练,通常就是用食物满足它的生存需求,让它对某个动作乐此不疲……

但对人显然不行,当生存的需求被满足之后,这类奖励的作用就会大幅降低,我们就会渴望"社会认可"这类更高级的需求,我们希望自己和自己做的事情被接受,被尊重,被赞扬……当这类需求被满足,你就会有满足感、幸福感以及成就感,这些愉悦的感觉,会激励你继续去做类似的事情。

所以,如果你能在训练中持续获得"社会认可",你就会对"枯燥的训练"乐此不疲。

那具体该怎么做呢?

第一,放入自我认可

在玩游戏的时候,你经常会被要求去做一些重复动作,比如不断地杀死同样的小怪,但你却不会因此觉得枯燥、厌烦,为什么?

因为,有经验值。

只要看到经验值在增加,你就知道自己的努力没有白费,就会持续不断地去打怪……

因此,在训练中你也要看到自己的成长,一旦"进步"能被看到,你就会在过程中获得成就感。

比如,你在练习演讲的时候,可以给自己录像,除了能发现自己演讲的问题,还能直观地看到水平的进步,让自己获得成就感。

再比如，你想提高自己的销售技巧，那么你可以统计自己过去三个月的成交率，然后训练一段时间，再做一次统计，把训练的结果，通过数据对比反映出来，让自己看到自己的进步。

这些方式，相当于给自己安了一个"经验条"。

除此之外，你还可以给技能赋予一个使命[⊖]，让训练看上去更有意义。

比如小锤，他想提高运营自媒体所需的写作能力，不是因为写得好，粉丝多了，将来可以割韭菜，而是他发现这个社会中某一群人真的需要自己的帮助：

很多毕业生的第一份工作就是销售，但学校里从来没有教过销售技巧，这个岗位的淘汰率又非常高，新人3个月内没做出业绩就得走人，而这对他们的就业会造成非常大的负面影响，他们面临的压力特别大。所以，如何在短时间内提升销售技能是他们的刚需。

小锤正好有这方面的经验和知识储备，他想承担这个"责任"去帮助他们，但是苦于写作能力有限，无法很好地用文字表达自己的经验和技巧，因此他急需提升自己的写作能力。

当他有了这样的使命感，他就会觉得"提升写作技能"这件事充满意义，就愿意持续投入其中。

第二，放入他人认可

如果你做的这件事，能够经常获得别人的鼓励、点赞甚至是羡慕、崇拜，你的成就感就会爆棚，你会更爱自己正在做的这件事，然后更卖力地去训练，以求在这个领域获得更多的认可。

比如有些人想通过做医疗美容来提升自己的颜值，但是第一次通常比较害怕，心想：没整好怎么办，有后遗症怎么办？一大堆顾虑。

但是一旦鼓起勇气做一次，可能就会有第二次、第三次……

⊖ 使命，指的是某个重大的任务和责任，通常这个任务是"利他"的。

有些人甚至会"上瘾"，为什么？

因为"美容"让他得到了更多的赞美（社会认可），这些赞美让他更开心、更有成就感，而这又会加强他"再次美容"的意愿，形成了一个增强回路（见图2-9），他就上瘾了。

图 2-9

你可以看到，"他人的认可"竟然可以让一个人"爱"上自己原本"害怕"做的事情，这是多么强大的一股力量！

那你该如何将这股力量化为己有，持续给自己提供训练的热情呢？

首先，你可以"安排"一些特定的人来帮助自己。他们的任务之一，就是要不断地鼓励你、激励你，比如教练、你的爱人，或者某个亲友。

别看只是一句句简单的鼓励，它将持续给你注入自信与激情，激发你的潜力，比如电影《面对巨人》中有个"死亡爬行训练"的片段，队员平时训练的目标是爬行10码[⊖]，但是队长布洛克在教练持续的鼓励下，爆发出令人难以置信的潜能，竟然爬完了全场（110码[⊜]）。

其次，你可以把训练过程中产生的作品公开发布，以寻求更广泛的赞誉。

比如电影《神秘巨星》中的尹希娅，她把自己蒙着脸唱歌的视频发到网上，却意外地获得千万人如潮水般的点赞，这股来自他人认可的力量，激励她

⊖ 相当于9.14米。

⊜ 相当于100.58米。

不管经历多大的困难都一直坚持自己的梦想。

另外，你还可以不断地向水平接近的人发起挑战，并战胜他们，以此来获得成就感。

如果对手水平太低，赢了就没意思；水平太高，自己总是输，又会打击自己的积极性。所以，你要多找水平接近的人去切磋，这样比较容易积累成就感，建立信心。你想要获得大成功，就需要先积累足够多的小成功，成功才是成功之母。

增强回路成型，持续为你提供动力

把这些"要素"组合在一起，一个增强回路就会浮现在你的眼前（见图 2-10 ）。

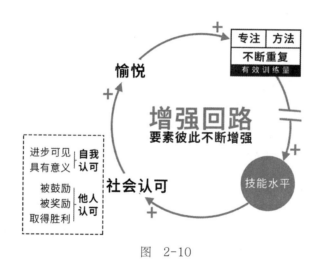

图 2-10

- 技能水平的提高，带来了更多的社会认可；
- 这份社会认可，让你感到愉悦；
- 愉悦感会让你更专心、更想练这个技能，从而增加了有效训练量；
- 更多的有效训练量，又会进一步提升你的技能水平……

如此循环往复，这就是增强回路，它将为你持续提供训练的动力，你的技能水平也会在这个循环中不断提高。

第二步：建立调节回路，开启刻意练习

有了增强回路，你就会在这件事情上乐此不疲，一不小心，就能完成一万小时的积累。

但是，现在还有一个问题没解决，就是如果训练的方法不对，就容易把自己练废，错误的动作练再多时间也没用。

而且，如果训练方法不对，技能水平无法提升，就不能带来新的社会认可，上面的增强回路也会停止。

怎么办？

你需要开启一个"调节回路[一]"，让自己的训练进入一种叫作"刻意练习"的模式来不断修正自己的训练动作。

什么是刻意练习？

所谓刻意练习，简单来说，就是"有目的"地去训练一些动作，然后通过"反馈"不断修正训练方式的一套训练方法。

这也是目前被证明最有效的训练方法，由心理学家安德斯·艾利克森在《刻意练习》[二]一书中提出，这本书很多人估计已经看过，在这里，我将从"系统性思维"这个角度，带你重新认识一下这套训练方法，你会发现，它的本质其实就是一个"调节回路"。

刻意练习的调节回路如图 2-11 所示。

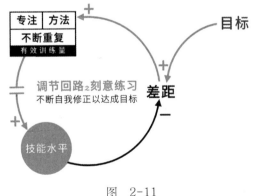

图 2-11

- 当前"技能水平"和"目

[一] 调节回路，是让系统趋向稳定或者达成某个目标的一种系统结构，具体请看《认知红利》的第 20 章。
[二] 本书已由机械工业出版社出版。

标"的"差距"，决定了下一步的训练"方法"；

- 该训练"方法"的实施，增加了"有效训练量"，从而提高了你的"技能水平"；

- "技能水平"的提高，缩短了与目标之间的"差距"；

- 这个新的"差距"，又开启了一个新训练"方法"的实施……

- 系统不断运转，直至目标达成。

这个过程其实就是"刻意练习"，只要你身处在这个调节回路中，你的训练方法就会被不断地修正，然后随着目标不断提升，又不断被达成，你的技能水平就能在正确的轨道上稳步提高。

那你该如何搭建一个刻意练习的调节回路呢？

第一，确定训练目标

刻意练习的第一步，是要找到一个合适的训练目标，而且这个目标必须是落在"学习区"上的。

什么意思？

学习区，是美国密歇根大学罗斯商学院教授诺埃尔·蒂奇（Noel Tichy）提出的一个概念，他说人对外界的感知分为三个区域，分别是舒适区、学习区和恐慌区（见图 2-12）。

舒适区：这里的事情对你来说很容易，比如骑自行车，当你学会后，你不用刻意控制身体的平衡，也能轻松完成骑行。如果你的训练目标是落在舒适区内的，那就没什么训练的意义，重复多少次，你的技能也不会提升，在这里是"白练"……

恐慌区：这里的事情对你来说又太难了，比如让你直接在一根钢丝上骑自行车，你可能连尝试的勇气都没有。如果你的训练目标是落在恐慌区里的，那你可能根本就不愿意去练，或者尝试了几次，感觉差距太大而放弃了，在这里，你是在"瞎练"……

学习区：这里的事情正好介于前两者之间，比如让你"单手骑车"，这个技能目前你还不会，但又不至于做不到，通过一定量的练习，短期内是能掌握的。如果你的训练目标是落在学习区内的，那这项训练对你来说就刚刚好，你是可以通过训练把这项新技能学会的，而所谓的"刻意练习"就只能发生在这个区域里。

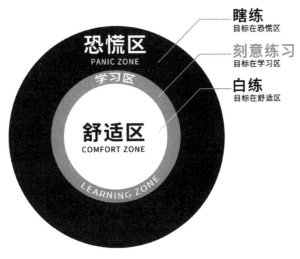

图 2-12

因此，你在制定训练目标的时候，必须根据自身情况来衡量它的高度，太高或者太低都不行，必须刚好落在学习区内。

第二，根据反馈，找到差距

刻意练习的第二个关键点，是要有持续的反馈，就是你得知道自己做的这个训练动作，是对的还是错的？离目标的"差距"在哪？

比如，通过描红来练字，你知道正确的标准是什么（红字），你也知道自己的现状是怎么样的（你写的黑字），你能立刻看见两者之间的"差距"（描红帖上红黑字不一致的地方），这样你就知道下一次写的时候该怎么改善了。

这个"描红帖"就是反馈的工具，没有它你就看不见"差距"，你也就不知道下一步该怎么改善。

因此，你在训练的时候，也要找到一个像"描红帖"一样的"反馈工具"

来帮助自己修正训练动作。

反馈工具一共有三种。

1. 镜子

借助一个外在的工具，如实反映你的表现，让你自己看见与目标之间的差距，比如刚才说的"描红帖"就是一种镜子式的反馈工具，常用的方式还有录音、录像、放置镜子等。

这种反馈工具适用于看了镜子后你能发现自己的不足，并且，你知道正确的标准是什么，你也知道下一步该如何改善。

比如弹钢琴，弹的当下你自己可能听不出好坏，但你可以把弹奏的曲子录下来，然后听回放，你就能发现错误，再对错误点进行强化练习，你就能在下一次练习中避免犯同样的错误。

但如果你训练的是写作技能，这种反馈方式可能就不太奏效了。

你写完一篇文章，自己看感觉还挺满意，看看其他作者，觉得水平也差不多，但是发表后，读者的反馈却差很多，你看不出自己的问题在哪，也不知道下一步该如何改善，怎么办？

针对这类自己找不到评判标准的技能，你需要使用第二种反馈工具……

2. 教练

教练在这里的作用有两个。

首先，他充当了一个"镜子"的角色，不过这个"镜子"更高级，类似于 X 光扫描，他能用"独特的视角"和"专业的知识"看见你自己看不见的问题，比如刚才说的写作技能，你可能看到自己的遣词造句很优美，语言风格很幽默，就感觉这是篇好文章了，但教练能看到你的文章结构不合理，没有运用"峰终定律"等。

其次，教练还充当了"向导"的角色，他不仅可以给你反馈错误，还能给你指条明路，针对你当前的问题，找到下一步最适合的训练项目。

但是，当你的基本功已经练得深厚有力，套路已经练得炉火纯青，已然成为一名专业选手，教练的 X 光都无法轻易看出你的问题了，怎么办？

这时，你需要用第三种反馈工具……

3. 对手

没有对比，就没有伤害，如果你已经找不到自己的缺点了，那就主动去找更厉害的高手过招，然后从过招后的复盘总结中寻找自己的差距。围棋选手技能水平的提升速度，很多时候就取决于陪练的水平。

第三，根据差距，调整训练方法

有了这三个反馈工具（见图2-13），你就能看见自己和目标之间的差距，下一步，你就该基于这个差距，更有针对性地调整训练方法。

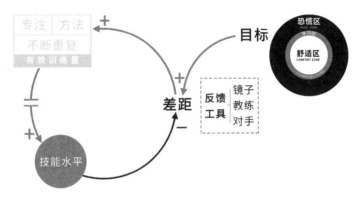

图　2-13

那么，有哪些有针对性的训练方法呢？

这时，你可以拿出我们前面提到的"技能分层图"（见图2-14），根据"差距"找到对应的技能层次，然后开始有针对性的训练。

图　2-14

如果你目前是个小白，想快速入门，那就进入表现层，掌握必要的知识，通过模仿开始学习；

如果你目前是个菜鸟，想迅速成为高手，那就在代码层，苦练基本功；

如果你已经是个业余高手，基本功很扎实，现在想更进一步成为专业选手，在竞赛中拥有竞争力，那么你就需要在应用层，反复练习各种技战术套路；

如果你已经是个专业选手，基本功很扎实，技战术套路也很熟练，但你并不满足于此，你想成为这个领域里塔尖上的人物，那么除了在代码层、应用层继续强化之外，你还得进入硬件层，对自己某些薄弱的硬件做针对性的强化训练，给自己的硬件升个级。

当然，这里我只是很粗略地划分了训练的类别，在实际训练过程中，你需要把训练的项目切分得足够细（见图 2-15），比如你想提升硬件层身体素质里的核心力量，那么你可以选择"平板支撑"这个项目进行强化训练，60 秒为一组，每天三组，持续 1 个月……

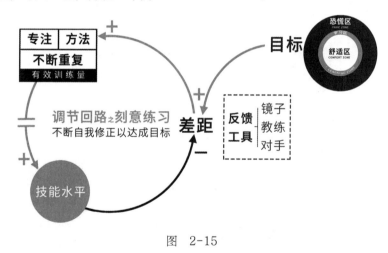

图 2-15

进入精进循环

当开启了增强回路，你就拥有了热情，训练时更容易进入心流状态，你会一直在这里乐此不疲，一不小心就练上一万个小时；

当开启了调节回路,你就进入了刻意练习模式,训练的项目将始终落在学习区内,并通过各种反馈工具,不断修正自己的训练动作,技能水平将会快速提升;

而你,如果同时开启了这两条回路,就进入了"精进循环"(见图2-16)。

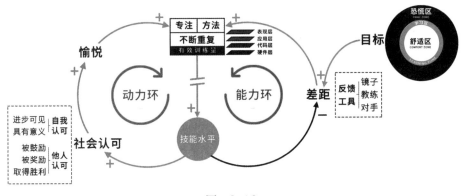

图　2-16

增强回路变身为"动力环",持续为你提供动力;

调节回路变身为"能力环",持续让你精进能力。

循环不停,精进不止。

一旦你进入了这个"环",你就能精通任何技能!

成功,有捷径吗

看到这一章的标题,你可能会觉得,"太棒了,看来有一条捷径可以走!"

看完这一章的内容,你可能会觉得,"太累了,这不就是一条最苦最累的路吗?

然后,默默地合上书,继续去寻找新的捷径……

没问题,满足你的需求:

《一分钟学会即兴演讲》《十分钟教你看透中国股市》《十小时精通写作》《十

天成为演讲达人》《看完这篇文章 90% 的人都创业成功了》……

许多人总幻想自己拥有金庸小说里的吸星大法，看完一篇文章，听完一场讲座，就能一下拥有别人十年的功力，找到一条迅速抵达目标的捷径，可结果呢？

想要走捷径的你，却绕了更远的路，如今也许还在原地踏步……

而摆在眼前的那条你明知道可行，但是觉得它太累、太难、太慢的路，你就是不愿去选择！

为什么？

因为你不相信！

你不相信这条漫长崎岖的道路才是最佳选择，你总觉得一定还有更短、更快的方法。

事实上，在你眼中最长的征程，也许才是最快的捷径。

我们总是高估短期内能取得的成绩，却远远低估了长年累月的价值，明知道九层之台，起于累土，但就是嫌累土的时间长、见效慢、过程枯燥，不愿意先从"累土"这个基本功开始慢慢地练……

结果，赢了起跑线，却输掉了比赛。

所以，当别人想要速成，想要抄近道的时候，你要知道，最快的方式，就是慢慢练。

精进，是个慢功夫！

不急不躁，埋头苦练，终有一日，你将练就一身绝技！

本章小结

下面我们来小结一下本章内容。

互联网提高了人与人之间的连接效率，让很多领域里的"高手"在这个时代获得了比以往更大的优势，这将是一个强者通吃的时代！

那你该如何成为某项技能的高手呢？

答案是，积累足够多的有效训练量。

技能水平的高低，最终只和你的有效训练量成正比。有效训练量需要同时满足三个条件：专注的训练状态、有效的训练方法，以及不断地重复。

想要持续满足这三个条件，你就需要进入精进循环。具体怎么做？

第一步：建立增强回路

通过不断获得社会认可，给训练持续提供动力，让自己专注其中、乐此不疲。获得社会认可的方式有两种。

1.自我认可：让进步可视化，并为技能赋予使命，让训练更有意义。

2.他人认可：让身边的人鼓励你，让更多的人奖励你，让自己不停取得小胜利。

第二步：建立调节回路

进入刻意练习的训练模式，让技能水平保持高速增长。刻意练习有三个要点。

1.训练必须要有目标，目标必须在学习区。

2.要有及时有效的反馈让自己看见差距，反馈工具有三种：镜子、教练、对手。

3.训练的方法要有针对性，你可以通过"技能分层图"来寻找，从下往上分为四个层次：硬件层、代码层、应用层和表现层，下层的能力越夯实，技能的整体表现就越出色。

最后请记得，精进是个慢功夫，想要成为高手，你就必须得有一点耐心，不经一番寒彻骨，怎得梅花扑鼻香。

我们下一章再见。

思考与行动

看完 ≠ 学会，你还需要思考与实践

思考题 1：你最想提升的是哪项技能，目前处在哪个技能级别上？请试着开启精进循环，3 个月后分享你的训练效果。

思考题 2：如果你想让身边的人（孩子、亲友、团队成员等）提升某项技能，你该做些什么来帮助对方进入精进循环呢？

 微信扫描二维码，把你的思考结果和学习笔记分享至学习社区，与其他同学互相切磋、一起成长，哪怕只是一句话，也会让你对知识的理解更加深刻，收获也会更多，还能让其他人从你的感悟中获得启发。

工作再难，难不过一杯珍珠奶茶

个人效率升级　　　协同力升级　　　团队效率升级

▮▮▮▮▮▮▮▮▮▮▮▮▮▮▮▮▮▮▮▮ 25%

团队协作　个体产能　培育团队　组建团队　协同三角　调整角色　说服攻略　权力　FOTA　八段加速　精进循环　三思三线

3

锤子奶茶

在自媒体创业失败之后，小锤心灰意冷。凛冽的冬夜，他独自走在大街上，刺骨的寒风，让已经凉透的心冻成了一座冰山，整条大街、整个城市，仿佛只剩自己一人，孤独、寒冷、绝望……

突然，一堵人墙挡住了去路，嘈杂的对话声，让他回到了人间。

大家好像在排队买什么东西……

小锤抬头一看，原来是一家网红奶茶店，小锤一直心心念念这家店的珍珠奶茶，但每次都因为排队太久而却步，今天正好想浪费点时间，排就排吧，买一杯热奶茶，温暖一下自己的内心。

5分钟、10分钟、30分钟、60分钟……还没有排到！

这也太夸张了吧！买个奶茶而已，要等那么久？给你们送钱，竟然还要排队？

这世道欺人太甚，连奶茶都要和我作对！

小锤很生气，正想着是否拿把锤子去砸店，一个念头忽然浮上心头。对啊，用户的"麻烦"不就是我的创业机会吗？买一杯奶茶竟要排一个小时队，这太反人性了！我能否做一款既好喝，又便宜，制作速度还比这个快十倍的奶茶呢？把速度提起来，不仅客户的体验更好，奶茶店每天的销售量也上去了，这个主意太棒了！

小锤激动地冲出人群，心里想："嘚嘞，下一步我就要开一家全城出餐最快的珍珠奶茶店——锤子奶茶！"

"可问题是，我只喝过奶茶，从来没做过啊，怎么办？我该如何做出一家全城出餐最快的珍珠奶茶店呢？"

如何加速

本书的主题是效率，但我在第 1 章就说，提升效率的第一步并不是"快"，而是"对"，不然越快越离谱；"对"了之后，你首先要提升的也不是速度，而是能力，能力不够，想得到做不到，快也没用。

如果这两点都满足了，也就是方向没问题，能力也能胜任，下一步该如何提高做一件事的速度呢？

我们以"如何更快地做出一杯珍珠奶茶"为引子，看看有哪些方法能提高个人做事速度，当你只需要猛踩油门的时候，这个速度究竟可以被你加到多快？

特别提醒：下方的每一级加速，都是需要按顺序逐级提升的，也就是说，如果你不能实现第 1 级加速，第 2 级加速的效果便会大打折扣，以此类推。就像开车，你挂在低挡位，再怎么猛踩油门，速度也是上不去的，还会对车子造成伤害，因此，你得逐级提升。

第 1 级加速：理解

我们把视线转回到小锤身上。

现在，他想要开一家全城出餐最快的珍珠奶茶店，可他并不会做珍珠奶茶，他该怎么做呢？

首先，当然得先理解这件事，也就是他要先搞明白，一杯珍珠奶茶究竟是如何从 0 到 1 做出来的？比如原料是什么，珍珠的制作方法是怎么样的，茶底应该选什么茶，好喝的标准是什么等，总之，小锤得先能做出一杯奶茶。

只有可以实现的事情，才有资格谈如何提高速度。

这个道理再简单不过了，就像你要参加赛车比赛，那你就得先有驾照，学会开车，然后再考虑怎么开得更快。

可反观我们的日常工作，很多时候并不是这样的。

任务来了，第一时间不是想着先把它搞懂，而是凭直觉，想当然，抬手就做，还想要以最快的速度完成。

失败了？

不怕！哪里跌倒，就从哪里爬起，继续和它死磕，相信天道酬勤！

比如你是一个销售新人，一心想要快速提高业绩，于是你就拼命跑客户，扫楼，发传单，打陌生电话，网上发广告……看上去很勤奋，品格坚韧，不怕拒绝。

可想要的结果却始终没能出现，客户不理你，业绩是零……

你开始抱怨，认为自己已经用尽了全力，为什么想要的还是得不到，公司骗人，剥夺了自己的美好青春……

为什么会这样？

因为你还不会销售啊！

不知销售的方法，不懂说服的技巧，见再多人也没用。

如果你不愿意花时间学习正确的方法，就会浪费更多的时间做重复的无用功！错误的方法用一百次，对的结果也不会出现。

因此，提高做事速度的第一个阶段，就是先得把这件事情弄懂，知道这到底是怎么一回事，实现目标需要哪些条件，自己还缺哪些知识和技能，等等。

具体怎么做

1. 向前人学习

面对一件自己还不会的事情，第一反应不应该是先去尝试，或者凭直觉先做起来再说，而是要先去理解这件事，去找前人已经总结好的方法，并依此行事。

比如老板让你做一份项目计划书，你不能拍脑袋，抄起笔就罗列一堆自己的想法，而是要先去了解什么是项目计划书，一份好的计划书需要包含哪些内容，考虑哪些因素，需要哪些信息和数据，该从哪里获得它们……找几个优秀的案例先学习一下。

2. 自己做实验

如果确实找不到前人总结好的方法，你就需要通过做实验去探索。

比如你想做芥末珍珠奶茶、老干妈珍珠奶茶……这些都没人做过，那么你就可以基于传统的制作方式，替换部分原料和环节来做实验，看看能不能实现，或者找一些同行朋友来一起研发。

总之，这时你千万别去想"加速"问题，而是要先把"路走通"。

"会"是"快"的第一步。

这个学习和探索的过程，就像是在一堆未知中，找到实现目标的关键要素（见图 3-1）。

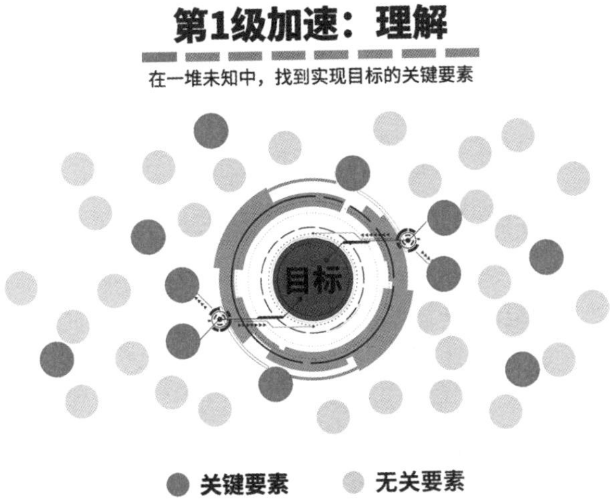

第1级加速：理解

在一堆未知中，找到实现目标的关键要素

目标

● 关键要素　　● 无关要素

图　3-1

开启第 1 级加速

　　小锤通过学习，已经可以独立制作出一杯珍珠奶茶了，可喜可贺！但是，他的操作还不太熟练，经常手忙脚乱。

　　正熬着黑糖浆，小锤想熬糖浆有段时间，等着也是等着，就顺便准备一下茶底吧；刚找到茶叶，糖浆已经沸腾了，赶紧去关火，然后回过头，继续煮茶叶；又要等，那就顺便把奶茶也泡了吧，于是，小锤舀了一勺边上的奶粉放入杯中，加入开水，并开始搅拌……

　　咦，这牛奶的样子怎么怪怪的？

　　定睛一看，原来错把木薯粉当成奶粉了，赶紧倒掉……

　　木薯粉？啊，忘记在糖浆中加木薯粉了！

　　连忙又舀了一勺木薯粉放入糖浆中……

　　啊！糖浆已经凉了！凝结不成珍珠了！变成泥巴了！

　　于是，只能倒掉重新熬……

　　就这样，虽然小锤已经有能力做一杯珍珠奶茶，但并不是每次都能成功。比如某次糖放多了，甜到发苦没法吃了；比如某次木薯面团放的时间太久，变干了，捏不成珍珠状了……这导致整体的制作速度特别慢，平均 3 小时才能做成功一杯！

　　如果按这个速度，别说全城最快了，哪怕只有三个人想喝锤子奶茶，也得排上一整天的队！

　　想想都有点可怕。

　　而且，每次的品质还都不太一样……

　　有一次，小锤做出了一杯丝滑醇香、Q 弹不粘牙、好喝到爆的珍珠奶茶，他欣喜若狂！

　　结果一回想，咦，这次是怎么做出来的？

　　茶煮了几分钟来着，茶和奶的比例是多少，这次的珍珠怎么会那么 Q 弹，木薯粉、黑糖、水的比例是多少？

忘了……

竟然忘了！

后来就再也做不出这个口感了……

囧……

怎么办，怎么稳定质量，加快速度？

这时候，他就需要进入加速的第二个阶段：SOP。

第 2 级加速：SOP

什么是SOP

SOP（Standard Operating Procedure），中文翻译：标准作业程序。听着有点晦涩，简单来说就是"流程化 + 标准化"。

1. 流程化

所谓流程化，就是把实现某个结果的过程给固定下来，第一步干什么，第二步干什么，第三步干什么……像清单一样地列出来。

然后，每次都按这个固定的流程来执行操作，不得跳步、改步、少步，必须严格执行，像计算机程序一样。

有了这个流程，过程就不会出错，每一次，你都会很清楚当下该干什么，下一步要做什么，不会手忙脚乱、丢三落四，效率就会变得很高，想要的结果也会像时钟一样如约而至。

你可能会觉得，没那么复杂，做个奶茶而已，多做几次，熟练了也就记住了，可如果是更复杂的任务呢，或者你正处在压力之中呢？

比如，医生要做一次生死攸关的手术，环节烦琐且责任重大，这时候就很容易出错，甚至造成严重的事故，比如纱布留在了病人的体内等。

把"无序"变成"有序"，把"正确的经验"固定成"步骤"，你就能让"成功可复制"，大幅提升做事的效率。

因此，你在学习、改变、探索的过程中，需要把每一步都记录下来，一旦发现某一次效果特别好，就要把这次"成功的经验"固定成步骤，让它成为你下一次的"工作流程"，这个过程就叫作"流程化"。

2. 标准化

除了把步骤固定下来，你还得把每一步的标准固定下来。

比如很多中国厨师，在传授做菜方法时经常会说："盐少许，加一点辣，再炖一会儿，看到两面金黄就可以出锅了……"

你听完一头雾水，问："少许是多少？一会儿是多久？怎样才算两面金黄？"

你会得到一个无懈可击的回答："凭感觉！这是手艺，练久了你就能掌握了，无他，手熟尔！"

厉害，大师，请受徒儿一拜！

结果，明明是同门师兄，100 个徒弟眼中却有 100 个不同的师傅，你能尝到什么味道全凭运气……

那什么是标准化？

就是每一步都有明确的、可量化的标准。

比如麦当劳，全球拥有 3 万多家门店，横跨六大洲，119 个国家和地区，但是每家店的"巨无霸汉堡包"味道几乎都一模一样，为什么？

那是因为，麦当劳全世界每个门店制作"巨无霸汉堡包"的步骤、标准，甚至是食材的选择，都是一模一样的。比如对牛肉饼的要求：成分必须是 83% 的牛肩肉和 17% 的五花肉，脂肪含量必须在 16% ～ 19% 之间，肉饼的直径是 95.8 毫米、厚度为 5.65 毫米、重量是 47.32 克……

你看，仅仅对食材的要求就那么精准。然后，像烹饪时的炉温、时间、佐料用量，都需要精确到多少摄氏度、多少秒、多少克……

这样，即使一个完全不懂烹饪，从来没做过汉堡包的普通人，如果严格按照这个 SOP 来操作，也能做出个一模一样的汉堡包，时间、火候、味道都能做到刚刚好，这就是标准化的力量。

流程化 + 标准化 = SOP

有了 SOP，你就能从依赖经验、手艺和碰运气，变成依赖规则和流程。将你的工作 SOP 化后，结果将变得可控，过程将变得井然有序，效率自然就高多了。

更重要的是，你的"能力"将可以被复制，变成团队的能力，变成组织的能力，变成机器的生产力，整个团队乃至整个社会的效率都会因此大幅提升。

SOP 是提升效率中最重要的一个台阶，如果这个台阶跨不上的话，后面的台阶可能就跟你没什么关系了。

你可能会问，有些工作没办法完全 SOP 怎么办？

比如绘画、写歌、写小说、制作手工艺品等，这些都没办法完全标准化。

确实。艺术作品的价值就来自它的独一无二、它的与众不同、它的个性张扬，它需要的不是每次都一样，而是每次都不一样。但这样做的代价，就是牺牲了效率，如果你硬要把它们完全 SOP 化，反而会大幅降低它们的价值。

所以，SOP 也有它的适用范围，当你面对的是这类工作的时候，就需要在"价值"和"效率"之间做一次取舍，找到属于自己的平衡，千万别贪心，鱼和熊掌在此很难兼得。

当然，随着 AI 技术的持续发展，未来也许能突破这个瓶颈，同时兼顾效率与独特性，就让我们拭目以待吧。

这就是第 2 级加速：SOP。

它的本质就是把无序的关键要素变成有序的、可量化的标准动作（见图 3-2），然后以此为流程，每次都严格按步骤执行，提高效率。

往小了说，这是某项任务的 SOP；往大了说，这也可以是你实现某个目标的详细计划。

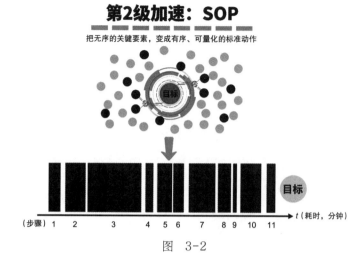

图 3-2

开启第 2 级加速

小锤认识到这点后，赶紧梳理了一份制作珍珠奶茶的 SOP（见图 3-3）。

1. **准备原料**：阿萨姆红茶、黑白淡奶、木薯粉、黑糖、冰块……
2. **煮红茶**：取20g阿萨姆红茶放入奶锅加水，煮开后关火焖5分钟
3. **冲奶茶**：在空杯中按茶与奶3:1的比例加入黑白淡奶
4. **倒入红茶**：在离杯高度30cm处将奶锅中的红茶倒入杯中，拌匀
5. **准备珍珠原料**：按1:2:3的重量比准备好黑糖、水、木薯粉
6. **煮黑糖水1**：在奶锅中加入准备好的黑糖和水，大火煮沸
7. **加木薯粉**：水煮开后倒入1/3木薯粉拌匀，关火后再倒入2/3拌匀
8. **揉木薯团**：奶锅中取出木薯团并揉成光滑的面团
9. **木薯团切丁**：将面团揉成直径5mm的细长条，按每个1g左右切丁
10. **揉成珍珠**：撒上木薯粉并用手把它们揉成珍珠状，过滤多余的粉
11. **煮珍珠1**：奶锅加水烧开放入珍珠煮沸，再煮10分钟关火焖5分钟
12. **冷却珍珠**：把珍珠捞出放入冰水中冷却
13. **煮黑糖水2**：奶锅中按1:3的重量比放入黑糖和水后煮开
14. **煮珍珠2**：在奶锅中倒入冷却的珍珠，煮5分钟后捞出
15. **完成制作**：在冲好的奶茶中加入珍珠，按口味加糖加冰拌匀

图 3-3　制作珍珠奶茶的 SOP

　　　　效 率 红 利

根据这份 SOP，小锤终于把一杯珍珠奶茶的制作时间减少到 50 分钟，制作的过程井井有条且品质稳定，赞！

可这个速度还是很慢啊，接下来该如何进一步提速呢？

第 3 级加速：优化 SOP

虽然总结出了一份 SOP，速度和质量都变得有保障了，但这份 SOP 就是最快、最好的吗？

当然不是！

SOP 没有最好，只有更好（见图 3-4）。

一份 SOP 的作用是把你每次执行的步骤给固定下来，确保过程有序，结果可控，但并不代表这个流程本身是完美的，它还可以被不断优化。

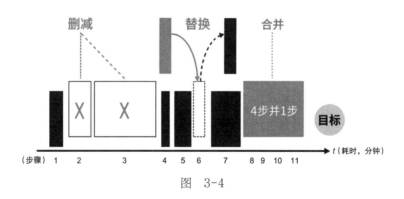

图　3-4

比如魔方是一个难度极高的益智玩具，但随着其解法 SOP 的出现，它已经从一个几乎不可能完成的任务，变成了一个普通人也能在 5 分钟之内复原的简单游戏，并且随着其 SOP 的不断迭代，当今世界一流高手甚至可以把三阶魔方的复原时间缩短至 5 秒以内！

那你该如何优化自己的 SOP 呢

1. 删减

在你的 SOP 中找到多余的步骤，直接剔除。

比如，按写作流程，此处我需要一个案例来解释什么叫"删减步骤"，想了一下，估计不说你也能明白"删减步骤"是什么意思，于是这里我就不写案例了。

2. 替换

在你的 SOP 中找到效果更好的步骤来替换原步骤。

比如，在胶卷相机的年代，有个问题一直困扰用户，就是在胶卷还没用完的时候，如果不小心打开了后盖，胶卷会曝光，之前拍的照片就全部报废了，这大大影响了用户的拍照效率，怎么办？

有一位老人更换了一下放胶卷的步骤，她在新胶卷放入相机之前，先把空白胶卷都卷出来，然后反着装，这样拍完一张就能自动卷入胶卷盒一张，直到拍完。在这种新方式下，用户如果不小心打开了后盖，曝光的就是空白胶卷，这个难题就这么被轻松解决了。

随后，老人把这个设计申请了专利，之后又卖给了柯达公司，并因此获得了 70 万美元的专利费。

3. 合并

把原本 SOP 中的多个步骤合并成一步。

你喜欢拍照吗？由于日常拍摄条件不比摄影棚，成品总有这样那样的不足，为了让一张照片更完美、更有艺术感，你需要对它逐一进行曝光、亮度、色彩平衡、色阶、色相、饱和度、对比度等专业的后期处理之后，照片才能重获新生，这在以前是一个高难度的技术活。

但是现在，专业的图片处理软件，已经把这些复杂的处理步骤合并成了一步：换滤镜。你只需要更换一个滤镜，就相当于做了几十步以上这些专业的操作，一张极富艺术效果的照片就能立刻出现，这大大降低了普通人的操作难度，每个人都成了修图大师。

开启第 3 级加速

通过与同行的多次交流和自己的不断摸索，现在，小锤已将原本需要 15 个步骤的 SOP 缩短到 9 步。根据这份新的 SOP 来操作，整个制作时间只需要 40 分钟，真棒！

但是在实际操作中，小锤还是常常超时，有时甚至用了 1 个小时才能完成，为什么？

原来，小锤做奶茶的时候浪费了很多不必要的时间。

比如突然接到一个朋友的电话，中断了制作；比如昨天和女友吵架还没回过神，发了 10 分钟的呆；比如音乐太好听，身体没忍住，跟着节奏一起摇摆，全然忘了锅内的珍珠已经熬成了糨糊……

除此之外，SOP 中还有些时间利用率也很低。

比如煮珍珠的时间需要 15 分钟，但煮的时候不一定要干等呀，可以设置好闹铃，先去做其他事情，比如同步泡制茶底等。

如果能把这些低效的时间统统剪去，让过程中的每一分钟都在做有生产力的动作，那么效率又能提高一截！

第 4 级加速：剪去低效时间

具体怎么做

1. 剪去分心的时间

也就是你在工作的时候，需要主动让自己进入"专注"的状态，隔离外部干扰，清除内心杂念，一心只做一件事（关于进入专注状态的具体办法，我在《认知红利》的第 16 章有详细介绍，有兴趣的话你可以去看一下）。

专注是效率的保证，但是专注之所以能提高效率有一个前提，就是必须得先有 SOP，不基于 SOP 工作，专注就可能是在发呆或者瞎忙……

2. 剪去等待的时间

有些事情，需要经过一定时间的等待才能得到结果，这个等待的过程，就是你可以再次利用的时间。

比如你是做销售的，与一个陌生人建立信任需要很长的时间，业绩不等人怎么办？提前提出你的成交请求吗？

信任不够，你的请求很容易被拒绝，该等还是得等，时机不到绝不提前亮出底牌。

但这个时候，你可以同时开启与另一个准客户的销售 SOP，同步跟进多个销售对象，这样就能提高业绩的增长速度。

这个过程叫作并行。

还有些时候，SOP 中的两个步骤间有很长的"切换时间"，比如小锤做奶茶时，存放木薯粉的柜子离制作台有 10 米之遥，每次来回都得花 1 分钟，这个切换步骤所消耗的时间并没有生产力，所以应该把木薯粉放到制作台顺手可取的地方，剪去这部分无效时间。

这个过程叫作短路。

3. 剪去休息的时间

除了等待和分心的时间，"休息"的时间也没有生产力，你也应该剪去！

这太令人发指了吧？工作狂也不带这样的……

这里并不是让你不睡觉了，而是你得想办法让睡觉的时间也拥有生产力，怎么做呢？

人要吃饭要睡觉，机器不需要，有一部分工作，你是否可以交给机器或者程序自动完成？

当然可以。

比如我的第一份工作是证券公司的销售，那时我还不太擅长面对面与客户交流，也不太会搭讪陌生人，更没有社会资源，怎么办？

我的方式是在网上发广告……

那时候没有微信，没有微博，网民聚集最多的地方就是各大论坛，那我要去论坛发广告吗？

是的，那时就是那么简单粗暴。

但我觉得手动发帖的效率太低，于是我安装了一个能自动发帖的软件，导入了一张超长的论坛列表，然后让电脑替我去自动注册、发布……除此之外，当时我还建了一个看上去挺专业的网站，然后去百度做竞价排名（那个时候做的人还很少）。

这样一系列操作，自动脚本和百度广告就可以24小时不间断地替我工作，即使我在睡觉，业务还是在开拓，我只需要等着客户上门就行了。

在如此"偷懒"的工作状态下，我的业绩却常年霸占公司几百人销售队伍里的前10名，秘诀就是多了这些"不会休息的帮手"。

开启第4级加速

经过第4级加速（见图3-5），小锤疯狂压缩低效时间，该并行的并行，该短路的短路，手机静音，音乐关掉，专心致志，不浪费每一分钟。

终于，现在他制作一杯珍珠奶茶的时间只需要30分钟了，从3个小时到30分钟，天啊，进步神速！

但是，在已经把时间压缩到极致的情况下，离"全城最快"这个目标还存在巨大的差距，下一步又该如何提升呢？

第4级加速：剪去低效时间

让过程中的每一分钟，都具备生产力

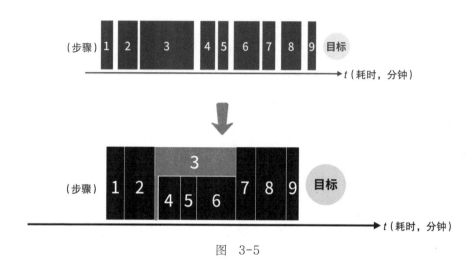

图 3-5

第5级加速：逐步提高效率

如果整个SOP看上去没有优化的空间了，那就把每个步骤拆开单独分析，看看每一步本身还能不能优化。这里你可以用两种方式来提高每一步的效率。

逐步提高效率的两种方式

1. 刻意练习

比如在制作珍珠的过程中，有一个步骤是需要在煮开的黑糖水中加入木薯粉，并快速搅拌形成木薯团，再把这个团搓细、切丁，揉成一个个珍珠状，再撒上木薯粉搓匀……

效 率 红 利

整个过程不仅烦琐，还需要一定的技巧，在不熟练的情况下可能需要 10 分钟才能完成，那能否通过练习把时间缩短到 5 分钟呢？

当然可以。

提高一套固定动作的执行速度，那可是"刻意练习"的看家本领（关于"刻意练习"的具体方法，请回看上一章的内容）。

2. 用工具替代人力

但是，你再怎么刻意练习，毕竟还是肌肉发力，你的最大速率受限于你的身体极限，而且身体累了还需要时间休息。怎么办？

你需要寻找工具来替代人力。

比如我前面说的让电脑替我发广告的事，对我来说，就是找到论坛、注册、发帖、编辑、发布……然后不断地重复，这一连串下来，累人不说，效率还特别低，3 分钟能发完一个就算不错了。

而交给电脑呢？那都不叫事，根据 SOP 设定好脚本，3 分钟可以发完几十个，还能 24 小时不间断地发，效率大大提升。

所以，你看一下眼前自己正要做的工作，有哪些环节是可以交给机器来处理的？

- 比如制作奶茶时需要拿起杯子猛摇一百下，请交给机器！
- 比如写好的文章想要快速排版，请交给软件！
- 比如想给女友写一首藏头诗表白，请交给 AI！

从理论上讲，只要你的任务有 SOP，那这里的每一步几乎都可以用机器来替代，实现全自动化。与机器（人）共舞，是未来每个高效人士的必备技能。

你能制定出合理的 SOP，还能驾驭各种机器（人），你就能在这个时代以一敌百！

君子生非异也，善假于物也。

开启第 5 级加速

小锤听后醍醐灌顶，立刻把 SOP 中能用工具替代的步骤全部交给机器，不能被替代的步骤，通过刻意练习提升手速（见图 3-6）。

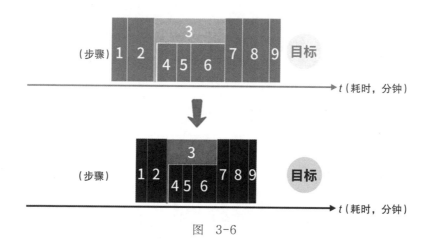

图 3-6

数周之后，只见机器运转不停，小锤的双手快到飞起，整个过程一气呵成。现在仅需 15 分钟，一杯丝滑 Q 弹、香气四溢的珍珠奶茶就会出现在你的手中！

但是，15 分钟，依然是个难以接受的时间，4 个人排队，依然要等 1 小时！我的天啊……

怎么办？手速已经练到极致，连机器都用上了，这还能怎么缩短？

第 6 级加速：提前压缩步骤

小锤苦思冥想，突然意识到一个问题，整个 SOP 中有几个步骤特别耗时，比如珍珠的制作过程，需要熬糖水，做木薯团，捏成小圆子，入水煮，再入冰水，再入糖水一起煮……步骤烦琐，耗时漫长，可最终只需要在奶茶中放入那么几颗珍珠就行了！

那能否提前把大量的珍珠先做好，然后等白天开业的时候，直接在奶茶中加入制作好的珍珠呢？

当然可以。

步骤不变，而是把其中的一部分提前执行，然后把做好的成果封存起来，等需要用的时候再打开使用，这样，现场的效率就能大幅提升。

这有点像先"压缩"再"解压"的过程，先提前集中处理，做成一个个压缩包，等需要用到它们的时候，再解压出来使用。

原来每做一杯奶茶就需要做一次珍珠，这个步骤得不停地重复，而现在集中处理，一次就能做很大的量，可供几百杯奶茶使用，整体效率大大提升。

最典型的例子就是中国菜的标准化。

中国菜以前很难标准化，成菜速度也很慢，烧一个菜通常需要十几乃至几十个步骤，其中任何一步出错，菜的品质都会下降，怎么办？

于是，中央厨房出现了。

中央厨房会把某个菜需要的食材按标准先提前洗净，切配，调制好对应的酱料包，然后封装进一个包裹，配送至各家餐馆后厨。这个过程，就相当于把烧这个菜的几个核心 SOP 提前"压缩"成了一个半成品。

现在，厨师拿到这个餐包后，要做的事情就变得非常简单了，那就是解压——打开菜包，按顺序放入食材、酱料包，翻炒至熟即可出锅……

原本 30 分钟才能做好的一道菜，现在只需要 3 分钟，而且菜量、味道每次都一样。

这就像原来你想喝咖啡，需要先研磨咖啡豆，然后冲泡，加糖，加奶……现在把这些步骤都"压缩"成了一包速溶咖啡，如今你只需要直接加开水，就能"解压"出一杯香浓的咖啡，效率极高。

那具体该怎么做呢

你得把工作中需要经常用到的、耗时较长的、重复度比较高的步骤提前先"压缩"成一个个模块，等需要用的时候再直接调取"解压"，这样你的工作效率就会大幅提升。

比如你是个美工。

每个任务都需要设计版式，寻找素材，抠图，做效果……

而很多图的用途其实都差不多，比如页面的头图、文章的插图、详情页面、宣传海报等，流程一样，要求类似，只是内容不同。

那就可以把这些相同的部分做成模板，下载常用的免抠图素材，这样以后每次只需要打开模板，直接替换其中的文字和图片即可，速度快到飞起。

比如你是个程序员。

每天要写成千上万行代码，工作量很大，而且代码一多就容易出错，后期 Debug 的过程令人抓狂，怎么办？

最好的办法，就是把一些好用的、没有毛病的、使用频率较高的代码段封装成一个个"库函数"，然后在需要用到它们的时候直接调用即可，这样做编写速度快，还不容易出错，编程效率就能大幅提升。

再比如你是个销售。

每天要接触大量的陌生人推销产品。虽然对象不同，但你和他们说的话都是类似的，无非就是先吸引他们的注意力，再引发他们的兴趣，之后再建立信任，最后成交。

所以，你可以根据这些步骤，提前设计好几套常用的沟通话术，比如客人说"贵"的时候，你应该使用以下 3 句最佳回复……

然后把这些做成一个"话术库"，当客人提出某个问题，或进入到某个特定销售阶段的时候，你就不用再现场组织语言，而是直接从"话术库"中调取相应的内容说给客人听就可以了。

如果是网上沟通就更加方便，直接复制粘贴，连说话的时间都省了，效果还更好。现在很多智能客服机器人，用的就是类似的原理。

除此之外，你可能还需要经常参加各种会议，汇报各种工作，学习各种课程……

那就可以提前给自己设计一套会议记录的模板、汇报用的 PPT 模板、学习笔记的模板等，规定好模板中的板块、内容、格式、样式……

这样，之后的每一次，你只需要拿出模板，在空白处填写对应的内容即可，而不用再思考结构是否妥当，记录是否全面，这些你都已经提前规划好了，你生生地把一道简答题，变成了填空题，办公效率大幅提升。

开启第 6 级加速

小锤意识到这点后，感觉自己的任督二脉被打通了，立刻把 SOP 中的许多步骤给提前"压缩"了（见图 3-7），比如提前制作了可供几百杯奶茶使用的珍珠、熬制好专用的糖浆、泡制好几大罐茶底、备好了足量的黑白淡奶等。

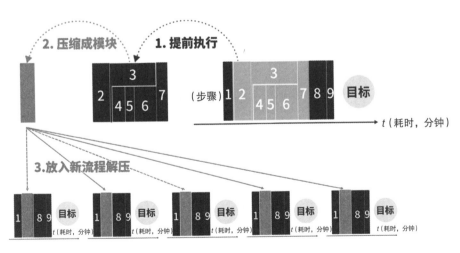

图　3-7

如今，现场的 SOP 变得极其简单：拿起杯子，放奶，放糖，放珍珠，加茶底，然后猛摇十下，加冰块，封口，搞定。

整个制作过程，仅仅需要 90 秒。天啊！从 3 个小时到 90 秒，简直像开了作弊器！

不过，小锤并不满足于此，90 秒做一杯是很快，但他的目标是全城最快啊，现在 10 个人同时来买，有人还是要排 15 分钟的队……

怎么办？还有提速的空间吗？

当然有，找人帮忙呗。

第 7 级加速：购买生产力

一个人 90 秒只能做一杯，那招 100 个人，90 秒不就可以做 100 杯了吗？

花钱购买生产力，用人海战术，就几乎可以把效率无限提升！

真的是这样吗？

首先，你可能会赔死。

想提高速度，确实可以通过增加生产力来达成，但是增加生产力是有成本的，如果太高，甚至超过收益，那就不是做得快，而是死得快了。

其次，人越多效率未必越高。

多了 100 个人来帮你，不见得效率就提高了 100 倍，如果没有合理的分工协作，人越多越混乱，效率可能还会变低。

那应该怎么做

1. 基于 SOP 分工协作

你要基于 SOP 进行拆分，让每个人负责其中一个或者若干个步骤，通过互相协作来制作一杯奶茶，而不是让大家一拥而上，哪里人少补哪里，或者让每个人都独自负责一个完整流程。为什么?

第一，因为资源有限。

比如珍珠放在一个罐子里，只有 1 把勺子可用，如果 100 个人都来拿珍珠，彼此就会打架，显得拥挤混乱，或者排队等待，这就会出现一群人没事可做的状况，闲的闲死，忙的忙死，效率并没有增加，而如果每个人都配一罐珍珠，那资源又会成倍增加，造成巨大的浪费。

第二，每个人能力不同。

有些人擅长拿杯子放珍珠，有些人擅长倒水加冰块，分工协作可以让流程上的每个人都发挥他最擅长的能力，从而提高整体效率。

第三，减少切换时间。

即使你能全程保持专注不分心，但是每个步骤所需要的知识、技能、工具，匹配的场景都是不同的，每次切换步骤都需要更换，而更换就需要时间，有效的分工协作，能把这部分时间缩短。

所以，并不是帮你的人越多越好，而是要基于 SOP，基于你现有的资源进行合理的分工，让每个人各归其位，所有人形成一个完整的系统，这样才能大幅提升效率，不然就会越帮越忙。

SOP 是让工作有序，而基于 SOP 的分工协作是让系统内部的合作有序。

有序，是提升效率的第一性原理。

反观日常工作中的有些团队，看上去人很多，每个人单独拿出来也都很厉害，但是在目标和计划确定后，团队整体的执行效率却不高，为什么?

很可能就是因为内部协作无序:没有一个明确的 SOP、彼此沟通的界面不统一，大家都是救火队员，哪里需要去哪里……

SOP 可以简单，可以不对，可以不停地修改，但不能没有，没有明确的流程、标准、分工，大家就是一盘散沙，看似热闹，却一吹就散。

2. 边际收益 ≥ 边际成本

如果你打算通过"购买生产力"，也就是让别人有偿帮助你提高效率的时候，有一笔账你始终要在大脑里进行计算，那就是"边际收益"要大于等于"边际成本"，什么意思？

边际成本，是指新增一个人你所需要支付的报酬（为了多卖一杯奶茶而增加的总成本）；边际收益，是指新增这一个人而带来的额外收益（比如因此每月多卖了 1000 杯奶茶，这里需要综合考虑短期收益和长期收益）。

增加人手可以提高效率，但是成本也会相应地增加，当增加到一定程度后，你会发现再新增一个人所带来的额外收益，已经不足以支付这个新人的酬劳了（因为边际收益递减的经济学规律），那么你就该停止新增人手，目前这个状态（边际收益 = 边际成本）就是你收益最大化的状态了。

学到这里，小锤恍然大悟……

原来奶茶并不是做得越快越好，那个网红奶茶店很可能并不是不能更快了，而是已经走到这个最佳收益点，做了一次取舍……

到了最佳收益点，加速也就到了终点，不是不能再加速了，而是不需要再加速了。开奶茶店的目的是盈利，而不是比谁快，提高制作速度仅仅是手段之一，切不可陷于手段而忘了目标。

开启第 7 级加速

小锤根据第 7 级加速的方法（见图 3-8），迅速招了几个伙计，然后基于 SOP 把他们分配到对应的岗位中，每个人负责 1 ～ 2 个步骤……

如今，通过分工协作，一杯奶茶的制作时间被进一步压缩到 60 秒，而且可以同时制作多杯奶茶了，原来 5 分钟只能做 3 杯奶茶，现在可以做完 12 杯。这样，即使有 30 个客户同时来购买，也能在 15 分钟内制作完毕，这个效率已经非常快了，小锤很满意。

当然，他知道其实可以更快，但为了确保奶茶店利润最大化，他并没有继续增加人力，而是选择先把奶茶店开出来，然后根据市场的实际情况再决定是否继续招人。

效率红利

第7级加速：购买生产力

基于SOP，通过分工协作来提高效率，确保边际收益≥边际成本

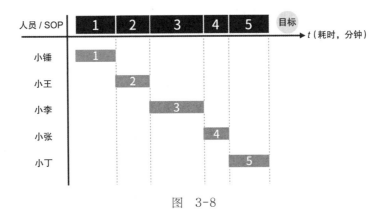

图　3-8

终于，锤子奶茶店正式开业了，生意非常火爆！

不过小锤心中的梦想并没有实现……

原来他一心想做一个全城最快的奶茶店，而如今却只能向现实妥协，在效率和效益之间达成了平衡，当初的想法现在看来显得那么点天真。

小锤再次路过那家网红奶茶店，看着一望无尽的长队，会心一笑，懂你！

就在小锤与这位网红店长"神交"的时候，一位帅小伙突然出现在他的眼前，并递上一张自己的名片说："你好，看你不像是来买奶茶的，是想开奶茶店吗？我是锥子科技的创始人，我们正在研发一款使用了可控核聚变技术的全自动珍珠奶茶机，无须人员值守，一杯奶茶从无到有只需要3秒钟，有没有兴趣了解一下？"

小锤望着眼前这位发光的男人，大脑里突然蹦出一句念了一百遍，却从不真正当回事的名言：科学技术才是第一生产力。

第8级加速：技术进步

对，唯有技术进步，才能突破现有条件下"越快越贵"的魔咒（见图3-9）！

虽然，他知道眼前这个人可能是个骗子，不对，就是个骗子，但他却给小锤打开了另一扇大门：如何运用最新，甚至是自主研发的科技来为自己的工作赋能，才是进一步提高效率最值得探索的方向。

曾经那个天真的梦想，也许真有实现的一天！

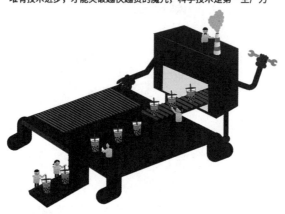

第8级加速：技术进步

唯有技术进步，才能突破越快越贵的魔咒，科学技术是第一生产力

图 3-9

本章小结

下面我们来总结一下本章内容。

这节课我们以"小锤想开一家全城最快的珍珠奶茶店"为案例，讲了提高个人做事速度的方法，一共有 8 个阶段。

第 1 级加速：理解

想要提高做某项任务的速度，你就必须要先理解这项任务，"会"是"快"的第一步。这个阶段不求快，而是要在一堆未知中，找出实现目标的关键要素，先让这个结果可以实现。

第 2 级加速：SOP

理解任务之后，你要把这些无序的关键要素，变成有序的、可量化的标准动作，固定成一套标准作业程序 SOP，并每次都按此执行。

第 3 级加速：优化 SOP

有了这套 SOP 还不够，你还需要不断优化它，因为 SOP 没有最好，只有更好，你可以通过"删减、替换、合并"这三种方式来不断完善。

第 4 级加速：剪去低效时间

为了让 SOP 中的每一分钟都具有生产力，你需要剪去其中低效的时间。你可以通过"专注"剪去分心的时间，通过"并行"和"短路"剪去等待的时间，通过"机器替代"剪去休息的时间。

第 5 级加速：逐步提高效率

为了进一步压缩整个 SOP 的耗时，你可以通过"刻意练习、工具替代人力"的方式，逐步提高每一步的效率。

第 6 级加速：提前压缩步骤

将 SOP 中那些耗时较长的重复步骤提前执行，"压缩"成一个个模块，等需要用的时候，再将模块放入新的流程中进行"解压"。

第 7 级加速：购买生产力

当个人效率已优化到极致，你就需要招募帮手，基于 SOP 通过分工协作来提高效率，但切不可让成本失控，要确保你的"边际收益≥边际成本"。

第 8 级加速：技术进步

在现有条件下，"边际收益＝边际成本"是你加速的极限，想要突破这个瓶颈，唯有依赖技术的进步，科学技术才是第一生产力。

这 8 级加速并不是并列的关系，而是像开车换挡，需要你逐级提升，前一级没执行到位，后一级的效果就会大打折扣，唯有稳步提升，你才能将速度提到最快。

好，这是提高"单一任务"执行速度的方法，那如果你是面对"多任务"时，不知道先做什么后做什么，经常手忙脚乱，顾此失彼呢？

这时，你又该如何提升效率？

我们下一章再说。

思考与行动

看完 ≠ 学会，你还需要思考与实践

思考题：你目前最需要提升的是哪一项工作的效率？请写出它的 SOP，并基于"八段加速"来思考下一步你会如何改善。

微信扫描二维码，把你的思考结果和学习笔记分享至学习社区，与其他同学互相切磋、一起成长，哪怕只是一句话，也会让你对知识的理解更加深刻，收获也会更多，还能让其他人从你的感悟中获得启发。

四步，让你拥有三头六臂

个人效率升级　　　协同力升级　　　团队效率升级

33%

三思三线　精进循环　八段加速　FOTA　权力　说服攻略　调整角色　协同三角　组建团队　培育团队　个体产能　团队协作

4

忙、忙、忙、忙

小锤的奶茶店如今开得风生水起，不但门庭若市，还吸引了不少加盟商、投资人……眼看事业就要迈向巅峰，他非常开心。

但是，他也因此变得越来越忙……

除了要参与奶茶的制作以外，进销存管理、品质管控、新品研发、人才招募、员工培养、制度设计、流程优化、财务结算、营销推广、招商加盟、融资路演、新店寻址……大的、小的、完整的、零碎的，一系列事情都压在了他的身上，他觉得这些都很重要，需要亲自操办，于是忙得不可开交。

就在此时，相恋多年的女友小美竟然向他求婚了……

小锤："这这这……都怪我，太忙了……竟然让你……"

小锤自责不已，但幸福来得太突然，管不了那么多了，他激动地赶紧答应。

不过，这就得立刻准备婚礼了：选酒店、试婚纱、找婚庆、定流程、采购、布置、邀约宾客……一大堆事情接踵而来。

原本已经每天工作 14 小时的小锤，看了一眼桌上那 5 本还没读完的书，深深地叹了一口气：俩月后再见……

事情多如牛毛，小锤焦头烂额，怎么办？

向哪吒借一下"三头六臂"的技能包吗？

哪吒不会借的！

不借就不借，小锤可以用另一套技能包"FOTA"来解决。

什么是 FOTA？

当任务太多而时间太少，为了最大限度地达成目标，你可以通过四个步骤来管理这些任务，让自己游刃有余。FOTA 就是如下四个步骤英文名的首字母：

- 第 1 步：聚焦要事（**F**ocus）
- 第 2 步：梳理日程（**O**rdering）
- 第 3 步：三线并进（**T**hree timelines）
- 第 4 步：随机应变（**A**dapt to change）

我们一步步来看。

第 1 步：聚焦要事

既然任务太多而时间太少，那么就删掉点任务吧，只聚焦在那些重要的事情上！

小锤听到后，立刻跳起来："什么？这怎么可以！每一件事都很重要啊！"

真的是这样吗？

你之所以觉得眼前的每一件事都很重要，很可能是因为你还不知道什么才是重要的事情。

史蒂芬·柯维在他的著作《高效能人士的七个习惯》里提出了"要事第一"这个习惯。

他告诉我们，要想提高工作效率，就要把事情按重要性和紧急程度分成"重要 / 不紧急、重要 / 紧急、不重要 / 紧急、不重要 / 不紧急"这四大类。然后，用每天大部分的时间来做那些"重要 / 不紧急"的任务，这样"紧急"的任务就会越来越少，而不重要的任务可以授权给他人或者直接放弃，这样效率就会大幅提升！

这个工具叫作"时间管理优先矩阵"（见图 4-1）。

图 4-1

但现在很多人却说这个时间管理优先矩阵过时了，那是因为他们并不知道重要的事情是什么，所以才会认为这个工具无效！

嗯……这就好比说，iPhone 已经过时了，因为它太贵了，我买不起，而且有很多功能我也用不来，所以我觉得它没用。

但这并不是 iPhone 的问题啊，这是……我的问题。

所以，并不是这个时间管理优先矩阵过时了，而是我们需要拥有"识别重要性"的能力。

那什么才是重要的事情呢？

具有累积效应的事情，对未来影响深远的事情，对其他任务有巨大影响的事情……这些事情都分别是什么呢？

我们可以把所有任务大致分成两类：一类叫作"建设类任务"，另一类叫作"运营类任务"（当然，还有一类叫作"结束类任务"，这里暂不讨论）。

一、建设类任务

所谓"建设类任务"就是指那些你要"开启 / 建造"某个"系统 / 项目"需要完成的任务。比如，你要造一栋楼，那么"选址、买地、设计、建造、装修……"就是建设类任务。

建设的标的有很多，不仅可以是一栋楼，也可以是一个 App、一个团队，还可以是一个知识体系、家庭、社交圈子……总之，建设标的的过程就是你把一个东西从 0 到 1 打造出来的过程。

有一本书叫作《用户体验要素》[⊖]，它是讲怎么建设一个网站的，但我们可以把其中的核心框架（用户体验要素的 5 个层面）剥离出来，迁移到任何"建设类"的项目中，小到一篇文章，大到一栋大厦、一个软件系统，你都能通过这个框架，非常清晰地看到整个建设过程中各个任务的主次、轻重之分。

这个核心框架从下到上如下（见图 4-2）。

⊖ 本书中文版已由机械工业出版社出版。

- 战略层：为什么要建设这个系统/项目，用户能获得什么，我能获得什么。战略层要确定的是这个项目的战略定位，即这个项目为什么而存在。

- 范围层：这个系统中需要包含哪些内容，要什么，不要什么。比如建设一个游乐场，里面需要包含哪些设施，摩天轮、旋转木马、过山车、冰激凌店、餐厅、消防设施、警务室、急救中心……

- 结构层：有了这些内容，现在该如何把它们互相连接起来，组成一个完整的系统？这时你就需要对整个系统进行功能布局、结构设计、动线规划等，然后出设计图、施工图。

- 框架层：从这里开始就是用户能够接触或者看到的部分，比如大楼的实体钢结构、水泥墙、楼梯、水电消防设施……，比如软件的界面布局、信息排列等，这个层次相当于未装修的毛坯房。

- 表现层：最上方的这层是美化的部分，比如房屋的外墙设计、软装布置，软件的视觉样式等，这些是用户最能直观感受到的部分。

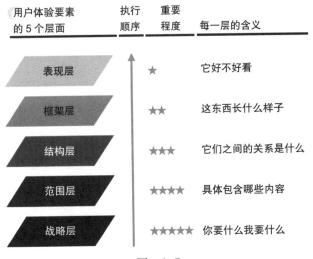

图 4-2

这就是建设类任务的5个层面。如果你面对的是建设类任务的话，首先应该意识到，建设任务无小事，任何层面都应该非常专注，因为每一处细节都会影响最终的成败，一颗坏螺丝钉，有可能毁了整架飞机！

但其中的任务是有先后、轻重之分的，一颗坏螺丝钉所在的位置不同，带来的影响程度也是不同的。

这5个层面逐级递进，下面一层做好了，上面一层才不会跑偏。比如"结构层"里的设计图已经画好了，才发现"范围层"里有些功能没加进去，或者"战略层"的定位是错的，那就得推倒重来，甚至直接放弃……

因此，越底层的任务越重要，比如"战略层"的重要程度是五颗星，它是这个项目中最重要的任务，甚至也是你所有任务中最重要的任务，它决定你要建什么，为什么要建，一旦战略层错了，后面的努力都是浪费精力，这也是我们第1章重点讲过的内容，好的开始是成功的一半；而"表现层"的重要程度就低很多，样子好不好看，直观感受最强烈，但它对最终成败的影响却是最小的。

所以，当遇到建设类任务时，你拿这个框架对照一下，便能很快分辨出它们的重要程度，以此来决定你的精力分配。

比如小锤要和女友小美结婚，"筹备婚礼"就是一个建设类任务，即从什么都没有到完成一场完美的婚礼。那小锤需要重点跟进的任务是什么呢？

首先在战略层，需要明确小锤、小美、双方家长这几个核心成员对婚礼的要求。

比如，对婚礼的时间、地点、规模、预算有什么要求，形式是中式还是西式，需要向来宾展示一种什么样的氛围，给大家带去什么样的感受。主题是浪漫感动，还是热辣激情，场面是尊贵奢华，还是低调朴实……

这些看上去很虚，但它们却是整个婚礼的基石，如果在这个环节上大家达不成共识，后期就会有无止境的修改、返工，甚至争吵、伤心。

因此，平衡各方的要求，对婚礼的定位达成共识，是小锤当前最重要的任务。

其次是范围层，为了实现"战略层"的这些要求，需要放入哪些"要素"呢？

比如婚礼中需要包含哪些环节，需要哪些道具，需要找什么风格的司仪，需要请哪些亲朋好友，吃什么晚餐，配什么糖果……这是小锤、小美第二重要的任务。

准备好这两层，整个婚礼就不会跑偏，满分是 100 分的话，现在至少拿到 60 分了。如果时间充裕，小锤可以继续往上走，深入各个细节，但现在时间有限，他可以把剩下的三层分包出去：

把"结构层"分包给婚庆总指挥，让他帮小锤把这些人、事、物串联起来，变成一个整体。

把"框架层"分包给司仪，让他把所有的环节串联起来，变成一台连贯的晚会。

把"表现层"分包给小美，让她来决定各个环节的服装配饰、舞台灯光、视频配乐。

这样，小锤在整个过程中需要参与的环节会大大减少，却又能最大程度确保婚礼的质量。

一场完美的婚礼，即将上演……

二、运营类任务

你看得见的人、事、物都叫作"要素"，但它们并不是孤立存在的，它们之间有一种看不见的"关系"把彼此连接在了一起，互相影响。这些"要素"以一定的"关系"组合在一起，形成的具有某种特定功能的"整体"，就叫作"系统"。

人体是一个系统，App 是一个系统，公司是一个系统，一幢办公大楼也是一个系统，建设类任务就是从 0 到 1 建设一个系统，而运营类任务就是要保证这个系统能正常甚至更好地运行。

比如 App 上线后的技术维护、用户运营、营销推广……，公司的日常管理中，财务、人事、进销存管理等就是运营类的任务。

那你该如何在多如牛毛的运营类任务中找出关键点呢？

它们看上去都稀松平常、杂乱无章，但其中就埋藏着一些能影响整个系统未来走向的关键点，想找出这些关键点，你需要先看到系统的全局。

这时候，你就需要拿起"系统性思维"这把思考利刃来进行一次解剖，比如把锤子奶茶店的日常运营简化成如下的一个系统图（见图4-3）。

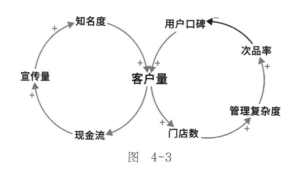

图　4-3

注：此处省略了绘制步骤，关于"系统性思维"的具体方法，可以看《认知红利》的第20章。

有了这个系统图，怎么找出关键任务呢？

1. 推动增强回路

一个以增长为目标的系统，首要任务是找到能推动增长的关键环节，比如这个奶茶店的核心目标是盈利，而盈利就需要不断增长的客户量，那么整个系统应该围绕"客户量"这一关键变量来搭建，所有工作都是围绕它来展开的。

那如何让一个变量在系统中不断增长呢？

你需要推动一个"增强回路"，增强回路就是一个系统中的A能增强B，而B又能反过来增强A，两者能形成一个互相增强的循环（见图4-4）。

那在这个案例中，什么能与"客户量"形成增强回路？

是"宣传量"。

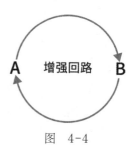

图　4-4

效率红利

宣传量越大，奶茶店的知名度就越高，就会吸引越多的人来购买；而购买的人越多，奶茶店的现金流就会变得越多，小锤就可以拿更多的钱去做宣传，这就形成了一个增强回路。

因此，小锤在运营类任务中的第一个关键任务就出现了，那就是那些能提高"宣传量"的工作，比如找中心化媒体投放广告，找网红自媒体做定向推荐，设计分享活动让用户自我裂变……一圈圈持续推动这个增强回路。

全球第一大饮料公司"可口可乐"能保持100多年兴盛不衰的核心秘密之一，就是永不停歇地投入大量广告来推动这个增强回路，其创始人彭伯顿曾说："如果我有25 000美元，我愿意花24 000美元来为可口可乐打广告，再用剩下的1000美元来进行生产。"

2. 消除风险因素

所谓风险因素，就是指会限制系统增长，或者导致一个负增长循环出现，甚至会让整个系统崩溃的因素。

比如前面这个系统图里的风险因素就是"次品率"，次品率越高，用户口碑就越差，客户的流失就会越多。

如果对"风险因素"放任不管，继续增加宣传量或快速扩张，就会出现更多的负面评价，口碑进一步下跌，客户的流失会更加严重；而客户量减少，收入也会跟着下跌，没钱打广告，知名度也会随之下降，这又导致新客的获取越来越难，收入继续锐减……进而走入一个恶性循环。

所以，运营类任务中第二重要的，是找出系统中的"风险因素"并想办法控制甚至消除它，让系统至少可以正常运行而不至于崩溃。

比如，为了解决因"管理复杂度"增加而带来的"次品率"提升，小锤可以改变分店的经营模式，从加盟变成直管，甚至直营；强化品控，将奶茶的制作从依赖经验变成依赖流程，提供统一的原料供应，提前压缩好茶饮配方，设立严格的监管机制等。

再比如，老化的煤气管道、积油的抽油烟机、损坏的电源电器……这些都是消防的"风险因素"，如果放任不管，就会越来越严重，最终将酿成大祸。因此，日常排查的重要性远远大于火灾来临时的紧急施救，一旦风险发生，整个系统会迅速崩塌，损失急速扩大，多年的心血付之一炬，届时再想挽回，已杯水车薪，为时已晚。

短期成功靠增长，长期成功靠安全。

放入矩阵，精简任务

总结一下，有三类任务非常重要，你需要把它们从众多任务中挑选出来重点对待，让它们成为你每天工作的重心。

第一，建设类任务。特别是前三层战略层、范围层、结构层的任务，它们对系统的最终成败影响巨大。

第二，能推动"增强回路"的任务。这是你的核心推动力，能让系统快速地发展。

第三，能消除"风险因素"的任务。比起救火更重要的是防火，不做防范，"风险因素"就会演化成真正的危机，让你苦心建起的大厦瞬间崩塌。

如果此时，你发现自己手头并没有以上三类任务，那你目前最重要的任务就是去找到它们：或去开启一个建设类任务，或去构建一个增强回路，或去寻找可能的潜在风险……

好，知道了什么事情重要，你就可以利用"时间管理优先矩阵"来精简并管理自己的任务，把每天的注意力聚焦在这些最重要的事情上了。

第2步：梳理日程

大脑是无法同时思考多件事情的（因为需要的背景知识不同，这个我在《认知红利》中的第16章讲过），注意力在同一时刻只能聚焦在一点上。因此，如果要处理多件事情，得一件一件事情挨个做，如果非要同时面对，你的大脑很可能就会死机，什么事情也推进不了。

这就好比一个倒放着的细口瓶子（见图4-5），瓶里有许多小球，每一个小球都代表一项任务，而这个瓶口限于其大小，一次只能让一个小球通过。

如果代表"任务"的小球都堆在一起，小球掉出瓶子的速度就会非常慢，甚至完全卡住不动。

想要让所有小球都能快速离开瓶子，你就得把它们按顺序排成一条直线（见图4-6）。

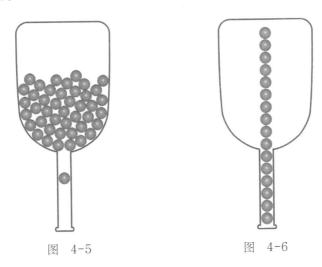

图　4-5　　　　　　　　　　图　4-6

这样，小球掉出瓶子的速度就能快很多。

因此，任务再多，你也必须把它们排成一个有序的队列，然后挨个执行，这样才能将效率最大化。

那具体该怎么排呢？

一、用GTD，梳理任务顺序

要让任务变得有序，你首先要熟练运用任务管理的"神技"：GTD。

什么是GTD？

它的英文全称是get things done，意思是把事情做完，这是戴维·艾伦在他的著作《尽管去做》里提出的一套移动硬盘式的任务管理方法，我在《认知红利》中的第 22 章详细讲过，这里就不再赘述了。

输入杂乱的任务，结合"时间管理优先矩阵"，用软件进行自动整理，输出一张有序的任务列表，这是 GTD 最擅长的事情。

有了这张任务清单，你只需要按顺序逐个执行即可，效率会立刻变得很高，这项技能你必须学会并熟练运用。

二、用生物钟，设定执行时段

你可能会觉得，这一小节看上去是在讲"时间管理"，但到目前为止并没有出现过"时间管理"一词（除了引用了"时间管理优先矩阵"这个史蒂芬·柯维提出的概念），为什么？

那是因为时间是不能被管理的，它只是一个度量单位，你不能对它做任何修改。

时间不能管理，但你却可以管理自己身体内的另一个"时间"，它叫作"生物钟"。

什么是生物钟？

人体的生物钟，是由下丘脑中的"视交叉上核"来控制的，你的体力、智力、情绪、血压、经期等都会呈现出周期性的变化，它是生物体生命活动的内在节律。

清晨，即使没有闹钟，你也会自然醒来，大脑逐渐清澈，你开始变得充满活力，你能轻松背出演讲的稿件，保持高度专注，灵感不断迸发……而在下午 1～2 点的时候，你想专注做一些有创造性的工作，困意却会强行袭来，你提醒自己要坚持，要打起精神，用手去撑开眼皮……但注意力就是很难集中。

同样是一个小时，效率可能差出五倍。

清晨的良好记忆力、上午的专注力、午后的乏力、晚饭前的运动活力……

这些都是生物钟导致的。

这里你可以看到，身体能量、精神状态、注意力的集中度、大脑的活跃度等，在每天各个时间段都是不一样的，它们呈现出周期性的变化。如果我们能理解自己的生物钟，并让任务的安排顺应这个节律，那工作效率必将大幅提高。

具体应该怎么做？

要顺应生物钟，你就得理解生物钟，图 4-7 是我根据某位医生列出的一张生物钟时刻表简化而来的，方便你参考。

人体生物钟参考表

5点：经历了3~4个睡眠周期，此时起床将很快进入精神饱满状态。

6点：身体机能苏醒，记忆能力增强。

7点：体温上升，血液加速流动，免疫功能加强。

8点：机体休息完毕而进入兴奋状态，记忆力进一步增强。

9点：记忆保持最佳状态，心脏开足马力，精力旺盛，兴奋度提高。

10点：热情上升，人体处于最佳状态，创造力旺盛，能胜任任何工作。

11点：最佳状态保持，不易感到疲劳，几乎感觉不到工作压力。

12点：精力最旺，需进餐，对酒精敏感，午餐饮酒将影响下午工作。

13点：兴奋期已过，感到疲劳，宜适当休息，午睡25分钟左右。

14点：精力消退，身体进入低潮期，此时反应迟缓。

15点：重新步入正轨，工作能力恢复，分析和创造力持续旺盛数小时。

16点：血液中糖分含量最高。

17点：工作效率更高，感官处于最敏感时期。

18点：体力和耐力达到高峰，此时为运动、训练最佳时期。

19点：精神最不稳定，容易激动，小事可引起口角。

20点：反应异常迅速、敏捷，司机处于最佳状态，不易出事故。

21点：记忆力进入最佳时期。

22点：体温下降，睡意降临，体内大部分功能趋于低潮。

23点：人体准备休息，细胞修复工作开始。

24点：身体开始最繁重的工作，为明天做好准备。

图　4-7

注：每个人的生物钟各有差异，你可以根据自己的实际情况做一些调整。

有了这个生物钟参考表，我们可以重新分配一天的工作时段。

（1）专注两个工作区：8 点～ 12 点；15 点～ 18 点。

这两个时间段大脑最为活跃，思维敏捷，注意力容易集中，你应该把最重要、最需要创造力的工作安排在这 2 大段时间里进行。

（2）设立两个学习区：6 点～ 9 点；20 点～ 22 点。

这是你记忆力最旺盛的时期，如果你用这段时间来刷剧、刷朋友圈，那大脑中就会充满影视剧情、明星八卦和好友动态，忘都忘不掉……这是学习的黄金时间段，千万别浪费了。

（3）安顿两个休息区：13 点～ 14 点；23 点～ 5 点。

13 点睡个午觉，23 点上床睡觉，或者做一次冥想，它们能保证你全天精力充沛。

这三个区域之外的时间段，你可以用来处理一些不那么重要和紧急的事情。

你可以把生物钟看成一家"注意力"供货商，它输出的"注意力"有时候充足，有时候少一些，有时候它还需要"补货"。而你的工作成果都是通过注意力交换得到的，有些工作需要的注意力多一些，有些则需要的少一些。

因此，顺应生物钟的规律来工作，你其实就是在调节它们之间的供需匹配，在适合的时间做适合的事，会让你始终都处在适配的状态，有四两拨千斤的功效。

第 3 步：三线并进

如今，你已经找到重要的事情，精简了大部分的任务；又对这些任务进行了排序，使它们变成一个任务队列，并找到基于自己生物钟的工作节奏，下一步就该逐项执行了。

但是，整体的任务数量依然不少，而且有些任务的截止时间都赶得比较紧，如果一件件挨个做，估计会来不及，怎么办？

你可以开启三条时间线，同时推进这些任务。

一、专注"主干线"

"主干线"是你一天中效率最高的时间段，比如大脑创造力、专注力最高的两段工作区（8 点~12 点；15 点~18 点），记忆力最强的两段学习区（6 点~9 点；20 点~22 点），你应该把最重要的工作及学习任务安排在这段时间内，然后逐件专注执行。

虽然说这段时间大脑状态极佳，但持续时间有限。

因此，为了能让这段有限的时间发挥出最大的功效，你需要做另外两件事来为其保驾护航。

1. 屏蔽外界干扰

专注是效率的保证，一旦被打断，想要再次进入就会非常困难，效率将大打折扣。因此你需要为这段时间设置防护墙。

比如，我会在这期间关闭一切通知类的提醒，带上降噪耳机，将自己与外界隔绝。并且，我还会把这个时间段告知身边的伙伴，让他们尽量不要在这个时候联系自己，有事等过了这个时间段再说。

2. 调整身体状态

注意力就像我们的手机电池，一天能用的量是固定的，为了让自己全天都能有电，你得做好电池管理，该充电时充电，该省电时省电，这样遇到关键任务时才能尽情释放，比如你可以：

- 改善自己的饮食结构，通过少食多餐、清淡饮食来减轻肠胃的压力，保持大脑供血充足；
- 佩戴生物钟眼镜和智能手环来辅助调节体内的节律；
- 在工作过程中设置短暂的小歇，"充电"（休息）5 分钟，"通话"（专注工作）1 小时。

二、占用"自动线"

如果你每天都能安排出"自身处在最佳状态"且"不被打扰的整块时间"来处理最重要的工作，那效率已经非常高了！

可如果，你的任务还是太多、处理不完，或者有些琐碎的、不需要太多注意力的工作，放到这些时间段内处理感觉太浪费了，怎么办？

你可以在"自动线"上处理这些任务。

什么是"自动线"？

丹尼尔·卡尼曼在《思考，快与慢》中说，我们大脑中存在两个系统，一个叫系统1，一个叫系统2。

系统1叫作快思考，用于处理一些重复的简单任务；系统2叫作慢思考，用于处理一些需要耗费大量注意力，需要创造，需要思考的复杂任务。

系统1的处理速度非常快，有时候快到你根本感觉不到大脑在思考，但事情已经做完了。比如你对每天下班回家时换的车、走的路已经再熟悉不过了，你可以边走路边和朋友聊微信，然后不知不觉就到家了，这个走路、换车的过程就好比是处在"自动驾驶"的状态下进行的，我称这种状态下可利用的时间为"自动线"。

每天，这种大脑处于"自动驾驶"状态的时间有很多：你吃饭的时候，刷碗的时候，等车、坐车、刷牙、上厕所的时候……你虽然在做，但不用思考，任务也能完成。

这时候，你就可以把其他不需要太多注意力的事情放进来，占用这部分额外的时间带宽，和这件事同步进行：

- 你可以边坐地铁，边收发邮件，处理与同事的协作任务。
- 你可以边吃午饭，边收听音频课程。
- 你可以边洗碗筷，边把明天会议中要提出的方案在大脑中过一遍。
- 你可以边上厕所，边发微博/朋友圈，与朋友保持弱联系，扩大一下自己的影响力。

- 你可以边开车，边……不做任何其他事情！如果这件事情有安全隐患，此条不适用！

把这些碎片化的时间利用起来，你的效率又能上升一个大台阶。

三、购买"第三线"

如果还有许多重要的事情做不完，或者感觉有些价值比较低的任务不愿意做，又不得不做，怎么办？

那么，你就可以把这部分任务"外包"出去，用他人的时间来做，我把所有这些可调用的他人时间称为"第三线"。

在这种模式下，你可以"购买"两类人的时间。

1. 能帮你创造价值的人

比如你想开发一款共享车位 App，但自己不会，那么除了可以花半年时间去学习、试错之外，你还可以找一位这方面的专家进行付费咨询，"购买"他多年的经验、技巧，节约自己摸索的时间。

在与这位专家交谈的过程中，你发现他无论是技术还是经验都远远优于你，并且还对你的这个项目感兴趣，那么，你就可以邀请他加入团队，"购买"他的工作时间，直接为你的项目创造价值。

2. 能帮你提高效率的人

比如，这两天你需要一份近半年所有渠道的销售数据分析，这份资料非常重要，能够帮助你做出一个重大的决定，但做这件事估计需要 2 天的时间，耗时漫长且自己有更重要的事情要做，怎么办？

这时候，你就可以把这个任务分包给其他人，"购买"他的时间，提高你的整体效率。

设立协作时间点。

不过，由于他人的行为你不能控制，因此在开启"第三线"的时候，你需要保持与他人的互动，设立一些时间点来确认他的工作质量和进度：

- 提前确认截止时间，方便对方安排整体进度。
- 设定初稿时间，避免因初期方向错误而导致后期做大量的无用功。
- 安排中期沟通，随时把控方向和质量，避免到最后时刻才发现任务不达标，造成返工、低质，甚至直接放弃。

第4步：随机应变

三线并进的你，就像是一辆开足马力的跑车，专注在眼前的道路上，奋力冲刺。

但是，在车子全速前进的过程中，最怕遇到三件事，你需要学会随机应变。

一、意外发生了

车坏了，路裂了，大石挡路了……意外之所以是意外，就是因为它不可预测，因此，你无须预测，但你需要拥有"应对意外"的能力。具体怎么做？

送你一套"三字诀"：一停、二看、三动。

1. 停

别慌，先暂停，稳定情绪。

让自己冷静下来，回归理性思考，在情绪之下你很容易做出错误的判断。

2. 看

看什么？

一看目标，别只顾眼前的得失而忘了总目标。

二看原因，找到导致意外发生的核心原因。

三看系统，把意外放入系统，分析它对整个系统的影响。

四看自己，看看自己有什么，基于已有的东西提出对策。

3. 动

考虑清楚了再动手。宁可不动也不要乱动，乱动比不动更致命。

比如三国时期，诸葛亮最后一次率大军北伐魏国，司马懿面对蜀军的营前辱骂却选择坚守不出，身披女衣也不为所动，因为他知道时机还不到，出战必将全军溃败，按兵不动才是此刻更好的策略。

二、路开错了

开着开着，你发现跑偏了、迷路了……这是怎么回事？

那是因为，当你陷于具体工作时，就容易忘了目标和方向，进而被眼前的小利益引入歧途。

这就像闯入一片森林，你如果不看指南针和导航仪，只顾走好眼前的路，那可能就会被路上的美景、美食、小萌宠吸引得到处乱窜，最终迷失在丛林之中……

跑错方向是最大的损耗。

因此，你需要拥有"锁定方向"的能力。怎么锁？

1. 心向目标

首先，不管手头多忙，你心里要永远装着目标。

你的注意力是非常稀缺的资源，对你来说价值连城，请不要随意挥霍。

突如其来的机会或许真的很诱人，但如果它对你的目标没有帮助，还会消耗过多的注意力资源，且你不准备放弃原来的目标，那你就应该选择放弃这个机会。用华为任正非的话来说就是，不要在非战略机会点上消耗战略性资源。

2. 定期回顾

其次，你需要定期回顾。

即便你在一条笔直的公路上开车，也需要时刻微调方向盘才能保持直行。

工作也一样，即便目标清晰、方向明确，走着走着也难免会跑偏，你需要定期回顾自己的工作，重新评估目标，然后进行校准，再次聚焦，就像手握方向盘那样。

三、环境变了

你正开车要去某地挖黄金，开到一半你收到情报，说黄金刚被人挖走了，他们正往东南方离去！你怒不可遏，准备"改变目标"前去阻截，然后又听到一则消息，说"炼金术"大获成功，金价开始暴跌……

这时你该怎么办？

已经赶了那么多路，中途放弃太可惜，继续去追他们把已经没有价值的黄金抢回来吗？

你不愿放弃的往往不是目标，而是自己的心血，心血是"沉没成本"。

当目标消失，环境改变，支撑原目标有价值的前提条件没了。这时候，你就要懂得"放弃"，沉没成本不是成本。

你要拥有"不忘初心"（不要忘记怀揣一颗初学者的心）的能力。随着环境一起变化，在新的环境中重新学习，找到更适合当下的目标，重新出发。

什么是随机应变的能力

泰山崩于前而面不改色，千金置于旁而车不变道，万贯垂于腰而心不系羁，你便能忙于事而不陷于事，进退自如，灵动前行。

本章小结

以上就是FOTA这个技能包的四个步骤。接下来，我们总结一下本章内容。

小锤的奶茶店生意越来越好，但随之而来的是他开始变得越来越忙，工作的事、感情的事、运营的事、发展的事、突发的事……全都交织在一起，压得小锤喘不过气。

如果你也和他一样，整天面对做不完的任务，那么你就可以使用"FOTA"这个技能包，让自己拥有"三头六臂"。

第1步：聚焦要事（Focus）

任务太多，是因为你不知道什么事情重要，所以你什么都做，最后忙得不可开交。想要提高多任务的处理效率，首先要拥有"识别重要性"的能力，精简任务。什么任务才是重要的呢？

（1）建设类任务，特别是前三层战略层、范围层、结构层的任务。

（2）能推动"增强回路"的任务，它决定了你能走多快。

（3）能消除"风险因素"的任务，它决定了你能走多远。

如果你发现自己手头并没有这三类任务，那你可能正每天身陷各种琐事，多年不得成长了。现在，你最重要的任务，就是去找到并开启它们。

第2步：梳理日程（Ordering）

知道了什么事情重要，你就可以把它们放入"时间管理优先矩阵"进行分类处理。

但同一时刻你依然只能处理一件事情，想要让多任务处理变得高效，你必须把它们先排成一个有序的队列，放入自己的日程安排，然后逐个执行。具体怎么做？

（1）用 GTD，梳理任务的顺序。

（2）理解自己的生物钟，设定不同任务的执行时段，将执行效率最大化。

第3步：三线并进（Three Timelines）

如果任务量还是太大，怎么办？你可以开启三条"时间线"并行推进它们。

（1）专注"主干线"，这是你每天效率最高的时段，需要用来专注处理最重要的任务。

（2）占用"自动线"，当某个任务你不需要思考也能自动完成，你就可以占用它的额外带宽来同时处理其他任务。

（3）购买"第三线"，你还可以购买两类人的时间来提高自己的效率：一是能为你创造额外价值的人，二是能帮助你提高效率的人。

第4步：随机应变（Adapt to Change）

最后，你还需要拥有"应对意外的能力、锁定方向的能力、不忘初心的能力"来应对过程中的各种变化，让自己忙于事而不陷于事，面向目标，灵动前行。

一个人的力量是有限的

第一模块"个人效率升级"已经全部讲完了，下一章我们将进入本书的第二模块"协同力升级"。

一个人的力量终究是有限的，当目标超出了你的个人能力所及，你就需要召集天下英雄好汉，和你一起并肩作战。

虽说人多力量大，但如果彼此用力的方向不一致，团队就会变成乌合之众。所以，想要提高团队效率，"协同力"是根基，无法协同，三个诸葛亮也抵不过一个臭皮匠。

具体该怎么做呢？

下一章，我会先从"如何说服一个人"开始讲起。

我们下一章再见。

思考与行动

看完 ≠ 学会，你还需要思考与实践

思考题 1：如果你打算与某人开启一段深度关系，那么这件事的"战略层、范围层、结构层"的任务分别是什么？你可以推动哪个"增强回路"来增进这段关系？又应该防止哪些会导致关系破裂的"风险因素"发生呢？

思考题 2：分析你自己的生物钟，其中工作状态最好的是哪些时段？目前这些时段的使用效率如何，下一步你会怎么改善？

思考题 3：你有哪些"自动线"可以利用？又有哪些事是可以通过购买"第三线"来提高效率的？

微信扫描二维码，把你的思考结果和学习笔记分享至学习社区，与其他同学互相切磋、一起成长，哪怕只是一句话，也会让你对知识的理解更加深刻，收获也会更多，还能让其他人从你的感悟中获得启发。

第二模块

协同力升级

一种控制人心的力量

个人效率升级　　协同力升级　　团队效率升级

42%

三思三线　精进循环　八段加速　FOTA　权力　说服攻略　调整角色　协同三角　组建团队　培育团队　个体产能　团队协作

5

需要说服力

诸葛亮舌战群儒

在《三国演义》中有一段是说，曹操率大军南下，迫使刘崇归降拱手让出荆州，并追击刘备迫使其逃往江夏。

天下已半数归于曹操，声势滔天。

后曹操又率八十三万雄兵屯于长江沿岸，虎视江东，欲一统天下！

然后，曹操又将一纸战书送至江东，吓唬孙权，告诉他："如今我有雄师百万在江边等着你，你若愿意归降，咱们一起收拾刘备，然后共分天下。"

这把当时只有三万左右兵马的东吴群臣吓得魂飞魄散，兵力如此悬殊，他们纷纷表示愿意投降，认怂求平安。

但就在此时，刘备为了抗击曹操，派诸葛亮渡江游说孙权，想让他与自己结盟，联合抗曹。

东吴那帮儒士听闻后表示不屑，我们好歹还有几万精兵，且善于水战，纵有长江之堑，也不敢与之一战！刘备何许人？织席贩履之辈，三月内弃新野，走樊城，败当阳，奔夏口……目前连个安身之地都没有，岂敢自不量力地教唆我们一起对抗曹操！你想找死自己去，别拖我们下水！

他们对诸葛亮群起而攻之！

不过，诸葛亮岂是俎上鱼肉？面对百口相攻，他面不改色，舌战群儒，羽扇一挥，就把他们一个个驳得哑口无言，最终说服孙权与刘备结盟。

这才有了后来的赤壁大胜，以及后续给天下大势带来的巨变。

小锤急需提升说服力

"哇~太牛了！诸葛亮竟然用自己的三寸肉舌，改变了历史进程。"

小锤重温了一遍《三国演义》中的这个经典桥段，突发感慨，因为他深刻地意识到，现阶段自己缺的，就是这种说服力！

怎么回事？

小锤的奶茶店目前发展得还不错，已经有了三家分店，但问题也随之出现：

- 想要再加快扩张的速度，就需要大量资本的注入，该如何说服投资人？
- 团队人数越来越多，家庭作坊式的管理模式已经完全不够用，需要引进高级管理人才，可好的管理人才薪资很高，目前小锤还承担不起，而且这些人才大多都还在原公司担任重要职务，该如何说服他们加入？
- 奶茶店的工作流程很简单，所以招募的新员工上手很快，但日复一日地重复着简单的工作，员工看不到职业前景，很多人不到半年就提出辞职，团队不稳定，该如何说服他们留下？

……

小锤每次都掏心掏肺地和他们说半天，可最终都事与愿违，他很失落……怎么办？

小锤知道，这些问题的症结，很可能是因为自己的说服力不够！

因此，他需要尽快提升自己的说服力。

于是，他开始仿效诸葛亮，学习各种说服技巧，在公司拉着员工练，回家拉着老婆练，路上抓着一个陌生人就开始练。

总之，不把一个观点给你说服了就绝不松手！

经过了三个月的苦练……

原本笨嘴拙舌的小锤，如今已能出口成章，妙语不断，口才得到身边人的一致认可。

随后，他便信心大增，立刻约见了一位投资人开始介绍自己的项目。

终于，功夫不负有心人，这次的介绍，内容层次分明，论述有理有据，情绪饱满浓烈，最后竟把对方给说哭了！

小锤暗自窃喜：这次总算被我说服了吧！

万万没想到，投资人听完后却说："你讲得非常好，我听了十分感动，但很抱歉，我们还得回去再考虑考虑，咱们保持联系……"

然后……

当然就没有然后了！

为什么会这样？

是小锤的说服力还没练到家吗？

当然不是！

他如今的口才已经得到大家的认可。

那为什么还是不行？

因为"说服力"对沟通结果的影响其实很小，真正起决定性作用的是另外一个东西——权力！

权力的游戏

你之所以需要去说服对方，是因为你对这件事情没有决定权。

- 客户买不买你的产品，客户说了算。
- 领导给不给你加工资，领导说了算。
- 投资人给不给你投资，投资人说了算……

你声情并茂，费尽口舌，摆事实讲道理，希望可以改变对方的想法，但对方依然可以找个理由拒绝你。

为什么？

因为决定权在他那（见图 5-1）。

你努力提高表达能力，熟练掌握说服技巧，确实会很有帮助，比如说服的成功率从 5% 提高到 10%，但"说服"这种"决定权在对方"的沟通模式，本身就决定了较低的成功率。

决定权	协同方式	沟通效率
在自己	领导	高
在双方	谈判	中
在对方	说服	低

图 5-1

而拥有绝对权力的一方呢？

他不需要说服你，也不需要和你谈判，直接"命令"你去执行即可，他牢牢地掌握着沟通的主动权。

君要臣死，臣不得不死。

沟通，其实就是一场权力的游戏。

"权力"对每次沟通的结果都起着决定性的作用，但它却像房间里的一头大象，显而易见，而我们通常就这么熟视无睹地忽略了它。

因此，想要让对方按你的想法行事，你最需要的不是提升说服力，学会那108套说服话术，而是获得权力，尽可能让自己能够使用"谈判"甚至是"领导"的协同方式。

一旦拥有权力，沟通效率将大幅提升，协同也将变得无比简单。

什么是权力

那么，怎么才能拥有权力呢？

领导叫我干啥就干啥，因为他有这个权力，但我目前就是个职场小白，无权无势，该怎么办？

项目想要获得投资，决定权完全在投资人，但他又不是我亲爹，我该如何在与他的沟通中拥有权力呢？

想要获得权力，就要先理解权力的本质到底是什么。我们明明可以自己决定的事，为什么愿意听命于他人呢？

这就要从人性的最底层开始聊起……

揭开人性的底层密码

在人性的最底层，有两股力量左右着我们的行动。

一股力量叫作"想要"

这就是你希望获得某些事物，或者期望某件事情发生。

比如你想要吃好吃的食物、穿好看的衣服、住安全舒适的房子，你想要性的刺激、爱的温馨、集体的归属、别人对你的尊敬与崇拜，你想要有美好的未来等。

这个"想要"的念头，会促使你不断地去追寻它们，因为一旦得到，你就会感到愉悦，而你，喜欢这种愉悦感。

但这种愉悦感不会太长久，它稍纵即逝，因此你"想要的"会变得越来越多。

这些被"想要"驱动的行为，叫作"追求快乐"。

另外一股力量叫作"不想要"

这就是你希望某些事物远离你，不想看到它们，不想它们出现，不想它们在此时此刻进入自己的世界……

比如你在讲话时，不想被打断，不想被嘲笑；走在路上，不想被偷窃，不想被车撞；半夜 12 点，不想接到老板的电话，不想突然有人敲门……

你之所以"不想要"它们发生，是因为它们一旦出现，你就会感到痛苦，感觉自己的世界被它们侵犯了，而这种侵犯，会给你带来麻烦、损失、甚至伤害……

你害怕它们的到来，因此你会采取一些行动来阻止它们。如果这些"不想要"的事情已经发生，你又会想办法让它们从自己的世界中消失，比如你会愤怒地反击（消灭它），或者害怕地逃跑（远离它）。

这些被"不想要"驱动的行为，叫作"逃避痛苦"。

追求快乐 + 逃避痛苦

它们是刻在我们基因里的，帮助我们人类乃至所有物种在生物演化的漫漫历史长河中存活下来，它是我们本能的行动倾向，是我们大脑里预装的程序。

知道了这个有什么用呢？

我们就可以进行"反向操作"。

如何反向操作

1. 给予奖励

既然你的本能是"追求快乐"，那我就准备你"想要"的事物作为"奖励"让你追求，以此来驱动你的行为。

什么是你"想要"的？

第一，确定的奖励。

比如物质奖励：金钱、食物、礼物、安全的住所等；比如精神奖励：领导的表扬，朋友的夸奖，周围人的羡慕，爱慕对象的回眸一笑等。

只要对方给的奖励是你"想要"的，那你就愿意按对方说的做。当然，你做这件事情所付出的代价，不会超过这个奖励的价值。

第二，更好的未来。

你"想要"得到某个东西，或者"想要"实现某个愿望，抑或"想要"过上某种生活，但是不知道如何才能做到。

虽然我不能直接给你，但我可以告诉你，现在怎么做才能得到，我有能力帮助你。

你觉得我的话能提高你的成功率，我拥有的资源能够给你提供帮助，你就愿意听从我的建议，以此来增加自己未来的确定性。

那谁能给你更好的未来呢？

过去，你可能会听巫师的，因为你认为，他们能通神灵，见未来。

现在呢？你愿意听成功者和专家的建议，因为你觉得，他们已经到过你想去的未来，他们有能力给你提供帮助。

总之，想用"追求快乐"来驱动对方的行为，你就得告诉他：听我的，有好处，这个好处你"想要"。

2. 设置惩罚

既然你的本能是"逃避痛苦"，那么我就准备你"不想要"的事物作为惩罚，如果你不听我的，我就让你感到害怕，让你想要逃避，以此来驱动你的行为。

那什么是你"不想要"的呢？

这太多了！

比如暴力：我有军队、我有核武器，或者我是叶问的第 18 代关门弟子，你若不按我说的去办，拳头伺候！

比如法规：提前设定好规则，如果你没有做到，或者行为越线了，那么我就按规则收拾你。

比如批评：我这个人脾气不太好，如果你这件事办不好，别怪我在大家面前不给你面子……

除此之外，像社会习俗、文化道德、公众舆论等都是可以拿来做文章的。总之，你不想要什么，我就有什么，你不听我的，你就会受到惩罚，而这个惩罚，你"不想要"！

那拥有奖励和惩罚的资本就够了吗？

还不行！

你说的话还得可信。

3. 提高可信度

听了你的话，做了这件事，你能否兑现承诺的奖励？如果没听你的话，惩罚是否真的会到来？

如果你说的话不可信，时灵时不灵，那就没人会把你当回事。

那怎么才能提高你的可信度呢？

首先，你的能力能被对方看见。就是奖励的东西真的有；惩罚的力量，你看得见。你得把你的"奖惩资本"亮出来，让别人看到，别人才会相信你是真的有这个能力。

其次，你得言行一致。做到，必须给奖励，做不到，必须实施惩罚。不能有例外，只要有例外，奖惩就形同虚设，别人就会质疑你。任何时候你都得说到做到。

除了以上这两点，如果还有其他可信度高的人给你背书，有相关的成功经历，那你的可信度还能继续提高。

当你拥有了奖惩资本，还能说到做到，你便获得了两种新能力。

两种新能力

1. 吸引力

在《三国演义》中，诸葛亮人称"卧龙先生"，未出茅庐就自比管仲、乐毅，民间传他有经天纬地之才，说"卧龙、凤雏"得其一便可安天下。

这是什么？这就是说诸葛亮拥有"更好的未来"这份奖励。

所以，刘备三顾茅庐请他出山来辅佐自己。

但是，诸葛亮刚到军中的时候，很多大将并不服他，不愿意听从他的号令。为什么？

因为他还缺乏"可信度"。

"你怎么证明你说的就是对的，你如何给我们更好的未来？你又没打过仗……"

无奈之下，诸葛亮只得借刘备之力来指挥他们。

随后，博望坡的一把大火，烧退了曹操十万大军，诸葛亮旗开得胜，赢得了"可信度"。

至此，关羽、张飞等武将都对诸葛亮心服口服，唯命是从。

当人们知道，只要听了你的话，就能不断得到"想要"的事物，他们就会主动追随你，这种力量就叫作"吸引力"。它是一种像"神"一样，能够吸引众人追随膜拜的力量。

$$奖励资本 \times 可信度 = 吸引力$$

2. 威慑力

一位父亲如果对一个只有 7 岁的孩子说："赶紧去做作业，不做不给电视看！"这位父亲就是在用"惩罚"来驱动孩子的行为。

孩子听后，就会乖乖地回去做作业。为什么？

因为这个"惩罚"对孩子来说是可信的，他相信父亲的确能做到不给自己看电视，而且自己反抗不了。

当人们知道，只要不听你的话，就会受到"不想要"的某种惩罚，他们就会害怕，就会对你唯命是从，这种力量就叫作"威慑力"。这是一种类似"魔鬼"一样，让人恐惧、让人不敢违抗的力量。

$$惩罚资本 \times 可信度 = 威慑力$$

但如果这个孩子已经 17 岁，父亲这招就不奏效了，因为孩子可能会怼回去："你说不准看就不准看啊，我可以出去看，我也可以在电脑上看，就算要和你抢遥控器，我也不一定输！"

这时，父亲的"惩罚"就变得不可信了，这招也就失去了"威慑力"。

权力是什么

权力 = 吸引力 + 威慑力

吸引力，让人主动追随；威慑力，让人不敢违抗。当你能兼具这两股力量时，你便拥有了权力。

为什么你觉得自己的上司是拥有权力的？

因为他能决定你的工资奖金、升迁之路、业务机会，他能教给你知识，培养你能力，帮助你更好地成长……这是他对你的吸引力；如果你表现得不好，他也能扣你奖金，调你去做你不喜欢的工作，甚至让你离开公司……这是他对你的威慑力。

正因为这两股力量在他身上并存，你才愿意把该做什么事的决定权交给他，对他言听计从，因为听他的比听自己的更好。

相反，如果他身上并不存在这两股力量，那么即便他在名义上是你的上司，也无法行使权力。

比如你的奖金、工资并不由他决定，而是由销售提成决定，拿多拿少看自己；他的专业能力让你心生质疑，每天给你灌鸡汤却没有实际措施，你觉得他还不如你……他就失去了对你的吸引力，你内心会写着大大的两个字：不服！

但碍于他有人事任免权，可以开除你，你只能口服心不服。

如果他连人事任免权这个"威慑力"都没有了，就相当于被"架空"了。没有"实权"的他再想让你干什么事，就只能采用成功率最低的"说服"策略了。

现在你应该知道权力是什么了，它不来自职位、地位，而是来自两种特殊的能力：吸引力和威慑力。

你有没有权力，不在于你是否在某个看似很高的位置上，而在于你有没有"吸引力"能让别人追随，有没有"威慑力"能令别人害怕，只要有，那你就是手握大权的"老板"。

当然，权力有大小。

当你没有什么权力时，你需要通过艰难的说服，才能让对方采取某个行动；当你拥有一定的权力时，你就可以与对方坐下来谈判，互相商量着来；直到某一天，你发现这件事情的决定权已经牢牢掌握在自己手上，你就可以直接领导对方了。

权力的大小，决定了你沟通的难易程度，它是实现高效协同的基础！

那么，你该如何提升自己的权力呢？

如何提升权力

一、提升威慑力

要提升威慑力，你可以由近及远地从"自身、对方、第三方"这三个方面来逐一加强。

1. 提升自身实力

自身实力包括自己的能力和地位，以及可调用的人力、物力等资源。

比如，爬到更高的职位上，获得规定的惩罚权。

又如，积累微博的"粉丝"量，提升社会影响力。

再如，提升能力的稀缺性，让自己变得不可替代。"这件事只有我能做，给我加工资，不然我就辞职……"当你的能力足够稀缺，且对方短期内又没有可替代的方案时，你就具备了威慑力，就有了议价的能力。

总之，你自身得拥有能"实施惩罚"的能力，对方才会在一定程度上畏惧你的这些能力。

但是，威慑之所以是威慑，就是不能经常使用，而是用来吓唬对方的，因为一旦使用，很可能会迎来猛烈的反击。

2. 抓住对方软肋

比如你知道对方某个不可告人的小秘密、你拿到对方的犯错证据、你知道他对花粉过敏、你知道他离不开你……

总之，他怕什么你就有什么，抓住了对方的软肋，你就拥有了威慑力。

比如，小说《三体》中有这样一个案例。

外星文明三体人很厉害，它们的科技已经远远超过地球人，它们用一艘小轿车那么大的飞船（在故事中叫作"水滴"），仅耗时几秒钟，就把地球太空舰队打得全军覆没，而自己却毫发无损。

在悬殊的实力面前，人类显得束手无策，陷入恐慌。

但就在三体人的主力部队即将抵达地球的时候，它们突然让太空舰队飞离地球，在浩瀚的宇宙中自生自灭，并且还决定与地球人交好，传授高科技给人类！

要知道，三体人自己星球的生存环境很差，它们此行的目的就是要来占领地球的，为什么会突然停手了呢？

因为，《三体》中的主角罗辑抓住了三体人的一个软肋，就是三体人不想在宇宙中暴露自己星球的"坐标位置"，因为这个坐标一旦被宇宙中某个高等文明知道，那么对方就会赶来把三体人的老家给毁灭掉（原因是小说中的"黑暗森林法则"，具体请看原著）。

基于此，罗辑已经在地球外布好了信号发射器，一旦三体人想侵略地球，他就可以一键向全宇宙广播三体星球的坐标位置，那么到时候三体人也就完蛋了。

正是因为抓住了这个软肋，罗辑获得了一种对三体人的威慑力，三体人

效率红利

停手了，按罗辑说的方式投降，并且与地球人交好，这才让地球逃过了一次灭顶之灾。

当然，运用这种方式时千万要注意分寸，因为太过火，可能就会触及"强迫交易、敲诈勒索和寻衅滋事"等罪行。

3. 立规则、签契约

除了从自己和对方处着手提升威慑力，你还可以提前设立规则、签订契约，让第三方执法机构形成威慑力，以此来约束对方的行为。一旦谁违反了提前设定好的规则，就会受到来自第三方执法机构的惩罚。

当然，如果你自己就是执法方，那么你自己定下的规则自己也要遵守，天子犯法与庶民同罪！只要有人对规则免疫，那么规则的威慑力就会大大降低，甚至失效。

以上就是提升威慑力的三种方法，这里需要提醒的是：威慑力虽说会牵制住对方，让他由于害怕受罚而不得不做某件事，但是他可能会口服心不服，会有一股力量始终堵在他胸口，他想要摆脱束缚，反抗你！

因此，想要让对方心服口服，你还得提升吸引力。

二、提升吸引力

吸引力由"确定的奖励、更好的未来、可信度"这三个要素组成，我们就从这三方面入手来逐一分析。

1. 从表达善意到给予奖励

首先，要表达出你的善意。

这是提升吸引力的第一步，也是最重要的一步。这步走偏，对方感受不到你的善意，那么你全程都会像个骗子。

什么是善意？就是希望你更好。

这里有两个关键词：你、更好。

"你"就是指"以你为中心"考虑问题。

一个客户来我店里买东西，我使劲给他推荐产品，向他介绍产品的各种功能，告诉他这是限量款、流行色、今天打折、错过今天等一年……这是"以我为中心"考虑问题，心里想的都是"我我我"，看不到客户的需求，看到的只有自己的业绩，只想着把货卖出去，这样的销售让人反感。

那什么是"以你为中心"呢？

就是要深入了解"客户的真实需求"，然后从需求出发，帮他去找货，告诉他什么产品适合、什么产品不要买，如果店里没有，告诉他哪里有，如果不知道，就会记下他的需求，帮他去打听相关信息，然后告诉他。

总之，他买不买我的产品不重要，能不能帮他解决问题、能不能满足他的真实需求更重要。

希望"你"好，而不是"我"好，一字之差，天差地别。

那"更好"呢？

所谓更好，要看和什么比。

答案：和预期比。

有个卖瓜子的商贩很有意思，客人付完钱，他会在过完秤的瓜子里再多放入一把。大家都觉得他挺傻的，总是让客人占便宜，因此他被笑称为"傻子"。

但就是这么个喜欢自己吃亏，让对方占便宜的"傻子"，生意却做得越来越大，在1972年，用3个月的时间靠卖瓜子赚了100万元。

这就是那个曾经享誉全国的"傻子瓜子"。

自己吃点亏，进四出六、舍满取半，让对方拿到的比预期更多，让对方感觉占便宜，这就是希望你"更好"。

千万别想着去占对方的便宜，占了一次看似赢了，但就没有下一次了。

吃亏是福，不是因为大度，而是因为你看得更长远。

其次，善意带来信任，而想要获得吸引力则需要给予奖励。

按照马斯洛需求理论，我们可以把奖励大致分成三大类（见图5-2）。

　　　　　　效 率 红 利

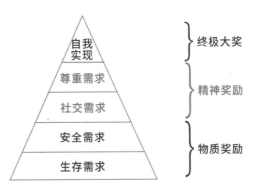

图 5-2　马斯洛需求理论

第一，基于第一层生存需求和第二层安全需求的"物质奖励"。比如给钱、给礼物、给项目、给机会，为对方提供安全保障等。

第二，基于第三层社交需求和第四层尊重需求的"精神奖励"。可以通过认同他、接受他、尊重他、夸奖他、崇拜他，给他颁奖发锦旗等方式来实现。

为什么夸奖有用？因为夸奖是一种更高级的奖励，对方接受你的夸奖，高兴了，就会被你吸引，也就接受了你的这份权力，之后的沟通会变得更加容易。

但这里你一定要记得前面讲过的"可信度"，就是你的夸奖一定要夸到实处，比如对方明明是实力派，你却夸对方长得帅，那对方就会觉得你虚伪，认为你油嘴滑舌，那就得不偿失了。

第三，基于最高层自我实现需求的"终极大奖"。除了给钱、给好评，你还可以给梦想、给愿景。

比如你把公司的股权作为奖励，然后给他们描绘一个非常美好的未来，和大家说："我们的产品将改变世界，你们将会成为伟大历史进程中的一员；公司计划 5 年后上市，届时每个人都会成为亿万富翁，大家准备提前养老吧！"

但是这些目标太远，听着会很空，不落地，起不到激励作用，你还需要配套的具体计划，你可以接着说："大家先别太激动，我知道这个过程会很艰难，以下是这 5 年的具体规划，如果想跟着我一起干，希望大家做好流汗流泪，短期内超负荷工作的准备！"

当奖励足够大，人们就愿意延迟满足，奋斗在当下。

5　一种控制人心的力量

2. 从展现能力到共享资源

除了给奖励，你还可以给未来。

更好的未来就是指更有钱、更有地位吗？

不是！

每个人想要的不一样。

我在《认知红利》第 5 章讲"角色化"的时候说过（见图 5-3），每个人终极想要的是"存在感知层"的满足，而为了实现这一点，你需要不断拓展它外面的两层，分别是能力圈和资源结构层。

因此，如果你能帮助对方拓展他的能力圈，优化他的资源结构层，你就是在给他更好的未来。

图 5-3

所以，你可以做以下两点来进一步提升自己的吸引力。

第一，展现能力。

当你显得专业、能干、富有经验时，对方就会觉得从你这里能学到知识、经验、技巧，能提升自己的能力，未来可期。

注意，这里有个关键词是"显得"，想要获得吸引力，你得把自己的能力展现出来，而不是深藏不露。当然，前提是你在某方面真的有独树一帜的能力，且这个能力正是对方需要的。

具体怎么做？

你可以从视觉、听觉、感觉三个方面来分别展现。

视觉上，打造职业的形象，使用专业的工具，展露娴熟的动作，拿出完美的作品等，都会让你在某方面看起来很有能力。比如穿白大褂的医生、穿西装的律师、手速快如闪电的电竞玩家……让人一眼就能看出你很专业，值得信赖。

听觉上，专业的词汇、丰富的知识、严谨的逻辑、深刻的洞察、过人的见识、从容的语气等，都会让你听起来很有能力。

感觉上呢？你过往的履历、参与的项目、达到的业绩，你当前所展现出来的工作能力等，都会让对方觉得你很厉害。

第二，共享资源。

能力，需要展现出来，让对方想在某方面跟着你学习。那资源呢？

资源，要学会拿出来共享。

每个人拥有的资源有多有少，但每个人的资源结构都是独特的，比如你认识的人、你看过的书、你做过的事……这些资源是你独有的。

因此，在资源结构这个层面上，每个人都有独特的价值。

这种价值是可以拿出来共享的，比如人脉资源、某段独特的经历、某种技能、某方面的知识，或者某件物品等。当你愿意共享这份资源时，你就把自己变成了对方资源结构中的一环，你对他便拥有了吸引力。

通过以上这两点你可以看到，并不是说你必须比对方整体能力更强、社会地位更高、资源更多才具有吸引力，只要你的能力和资源结构有独特性，是对方需要的，能帮助他拓展他的能力圈和资源结构层，对对方来说，你就是具有吸引力的。

3. 从言行一致到始终如一

这一点比较好理解，就是"说到做到"，承诺的奖罚必须兑现，不能有例外。

当你言行一致时，你就可以消除别人对你的不确定性，对方会觉得你特别靠谱，就会相信你说的每一句话。

不过这还不够，想要有持久的吸引力，除了言行一致，你还得始终如一。

我们再回到《三体》这部小说，看看想要灭掉人类的三体人，是如何让人类完全信任自己的。

前面我们说到，三体人由于受到来自男主罗辑"暴露坐标位置"的威慑而不敢进攻地球。但是，自己的星球如此多灾多难，如果真的不占领地球，三体人迟早会从宇宙中消失。因此，地球该占还得占。

不过，现在地球人对自己拥有强大的威慑力，所以三体人只能等待机会，先和地球人搞好关系。

可怎样才能获得地球人的信任呢？三体人是想来灭掉地球人的，就好比狼想和羊做朋友，这怎么可能呢？

于是，三体人先做了我们刚才说的那两条。

第一，从表达善意到给予奖励。

你们不是用我们老家的坐标来威慑我们吗？但你们的方式太落后了，我给你们重新建个更靠谱的引力波发射器来替代，帮助你们更好地威慑我们！

你看，以"地球人"为中心，我们表达了善意。

然后，你们不是觉得我们科技牛，想要吗？都给你们！这就是给予奖励。

第二，从展现能力到共享资源。

能力就不用说了，地球人早就见识过了三体人的强大，现在科技也都给地球人共享了。

三体人觉得做完这两条还不够，不仅要说到做到，为了让地球人真的相信我们，我们还得始终如一。

因此，三体人对地球人这一好就是整整 60 年！

走完这几步，很多地球人就真的以为它们和自己能成为相亲相爱的一家人了，三体人几乎获得了地球人对它们的完全信任。

三体人真的想和地球人交好吗？

当然不是。

某天，当这个坐标威慑力突然被意外解除时，三体人会立刻翻脸，对地球开始发动迅猛进攻，然后顺利攻占地球……

三、组成联盟

回到主题，我们再来看提升权力的第三种方法：组成联盟。

一个人的力量毕竟是有限的，如果把大家组合在一起，那么吸引力和威慑力就能叠加起来，对外变成一个更强的集体，在与外界的沟通中更有主动权。

比如小锤的奶茶店，虽然目前做得还不错，但是未来能做多大，有没有做大的能力，这些都是要打问号的，因为小锤之前没有成功的经验，所以投资人都不敢投他。

如果小锤的团队中有一位是"喜茶"（一家已经非常成功的奶茶连锁店）转投来的高管小聂，他经历了喜茶从无到有的整个成长过程，有经验、有能力，那么这个团队看着就很有吸引力了。

如果团队里还有一名"粉丝"量在千万以上的网红papa酱和一位曾是某商业地产高管的"大石头"，那团队的吸引力又会上一个大台阶。

小锤的产品能力 + 小聂的管理能力与扩张经验 + papa酱的超级影响力 + 大石头的优质铺位资源，当这样的明星团队带着如今的成绩往那一放，小锤都不需要开口说话，就会有许多投资人穷追不舍，根本用不着去说服。

抱团，除了能提升吸引力，当然也能提升威慑力。

比如本章开篇时提到的三国时期，最终的格局是曹操、孙权、刘备三分天下，各霸一方。其中，曹操的实力最大，孙刘次之，如果曹操集齐所有兵力攻打某一方，那胜算将非常大，而如果其中一方被曹操吞并，那么另外一方也将危在旦夕。

因此，孙、刘两家选择结盟，两家的军事力量就此叠加在一起，威慑力变大了，曹操也就不敢轻举妄动了。

权力的副作用

以上是提升权力的三种方法，若将这三种方法组合起来，比如用自己的吸引力和对方结成联盟，再用这个联盟的威慑力去拉拢第三方，组成新的联盟……权力，在你手中就会被越变越大，你对很多事情的控制力也将越来越强。

怎么样，是不是听起来有些阴暗？

没错，因为"权力"就像一把魔剑，散发着紫色的魔法之光，它能给你带来强大的协同力，让人们都听命于你，极大地提升沟通效率。但同时，如果一不小心，它也会伤到你自己，甚至慢慢地侵蚀你的灵魂，让你走火入魔。

权力的三大副作用

1. 事实隔离

当你拥有吸引力时，你说什么对方就信什么；当你拥有威慑力时，你说什么就是什么，对方不敢反驳。

长此以往，你将听不到反对的意见，甚至连不同的声音也会从你的世界中逐渐消失……取而代之的是虚伪的赞扬和假意的认同。

身边的人尊敬你、崇拜你，他们对你俯首帖耳：你一张口，他们都说对，你一发怒，他们都下跪……

这会让你感觉良好，但逐渐地你也将不断自我膨胀，陷入盲目自嗨的模式，变成一言堂。

听不见不同的声音，就无法还原完整的事实，这对决策者来说是大忌。

真正的危机，也将离你越来越近！

2. 权力寻租

前文我们说过，奖励是权力的一部分，既然是奖励，它就有可衡量的价值，比如某个回报丰厚的业务机会、某块特许经营的牌照、某条可以让上百万人收到的微信推文等，想获得它们，就得用与之相匹配的产品、技术、资源、工作表现，当然也包括现金来换取。

当这个奖励的"所有权"不属于你，而"使用权"属于你的时候，这份"使用权"也是有价值的，这时某些人就可以通过"购买（租用）你的使用权"而非通过正当的业务表现来获得这个奖励。

这就相当于你把自己的"权力"租了出去，这会让参与者陷入不公平的竞争，这时比拼的不再只是业务质量、产品技术，而是谁支付的"租金"更高。

你确实能因此获得额外的收入，但其他相关者却因为你付出了本不该由他们付出的代价：他们受到不公平的对待，所有的努力付之东流；客户用到更劣质的产品、更蹩脚的服务……

这种现象，在经济学上叫作"权力寻租"，它是一切贪污腐败的根源。

3. 违法犯罪

"重赏之下必有勇夫，重罚之下必有畏者。"这句俗语的意思是，当权力足够大时，你几乎可以让任何人做任何事！

这种力量太过强大，因而让许多人为之痴迷。更有甚者，心生歹念，走上了违法犯罪的道路，比如绑架对方的亲人，盗取对方的重要资料，偷拍对方的隐私照片等，以此作为威胁，控制对方或索要赎金；或者，利用奖励后置的特性，把奖励夸大，把自己打造成成功人士，然后通过不断"履约"来赚取对方信任，提升自己的吸引力，而实际目的却是为了诱骗对方的钱财，最后再赚一笔大的，这种方式在他们口中被称为"养猪"……

除此之外，已经手握大权的人也是重灾区，除了前文说的将权力出租，以权谋私、贪污腐败之外，还有利用权力迫使他人从事违法犯罪活动，或者滥用惩罚权迫使对方破财免灾等，这些都是要不得的恶劣行径。

一念成佛，一念成魔

以上就是权力的三大副作用。

怎么样，权力是不是既让你憧憬，又令你害怕？

现在，我就把"权力"这把"魔剑"移交给你，用得好，它可以助你开疆拓土，打下一片江山；如果用它为非作歹，那它会让你跌入万丈深渊，万劫不复……

一念成佛，一念成魔。我劝你善良。

本章小结

下面我们来小结一下本章内容。

锤子奶茶的发展遇到瓶颈，投资人不愿投资，核心高管请不到，员工辞职留不住，小锤觉得这都是因为自己的说服力不够导致的。于是，他勤学苦练，提升了自己的说服力。

但是，现状依然没有改变，为什么？

因为对沟通结果起决定性作用的因素并不是说服力，而是权力。想要提升协同力，首先需要的不是好口才，而是获得权力，改变沟通的模式。

那你该如何提升权力呢？

第一，提升威慑力

你可以从三个方面来提升威慑力：①提升自身实力；②抓住对方软肋；③立规则、签契约。

第二，提升吸引力

你可以从三个方面来提升吸引力：①从表达善意到给予奖励；②从展现能力到共享资源；③从言行一致到始终如一。

第三，组成联盟

一个人的力量是有限的，如果你能和其他有权力的人组合在一起，就能把吸引力和威慑力叠加起来，对外变成一个更强的集体。

权力虽然能提升你的协同力，但它也有三个副作用，分别是事实隔离、权力寻租和违法犯罪。因此，权力像一把"魔剑"，你用时得非常小心，不然容易伤到自己。

一念成佛，一念成魔，你需要恪守善念，保持警惕。

有些不对劲……

说到这里你可能会觉得有些地方不太对劲：不对啊，我做某些事情好像不全是为了追求快乐或逃避痛苦，还有社会的规范、人类的智慧、人性的光辉呢？怎么在这里感觉人人都是趋利避害的呢？

而且，想要获得权力，感觉是需要很长时间积累的，正所谓功夫在平时，可我现在没什么权力，但又需要立刻说服某人，那该怎么办呢？

我们下一章再说。

说服，是个闯关游戏

50%

三思三线

精进循环

八段加速

FOTA

权力

说服攻略

调整角色

协同三角

组建团队

培育团队

个体产能

团队协作

6

说服力基础：权力

沟通是一场权力的游戏

上一章我们说，沟通，其实是一场关于权力的游戏。

所以，想要更有效地影响别人，不是去学会那 108 套说服话术，而是要提升自己的权力。

权力就像是说服力的内功，虽然你看不到它，但它对沟通的结果起着最为关键的作用。一旦拥有，你就能让自己走到谈判，甚至是领导的模式，能快速协同对方，沟通将变得无比简单。

提升权力需要时间

小锤听完上节课后恍然大悟，"对啊，之所以说服投资人和大牛们那么难，就是因为自己还没有足够的权力！"

然后呢？

慢慢提升自己的吸引力和威慑力吗？

不行啊！

市场不等人，如果投资人的钱还不进来，发展就会陷入停滞，竞争对手会迅速占领市场，取得先机。

那先把明星经理人纳入麾下，再说服几个大佬入股，迅速提升团队的吸引力，然后再去说服投资人呢？

好主意！

可拿什么去说服明星经理人呢？

钱？这给不了太多。

股份？现在还不值钱。

自己的能力，团队的实力？目前也就产品做得不错，未来会如何还不明朗……

怎么办？

权力是说服力的内功，内功没办法在短时间内快速提升，必须假以时日慢慢修炼才行，而现在敌人就在眼前，怎么办？

有没有一套急救的功夫可以先拿来用一下，迅速提升自己的说服力，解燃眉之急，内功的话回头再慢慢练？

一套急救的功夫

嗯……这个有是有，只是难度不小，你得像关羽一样，过五关斩六将才行！

过五关斩六将？

对！说服一个人之所以那么难，是因为我们彼此在沟通的时候，面前都竖着一堵堵看不见的高墙，每一堵高墙都有大将把守，把说服者拒之门外！

如果没有"权力"这块通行令牌，你就得像关羽一样一关关打过去，才能把观点植入对方的大脑，这个难度可想而知。

这可能还是简单化了，说服的过程比这个更加凶险！

因为不是过五关斩六将，而是过四关斩八将！

不仅敌人更多，这八个守将还个个身怀绝技，你必须把它们全部斩落马下，才能实现说服。稍有差池，便会前功尽弃。

因此，如果把说服比作一个闯关游戏，那么在闯关之前，你得先了解一下有哪些守将，它们各自有哪些技能，弱点在哪儿，闯关技巧又是什么？

只有拿到这样一份"说服攻略"，你的说服成功率才会大幅提升，不然就是盲人骑瞎马，能不能过全凭运气……

下面，我就来详细介绍一下这份攻略。

说服攻略

我们先来看第一关，如果你要去说服一个人，首先会想什么？

你可能会先想：自己的观点是什么，好在哪儿？对方的现状是怎样的，观点是什么，不好在哪儿？然后找一堆能支持自己观点的事实、案例，接着组织语言，通过声情并茂、刚柔并济的方式讲给对方听，对吧？

可结果呢？

你作为一个销售，刚拨通电话，说："先生你好，我们公司是……"还没等你把话说完，对方就把电话挂了。

女友向你抱怨公司的领导不讲情面，当众批评了她，你说："宝贝，别难过，在公司里要么忍、要么狠、要么滚，他当众批评你是不对，但谁让他是你领导，事情也不大，你就忍一忍，忍一时风平浪静，我也是这么过来的。而且这件事吧，我觉得你确实有做得不妥的地方，你看，你应该这样做……"

还没等你说完，只听到"啪"一声脆响，她拍案而起，对你吼道："你觉得？你到底站哪边？我那样做有什么不对？你是不是不爱我了？"

为什么会这样？

是因为自己的表达能力不行，还是论证不够严密，还是语速太慢了？

都不是，而是对方现在根本就不想听你讲话！

第1关：不想听

想要说服对方，首先，对方得愿意听，对吧？这是最基本的。

对方不想听，那你说什么都没用。

但现实情况是，我们往往就忽略了这个最基本的前提，以为自己在说，对方就在听。

销售一见到客户，嘴巴就开始自动播放产品介绍……客户心里却想："又来骗钱，我没兴趣，别烦我！"

女友抱怨领导，你苦口婆心，跟她分析利弊……她心里却想："讲道理，你就知道讲道理！不知道我生气了吗？不听不听！"

你刚进公司，看到种种乱象，心力交瘁，跑到老板面前指点江山……老板心里却想："这谁啊？疯了吧！"

你以为是自己讲得不好，而事实是，对方根本就不想听你讲！

"不想听"才是说服失败的第一大原因，还没有开始就已经结束了，后续的争辩都是徒劳。

第一关该怎么过呢？

你得知道这一关有哪些守将，它们各自的本领是什么。

第一关，一共有 5 名守将。

对，5 名！对方把大部分的兵力都放在这里了。

不过还好，这是 8 位守将中最弱的 5 位，人数虽多，但只要多加注意，要过关还是不难的。

下面，我来一个一个介绍。

1 号守将：信任不够

客户还没等你把话说完就挂电话，为什么？

因为不信任。

你是谁，我为什么要听你说话？你的话可信吗？会不会骗我？

没有基本的信任（见图 6-1），别说说服，你可能连开口的机会都没有。

怎么办？如何迅速获得对方的信任？

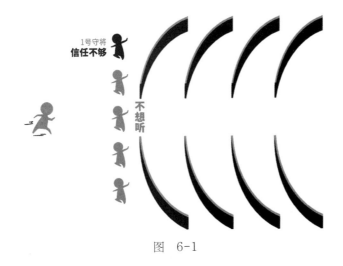

图 6-1

与对方建立信任，需要同时满足三个要素：动机善意、拥有能力和持续稳定。

比如一个女生是如何判断另一半是否值得信任和托付终身的？

第一，真心对自己好。他是想和自己结婚的，不是玩玩的，这叫动机善意；

第二，有能力对自己好。比如有财力、有能力、聪明、强壮……不是嘴上说说，而是真的有实力给自己更好的生活，这叫拥有能力；

第三，持续不断对自己好。不是一次两次对自己好，而是几年来一直都好，而且保证未来也不会发生改变，这叫持续稳定。

只有同时满足以上三点，女孩子才会充分信任对方，愿意托付终身，对吧？

但这个建立信任的过程，通常需要很长的时间。

如果你和对方是第一次接触，该如何在一开始就能获得这份信任呢？

1号通关攻略：信任背书

两个陌生人是无法快速建立充分的信任的，除非有一个第三方，能成为他们的信任背书。

比如，一个你连名字都不知道的医生，给你开了一堆看不懂的药，你为什么会相信他，还心甘情愿地付钱并放心地吃下？

因为你信任的是这家医院，而他是这家医院里的医生，你把这份对医院的信任，转移到这位陌生的医生身上，因此，你也会信任这名医生。

医院，就是这位医生的信任背书。

相反，如果你是在大街上遇到某个穿白大褂的陌生人，他也拉住你说同样的话，你可能就会报警了……

所以，如果你想和一个初次见面的人快速建立信任，让对方愿意听你说话，那你首先要为自己找一个信任背书，让对方因为信任这个背书，而信任你。

比如你和对方认识同一个朋友，那么初次见面，就可以让这位朋友帮忙引荐一下。这位朋友，就是你的信任背书。

比如你要去谈某个大客户，但因为自己的公司太小而缺乏可信度，那么自我介绍时你就可以说："那个 A 公司你知道吗，它是我们曾经服务过的客户或者合作伙伴。"客户因为相信 A 公司，从而愿意相信你们。A 公司，就是你的信任背书。

再比如，你们开发了一款新产品，但顾客没听说过你们的品牌，不相信你们说的这些功效，怎么办？

请明星代言。粉丝因为信任这位明星，所以把这份信任转移到他所代言的这款产品上。明星，就是你的信任背书。

或者，你也可以请用户代言。先把一些产品免费送给优质的种子客户，并要求他们在使用后写下试用报告并公开发布。那么，陌生客户就会因为相信这些真实的反馈而愿意相信你的产品。种子用户，就是你的信任背书。

好，这是 1 号守将：信任不够。

现在，你已经通过"信任背书"获得了对方基本的信任，可当你想给对方提建议时，对方还是向你摆摆手，不想听，为什么？

很可能，是你遇上了2号守将，它叫：时机不对（见图6-2）。

2号守将：时机不对

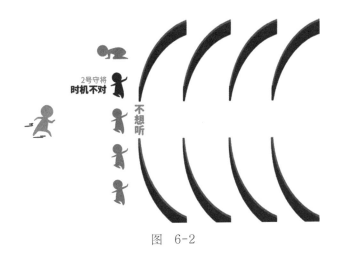

图 6-2

对方现在没时间听你说话，或者此时此刻他觉得不适合聊这个话题，他就会拒绝，这是常识，对吧？

但有些人就是说话不看场合。

明明老板在专心忙其他事，或者正准备出门，你非要拉住他叨叨个没完，他不想听，你说怪谁呢？

好，那应该怎么办？

2号通关攻略：另觅良机

既然现在时机不对，那就另觅良机。

但问题是，什么样的时机才算是良机？

1.顺势而为

人在不同时候，对某个提议的接受程度是不一样的，你要在对方更有可能接受的时候，提出建议。

比如，你要和老板谈加薪，你应该选择什么时候？

某个项目开始之前，或者刚开始不久？不给加薪就走人？老板会感觉被赤裸裸地威胁了，如果有人替补，他会毫不犹豫地把你换掉！或者假装答应，先稳住你，等项目一结束，立刻把你干掉。如果这时候去提加薪简直就是在作死。

那什么时候适合？

等项目大功告成的时候更适合。这时候老板正开心，觉得你是可用之才，正准备论功行赏，你说你想加薪，那太好了，等的就是你这句话，加！

2. 好奇时刻

世界上最短的科幻小说只有 25 个字："地球上最后一个人独自坐在房间里，这时，忽然响起了敲门声……"

你听后有什么感觉？

大脑里是不是充满了问号？这是什么时候，地球上发生了什么，为什么只剩下一个人了，这是谁的房间，只剩一个人怎么会有敲门声，敲门的是外星人吗？……你很想知道这个故事的细节到底是怎么样的。

这叫什么？这叫"吊胃口"。

当时间有限，对方没有耐心听你把所有的话都说完时，你就可以把内容压缩成一个大大的"问号"来激发对方的好奇心，这样他可能就会主动挤出更多的时间，听你细细道来。

比如你在电梯里遇到一位著名的投资人，你想让他投资自己的创业项目，可现在只有 30 秒，怎么办？

那就给他制造一个大大的问号："王总你好，我们是一家基于手机位置信息提供数据服务的创业公司。由于零售商以前对人流量估算不准确，因此商铺选址、活动策划、促销设计等效果不佳，而通过我们的服务，可以帮助企业平均提升 30% 的销售额，如果可以大范围应用，将带来巨大的价值。"

"30% 的销售额提升？你们是怎么做到的？"

这就是一个大大的问号，你猜投资人会不会请你去喝一杯咖啡，让你再详细说说呢？

3. 有约在先

你有个提议想当面和老板讨论，但老板说："现在没时间，这个话题等有空再说，或者有时间了再联系你。"

你该怎么回答？

你说："好的。"然后就回去等待消息吗？

当然不行，这样可能就遥遥无期了。你得让对方做选择题，此刻就把讨论的时间定下来。比如你可以这样说："李总，那周三或者周四下午 3 点，您看哪个时间比较方便？我过来和您就这个提议聊 20 分钟左右。"

如果他说这两天都没空，那你就继续问："那下周一或周二下午 3 点，您是否方便呢？

如果他还说不行，那你接着问："李总，那我下周一晚上再和您约时间，您看可以吗？"

总之，现在你就要拿到一个确定的、他愿意听你说话的时间段，这样才能保证下次沟通的效果（当然，这里说的情况是他真的没时间，还有一种可能是他对你说的这个话题不感兴趣，这点我们下文会说）。

4. 改变场景

除了恰当的时间，选择在什么地方沟通，对沟通效果的影响也很大。在不同的场合，沟通的内容和彼此的情绪状态会有很大的不同。

比如在严肃的会议室里，谈判陷入僵局，谁都不愿意让步，完全听不进对方的话，怎么办？

这时候多说无益，不如换个轻松点的地方一起聊聊家长里短、人生理想，也许就能收到奇效。

可以说话了吗?

有了基本的信任,也找到了好的时机,你就能安心地开口说话了吗?

还不行。

比如,皇帝御驾亲征,刚打了一次败仗,正怒不可遏,准备重整旗鼓,再次进攻。你作为帐前谋士,认为此刻兵力大减,士气受挫,粮草又不足,如再打下去,怕是会于己不利,一定要劝皇帝班师,你会怎么劝?

摆事实讲道理,直言相告?

"皇上,打不了了,现在没粮没兵没士气,再打还是输,咱们还是赶紧撤吧,留得青山在,不愁没柴烧,还望皇上不要意气用事,以大局为重啊!"

你这是在火上浇油!

皇上会越听越气:"怎么,我还怕了他们不成?逃跑,那我君威何在?你这是想要乱我军心吗?来人啊,把他拖出去!"

为什么会这样?

明明说得很有道理,我们实力有限,撤退确实是更明智的选择,为什么皇帝听不进去呢?

那是因为你可能遇到了 3 号守将:情绪不好(见图 6-3)。

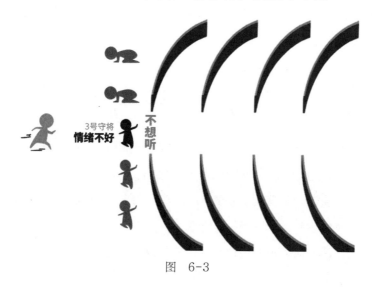

图 6-3

效 率 红 利

3 号守将：情绪不好

我们的情绪，是由大脑中的"边缘系统"负责的，而理性思考由"大脑新皮层"管理。

不过很奇怪，研究发现，这两个区域并不能同时有效工作，如果我们正处在强烈的情绪中，便无法进入理性思考，而只要回归理性，情绪就会慢慢消失。

所以，如果对方情绪不好，你跟他讲道理是没用的，因为负责思考的区域还没有启动，他根本听不进去。

你只有先消除对方的负面情绪，等他气消之后再沟通，他才能进入理性思考。

具体怎么做？

3 号通关攻略：认可动机

皇帝为什么会愤怒？

愤怒是因为某条"边界"被侵犯了。比如国家的边境被蛮夷侵犯了，他要把他们赶出去；御驾亲征竟然输了，皇帝的威严受到了侵犯，他要把面子赢回来！

这些动机有没有问题？

没问题。

任何人行事，背后都有其正面的动机。哪怕是小偷偷盗，也可能是想借此让自己的生活变得更好。这动机没问题，只是方式不恰当，行为没有效果而已。

所以你应该怎么做？

1. 认可动机

你要先认可对方的动机："没错，皇上，国家的领土不容侵犯，皇家的颜面不能丢!"

先认可动机,对方就会感觉被理解,被尊重,会觉得你是站在自己这一边的,这样你才有机会把话说下去。

这就像两性相处时的第一原理:"老婆永远是对的!",不是说她的言行都是正确的,而是无论什么情况下,她的动机一定是对的,一定有其正面的意义。所以只要她生气了,别废话,赶紧认错,认可她的动机,然后,你才有然后……

2. 拉回理性

当大脑进入理性,情绪就会慢慢退去,那怎么才能让对方进入理性思考的状态呢?

你可以问一些比较具体的或者需要用到逻辑思考的问题,比如你问:"但是皇上,你知道五万三千除以十二万二千等于多少吗?"

皇上可能会一愣:"什么意思,五万三千除以十二万二千,是多少来着?"

答案不重要,重要的是,他为了回答问题就必须启动大脑中理性思考的区域,而当负责理性思考的"大脑新皮层"开始工作,"边缘系统"的活跃度就会下降,情绪也就会随之慢慢消退。

然后你说:"五万三千是我们剩余的粮食数,十二万二千是我们将士的人数,算下来每位将士只剩下不到半石粮食了,我们最多还能支撑十天。"

接着,继续问一些类似的复杂问题,比如双方兵力的对比、地形的分析、各自的需求等。

总之,要让他的逻辑思维活跃起来,这样皇上就会从冲动慢慢回归理性。

3. 面对问题

这时候,你们已经站在了同一边,开始面对这些真实、具体的问题了,已经从简单的情绪判断,变成了理性思考。

现在,你基于动机和真实环境提出自己的建议,对方就有可能听进去了。

现在要给建议了?

有了基本的信任,时机也恰当,对方的心情还比较舒畅,那你就该开口给建议了吗?

还不行!(这这这……还让不让人说话了?)

别急,还差最后一步(见图6-4)!

4号守将: 授权不足

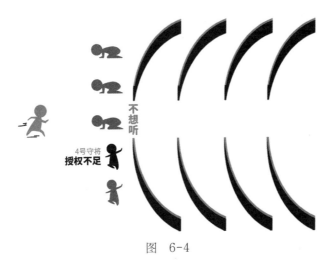

图 6-4

我们在上一章说过,说服的权力结构是,权力在对方,在这种结构中,对方没有义务听你说,更没有义务按你说的做。

而你主动给建议,在一定程度上,就是侵犯了对方自己决定的权力。他会感到没有被尊重,不但可能听不进去,还会对你"好为人师"的这种"夺权行为"表现出敌意,不断和你唱反调,你说东,他偏要往西,像个叛逆期的小孩。

因此,不要试图去"夺权"。

那怎么办?

在开口前，你要想办法先获得"授权"。什么意思？

就是在开口之前，你一定要先确认一件事：对方是否真的想听你的建议？他想听，你再说，这就叫获得"授权"。这时你说的话，才更有可能被对方放在心上。

那如何判断对方是否真想听你说呢？

4号通关攻略：有偿建议

要看他愿不愿意为此付出成本。比如付费、请你吃饭喝茶或者愿意留出一段不被打扰的时间，认真听你说话。

这不是卖关子，而是在等一个信号。

当对方愿意为了听你一言而付出成本，你就知道，你被授权了，现在终于可以开口说话了。

比如，当年刘备三顾茅庐去见诸葛亮，见后的一席话让他激动不已，立即请诸葛亮出山。

但如果我们换个场景，刘备屡战屡败，正垂头丧气，突然有一人，自称卧龙，登门拜访，一见面就想教刘备做人，告诉他："你这样下去不行啊，我有个建议：曹操太厉害了，咱们现在打不过，你要认怂，而孙权家大业大，你得先跟他做朋友。然后，先拿下荆州替代刘表，再拿下四川替代刘璋，待天下有变，再灭了曹贼老家，则大业可成！"

你猜这时刘备会做何反应？

"这人是谁，是疯了吗？"然后可能就直接把诸葛亮拖出去了……

三顾，就是诸葛亮让刘备付出的"成本"。只有对方主动把心房打开，你才有机会把内容放进去。

如果一直等不来这个信号怎么办？

有两种方式。

1. 让第三方推荐

找人给对方传个话："你这个问题要去问 ×××，他有这方面的经验。"

然后，对方就会乖乖跑过来向你讨教了。当初诸葛亮就是徐庶推荐给刘备的。

2. 你有病我有药

就是只提出问题，并表示担忧，但是，不给建议。

一个江湖术士想赚你的钱，他会怎么说？

只见他面露惊色，指着你的额头，语气沉重地说："先生，看你印堂发黑，三日之内必有血光之灾啊！"

然后，转身准备离去……

你听后心里一沉，赶紧拉住他的手，问："大师！可有破解之法？"

大师摇摇头，说："难啊，但只要先生舍得身外之物，还有一线生机！"

你赶紧回复，"钱不是问题，求大师救我……"

接着，大师说什么，你就愿意做什么了……

总之一句话：他不问，你不说。

说些什么呢？

好，假设你现在已经获得了"授权"，好不容易可以开口了，那你会说些什么呢？

威逼利诱，让他听从你的安排，满足你的需求？

那对方可能会再次关闭与你的沟通了。因为你可能遇到了第一关的最后一位守将：内容不当（见图6-5）。

5号守将：内容不当

如果你讲的内容不恰当，他不关心，那么他也会失去耐心，不想再听了。

什么样的内容才是他关心的呢？

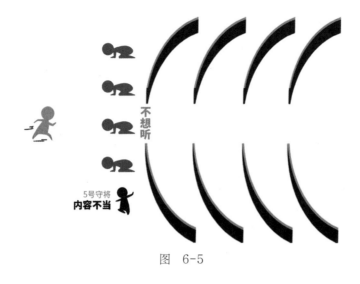

图　6-5

5 号通关攻略：对方获益

NLP⊖的十二条前提假设中有一条是，每一个人都会选择给自己带来最佳利益的行为。意思是，每个人的所作所为，都是他认为在当下能做出的、最有利于他自己的选择。

有些人把"说服"定义为让对方按自己的意愿行事，这本身就是个错误的定义，因为对方并不关心你需要什么，他只想知道，怎么做对自己最有利。

哪儿来的说服？你只是协助他做出"最有利于他自己的"决定而已。

因此，你所说的内容，必须是从对方的角度出发的，"对方获益"是说服的起点。

比如，某个基督徒在祷告时想抽烟，于是他问神父："请问，我祷告的时候能吸烟吗？"

⊖　NLP（Neuro-Linguistic Programming），神经语言程序学，由理查德·班德勒（Richard Bandler）和约翰·格林德（John Grinder）在 1970 年提出，它是一门研究我们的大脑如何工作的学问。

神父瞪了他一眼，斩钉截铁地回答："不行！"

而另外一个人，换了一种方式问神父："请问，我吸烟的时候能祷告吗？"

神父微微一笑，说："当然可以。"

为什么明明是同一个问题，答案却完全不同？

因为第一种方式，他关注的是自己的需求"吸烟"，而第二种方式，关注的就是神父的需求"更多的祷告"，神父希望你在做任何事的时候都能祷告。

当你关注的是对方的需求时，建议就更容易被采纳。

万事开头难

到此，你已经打败了5位守将，闯过了第一关。

恭喜你！现在，对方已经愿意听你讲话了。只要对方愿意听，你就成功了大半，因为你的话已经开始能影响对方了，说服他只是时间问题。

过了第一关，就好比你给某人打电话，对方现在愿意接听了。

但，这样双方就能正常交流了吗？

未必！

比如你说的是中文，而对方是个德国人，他虽然愿意听你说，但是听不懂，那你们还是无法沟通。

因此，想要说服对方，不仅要让对方愿意听，还要让他听得懂。

下面，我们接着闯第二关！

第2关：听不懂

你可能会觉得，平时身边人都是说中文的，没有这方面的问题。

真的是这样吗？

我再举个例子，比如你买了只股票最近跌了，你很苦恼，找了位分析师咨询，他说："别担心，这只股票本来就被高估了，现在只是回到了合理位置，基本面还是不错的，夏普比率也比较高，建议继续持有。另外，可以考虑买入BCDE这4只股票，用于对冲风险，这样的投资组合能更稳健些。"

你听后一脸疑惑，沉默了一会儿，说："哦，持有……可我是白羊座，占星师说我最近3个月偏财运不好，不宜投资，怎么办？"

分析师："……"

怎么会这样？

分析师讲得不好吗，还是你不认同他的观点？

不是，是因为你们的认知不同！

6号守将：认知不同

你说中文，德国人听不懂，分析师说的夏普比率、基本面、对冲风险、投资组合等概念，你也听不懂，它们在本质上是一回事，都是你们彼此大脑中的认知不同（见图6-6）。

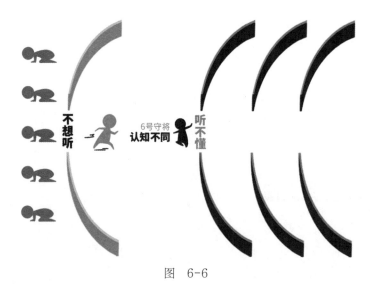

图 6-6

认知不同的两个人，看上去是在交流，事实上却是鸡同鸭讲。

听都听不懂，何谈说服？

那怎么办呢？

6 号通关攻略

1. 提前教育

如何让一个德国人听懂中文？

让他先学习中文。

通过教育，提前让对方的大脑里拥有某种新的认知，这样，你再说这方面的内容，他就听得懂了。

比如，你想和老李合伙开公司，但头疼于股权分配的问题。

一人一半？

那肯定不行，这对团队未来不利。

更合理的一种方式是，自己占股 70%，老李占股 30%，这样的分配方式不仅使团队决策效率更高，执行力更强，而且引入投资后，控制权还不易流失。

但老李不懂这个道理，直言相告的话，他可能会心里不平衡："大家付出的精力都是一样的，凭什么你能有 70% 的股份，我却只有 30%？"他难以接受这样看似不公平的方案，怎么办？

先推荐他阅读一篇题为《创业初期股权该怎么分配》的文章吧，跟他说："老李，听说你有创业的想法，这篇文章不错，你可以看看。"

一个月后，你约老李见面，商谈合伙创业的事宜，这时再谈到股权分配的问题就会顺畅很多。（老李：原来在这里等着我呢……）

2. 简化认知

教育虽好，但耗时太长，如果现在就要讲一些对方可能听不明白的内容，该怎么办？

那就要把这些不易理解的信息，简化成对方能听得懂的语言和方式。

比如刚才那个关于股票的例子，这位分析师该怎么说，才能让这位"不懂股票却很相信星座运势的人"听得懂呢？

他可以这样说："股票其实和人一样，它的表现也取决于实力和运气。你买的这只股票，前段时间运气太好了，属于超常发挥，所以涨得快，现在只不过是回到了真实水平。不过别担心，它本身的实力是可以的，未来还会有好的表现，会稳步上涨的，建议你继续持有。另外，为了避免它运气时好时坏，建议你再买一些其他的实力型'选手'，和它组成一个'团队'，这样东边不亮西边亮，运气成分会互相抵消，你的投资收益会更加有保障。"

你看，这样说即使是完全不懂股票的人，也能听懂他的意思。

除了替换专有名词，你还可以通过图片、视频或者带他亲身体验等方式来简化认知。

比如，你想告诉大家"全球变暖"的危害，号召大家减少排放从我做起。与其列一堆复杂的数字，说一堆听不懂的专业术语，不如放一张"没有立足之地的北极熊"的照片（见图6-7），对方一下就明白了。

图 6-7

3. 结构化表达

我们大脑处理信息有两个特点：一是信息太多记不住；二是喜欢有规律的

信息。

如果你已经把内容进行了简化，每一个字拆开对方都能理解，但是合在一起说，他就是听不懂，那很有可能是因为你的表达没有结构。

怎样的表达才叫有结构呢？如何训练出这种能力呢？

对此，我在《认知红利》第19章详细论述过，内容比较多，不再赘述，有兴趣的话可以去翻阅。

即将迎来真正的挑战。

以上两关看似简单，但大多数人就倒在了这两关上，和对方讲了半天也没效果，以为是自己的说服力不行，回头一想发现，其实大家都在自说自话，根本就没听或者没懂对方在说些什么。

好，如果这两关你都过了，他愿意听，也都听得懂，那么在"观点鲜明、论据充分"的情况下，他就比较容易接受你的提议，说服基本也就完成了。

有那么顺利？全程不反抗，就这么接受了？

没那么简单！

出现这么顺利的情况，很有可能是他本来就拿不定主意，你的一番话正好推了他一把，他也就顺势而为了。

如果他已经有了某个明确的观点，且和你的想法对立，就没有那么容易接受了。你将迎来说服过程中最难的一道关卡：不认同。

第3关：不认同

对方愿意听你讲，也明白你说的意思，但就是坚持某一种观点，无论你怎么说，他都不为所动，总能找到理由反驳你。

比如2017年2月，NBA球星凯里·欧文在一次电台节目中公开表示："地球是平的！"

听到这番言论的大众瞬间炸锅！

"麻烦你看一下从太空拍摄的照片，看一下远方消失的地平线，看一下麦哲伦的环球航行……"

欧文却坚定地说："他们（可能指控制信息的人）在对我们说谎！"

不仅欧文，调查发现，还真有不少人至今都支持"地球是平的"的言论，他们总能举出各种例证：看看你周围的大地，用尺子量一下水平面的弧度，在飞机上用水平仪测量一下有没有倾斜……若实在没证据了，他们就说你们都被骗了！

更气人的是，你放出了铁一般的事实，他们竟然全部视而不见，死活不认同！

为什么？

是因为他们死要面子吗，还是集体智商不在线？

不是！

不认同，是因为他们自身的"确认偏误"（见图 6-8）。

7 号守将：确认偏误

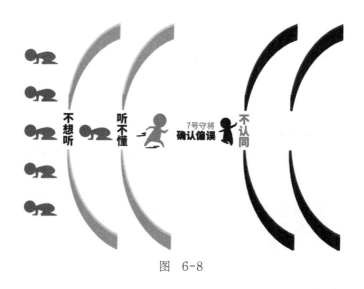

图 6-8

什么是确认偏误?

就是你一旦认定某个结论,就会主动寻找相关的证据来证明它,过程中你会屏蔽掉相反的证据,甚至会不顾论据的真假。

比如那些地球平面论者,先通过一些直观感受下了一个结论:地球是平的,然后再去寻找各种证据来证实这个结论。至于那些相反的论据,因为对自己的结论没有帮助,所以他会选择视而不见或者不相信。

再比如,某个女生忽然有一天觉得男朋友可能不爱她了,她就会寻找各种证据来证明这一点:

- 不及时回消息? 他不爱我了!

- 冲我发脾气? 他肯定不爱我了!

- 包都不给我买? 他肯定一定绝对不爱我了!

随着新证据越来越多,她的结论被不断地"证实",她越来越坚信自己是正确的,也就越难被说服!

怎么办?

美国物理学家蒙洛迪诺曾说,人做判断的时候有两种机制。

一种叫"律师机制",先下结论,然后再进行论证,也就是我们刚才说的确认偏误。很不幸,大多数人就是这种思维模式,一旦有了自己的观点,他们就很难被说服;另一种叫"科学家机制",它与前一种正好相反,先收集证据,再下结论,过程比较开放,愿意接受反面论据,不断修正自己的判断,但习惯于这种思维模式的,只是少数人。

那么,当你和"律师"辩论时,情况会怎样?

他总会寻找各种证据证明自己的结论,和你抗争到底,不可能被你说服!

那怎么办?

你得让他切换到"科学家机制",基于信息和论证,重新得出一个结论。最后,让他被自己说服!

具体怎么做?

7 号通关攻略

1. 提问引导

提问有一个特别厉害的效果：聚焦效应。就是让你的大脑，在此刻只思考某一类信息。

比如我问你，昨天晚上吃了什么？

在提问之前，你的大脑里并不会有相关的信息。而在提问之后，你可能就会想到牛排、蛋糕、牛油果沙拉、番茄炒蛋等昨晚吃过的食物。并且，其他无关的信息会在此刻自动消失。

这就是聚焦效应。通过提问，对方的思绪会被集中在一个很小的区域上。

你可能会问，这有什么用？

这用处就太大了！你可以通过"提问"来改变对方的思考焦点，从而改变他思考的内容，最终引导他自己得出一个新结论，然后把自己说服。

比如前文那位抱怨男友的女生，跑过来找你倾诉，你该如何安慰她？

第一种情况，你说："他怎么惹你啦？我平时觉得他人还不错啊！"

那女生就会回答："哪里不错了？既抠门，又不浪漫，还不会哄我……"

然后越说越气，越觉得自己男友哪儿哪儿都不好……

你看，这样的提问，会让对方的"思考焦点"依旧停留在"他哪里不好"上，于是她就会继续找各种证据来证明这一点。

但如果你这么问："他真是太差劲了！不过我倒是挺好奇的，你为什么会和他在一起，他哪里好了？"

这时候，女生为了回答你这个问题，就必须去大脑里搜索"他到底哪里好"的相关信息，思考的焦点被改变了。

于是，她就会回答你："也没那么差啦，当时就觉得他很聪明，也比较幽默，不仅脾气好，长得还挺帅，关键是挺顾家的，有一次……"

然后，她越说越觉得他其实还挺好的（得出了一个新结论），心里的苦闷也就慢慢化解开了（被自己说服了）。

当你改变了她的思考焦点，就能把对方的思绪引向不同的方向，结果自然就会不同了。

此外，还能怎么提问呢？

你还可以用一个假设式的问题，来改变对方的思考焦点，从而帮助他跳出原有的思维框架。

比如，1984 年的英特尔公司面临一个重大决策：要不要关掉正在亏损，但却是公司起家的核心业务"存储器"？

内部开展过无数次讨论，最终都没达成一致。

某天，当时的 CEO 安迪·格鲁夫突然问了戈登·摩尔一个问题："假设我们被踢出管理层，董事会招来了一个新 CEO。你觉得他第一件事会做什么？"

摩尔说："他会退出存储器业务。"

格鲁夫接着问："那为什么我们不能自己这样做呢？"

于是，英特尔公司决定：关闭这个曾经给自己带来无数辉煌的存储器业务。最终完成了这次艰难的转型。

当然，提问的技巧非常多，这是一门系统的学问，如果非要展开讲，三天三夜也讲不完，我这里只是抛砖引玉。如何提出一个好问题，是一生的修炼，需要你持续精进。

2. 故事隐喻

在还不识字的时候，你通过故事来学习新知；在文字还没有出现的时候，人类通过故事来传承文明。

故事，是人类最底层的认知模式。

因此，只要谁一讲故事，你就特别愿意听，也特别容易入戏。从小时候的寓言故事，到成年后的小说电影、坊间的传说八卦，我们对故事总是没什么抵抗力，不仅会产生强烈的情感共鸣，还能从中获得各种启发。

你可能又会问，这有什么用？

用处也很大！

你可以用一个"故事"暂时替换掉对方此刻的思维模式，引导他从故事中得出一个新结论，从而把对方说服。

具体怎么做？

最简单的，就是讲一个和当前情况相似的真实故事，暗示他这样做可能会有同样的结局。当然，如果这个故事是关于你自己的，那说服力会更强。

如果找不到类似的真实案例呢？

你还可以讲一个虚构的故事，比如寓言故事、电影桥段、神话传说等。当他被你的故事打动，就会顺带接受这个故事所传达的一套观念系统，并以此来指导当前的问题。

比如你想让孩子懂得保护环境的重要性，你可以和她说说电影《阿凡达》的故事。

比如你想劝某个朋友离开传销组织，你可以帮他回忆一遍《皇帝的新装》。

这里需要提醒你的是，不管你讲的是哪种故事，一定要注意两个关键点：一是细节，细节越多，越能让对方有代入感；二是悬念，不要一开始就把结局说出来，最好是让对方自己猜到，这样他才会有启发感，说服力会更强。

3. 认知失调

"认知失调"是由美国社会心理学家利昂·费斯廷格在 1957 年提出的一个概念，它是指，在一般情况下，人们对某个事物的态度与行为是一致的，当出现不一致时，就会产生认知不和谐的状态，即认知失调。个体为了消除紧张会使用改变认知、增加新的认知、改变认知的相对重要性、改变行为等方法力图重新恢复平衡。"

听着有点复杂，通俗来讲，就是我们明明知道自己错了，却死不认错。取而代之的是改变认知，将自己的行为（或现状）合理化。

比如，明明遇上了个渣男，却骗自己说他不是，他玉树临风，勇猛果敢，只是偶尔误伤，合理化自己爱得正确。

比如，明明买错了，买贵了，上当受骗了，却骗自己说，这是为了帮助业务员，是看他太辛苦了，还说这东西其实挺有价值的，只是现有科学还不能证实而已。

总之，当自己的行为（或现状）和原有的认知发生冲突，大多数人会站在"行为"这一边，因为改变"行为"的成本太高，如果改变"对行为的解释"能让自己舒服，那就改变"解释"吧。

好，那怎么把"认知失调"这个概念运用到说服上呢？

你可以先引导对方做出一个有利于我方观点的"行为"，导致他出现认知失调，这时他为了合理化自己的行为，就会自己改变自己的认知，完成自我说服。

比如，如何让员工更用心地工作？

天天给他们讲愿景，打鸡血吗？

他们可能会觉得你是在画大饼，这样的激励效果非常有限，怎么办？

美国的 Zappos 公司想到一个方法，新入职的员工培训满 1 个月后，先让他们做一次选择：①留下；②离开并拿走 1000 美元。

如果是你，你会怎么选？

大多数人的选择是留下，因为好不容易入职，怎么可能轻易放弃。

但与此同时，他们的大脑中会对自己的这个"行为"产生一个合理化的解释：我已经为此放弃了 1000 美元，这一定是因为我非常喜欢这份工作，我必须要干出点成绩！

热情就这样被点燃了，他们当然会更用心地投入到工作中！

如今的 Zappos 已经成长为全球知名的鞋类电商网站。

再比如，男生在约会时，如何让女生更喜欢自己？

你可以在请女生吃完一顿大餐后，让对方也请自己吃个冰激凌，对方一般不会拒绝。当她给你买了冰激凌之后，她的大脑可能就会用另外一个认知来解释这个行为：咦，我为什么要请他吃东西，我是喜欢上他了吗？

又或者，你可以带她去玩一些比较惊险刺激的项目，比如高空吊桥、过山车，她玩的时候会心跳加速（当然，是项目本身的原因），但她可能会用另外一个认知来解释这个身体现象："我为什么会心跳加速，是我喜欢上他了吗？"

总之，你想让对方接受某个想法，就可以先引导他做一件能产生这个想法的"行为"，然后等着他"自我纠正"。

还差最后一关。

过了这一关，就意味着对方的想法已经开始改变，然后你就可以打道回府，坐等好事临门了。

但是到了第二天，你起床揉了揉眼睛，发现他还是他，问题还是那个问题，竟然什么都没有改变。昨天说服他的这个动作，好像从来没有发生一样！

为什么会这样？

因为你还差最后一关没有过……

第 4 关：不行动

就是对方已经认同了某个观点，但就是不行动！

比如你非常认同减肥的重要性，很想减肥，也知道该怎么做，无非就是"管住嘴、迈开腿"，对吧？

但你就是不动！

为什么？

是因为还不够胖吗？

不是！

是因为你遇到了"拖延症"（见图 6-9）！

8 号守将：拖延症

所谓拖延症，不是不想做某件事，而是想做，但不去做。

现在你花了好大的力气，终于把对方的观点捋顺了，他口头上也答应了，却发现他竟然有拖延症！

嘴上说好好好，做事时拖拖拖，怎么办？

如果任其放飞自我，那就前功尽弃了！

不行，你必须趁热打铁，让他赶紧行动起来。

具体怎么做？

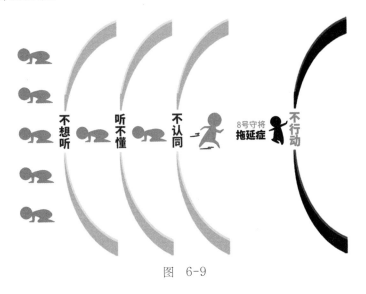

图 6-9

8号通关攻略

1. 明天更糟

造成拖延症的第一个原因是，不急。

就是这件事今天不做，明天做也一样。结果就是，明日复明日，明日何其多。这是最常见的一种拖延场景。

怎么办？

那就让他的明天不一样！

方式 1：设置截止时间

设置一个时间节点，一旦对方超时，他就必须付出额外的代价。

比如你做销售，就可以设置限时、限量、限价的活动，例如，这是最后一件了、明天我们就恢复原价了、明年就没有这款了，等等，让客人不再犹豫。

方式2：未来不断变差

设置一个奖励，然后让它不断减少。

比如，拆迁队以前最头疼的就是住户不愿搬，因为你急他不急，越拖，住户越能要到高价。

后来他们换了一招：设置"速迁奖"，每月递减，越早搬的奖励越多，结果住户们争相报名，拆迁成本大幅降低！

如果不能设置奖励，你也可以给对方分析形势，告诉他："现在是一个窗口期，抢的就是时间，此刻多一秒犹豫，未来就多一分危险！"

方式3：放入一个敌人

为对方树立一个竞争对手，让他不甘落后。

比如你可以放入一个假想敌："最可怕的事情就是，比你厉害的人，比你还努力！"

也可以放入一个真敌人："除了你之外，老李也会做这件事，就看鹿死谁手了，你要加油哦！"

2. 消除顾虑

造成拖延症的第二个原因是，害怕。

害怕会失败，害怕会被坑，害怕会后悔……总之，各种顾虑。

怎么办？

方式1：利用羊群效应，增强他的信心

害怕，不仅因为事情本身，还因为我们常常孤身一人，就像你一个人走夜路时会害怕，但一群人一起走，你就不怕了。

所以，如果风险无法消除，那就告诉他"你不是一个人"，以此给予他信心。

2008年，香飘飘奶茶打出"一年卖出3亿杯，连起来可绕地球一圈"的广告语后，很多没喝过的人就开始跟风购买（这是啥，没喝过，既然那么多人买，应该不错，买一杯试试），结果香飘飘业绩暴增，目前已累计售出100多亿杯奶茶。

当你面对风险感到害怕、踌躇不前时，伙伴的一句"别怕，我陪你"就能

给你莫大的力量。

方式 2：允许他反悔，转移他的风险

害怕，还因为这件事情不可逆转，一旦选择错误就追悔莫及。

所以，你可以想办法让这件事变得"可逆"，来消除他的顾虑。

比如，你想要加工资，老板也觉得你不错，但他还是顾虑，担心加薪之后，你的表现并没有更出色，怎么办？

那就和老板说："如果下个月 KPI 没达标，我还是拿原来的工资！"

这样，你就把老板的风险转移了，他就更容易答应你的加薪请求。

3. 降低门槛

造成拖延症的第三个原因是，太难。

当事情难度太大，或者需要他付出太多时，对方也会止步不前，怎么办？

那就降低执行难度。

方式 1：明确指令

认同某件事，并不等于他知道怎么做。很多人都认同读书很重要，但一年下来可能也没读过一本，为什么？因为不知道该从何读起，所以一直拖。

因此，当对方决定做某件事情之后，你最好直接告诉他，下一步具体要做什么，给出明确的指令。比如你和他说："想读书的话，推荐你先读一下《认知红利》，这对提升认知很有帮助。这是购买链接，你可以点这里直接下单。"

方式 2：始于简单

你好不容易说服女友跟你一起晨练，结果你却说："明早我们先跑 3 公里，然后做 100 次深蹲，到家后再徒步登上 10 楼。"

从此，她再也没有早起过……

当事情太繁或者太难，就会让对方心生恐惧而产生抗拒之感，导致持续拖延。所以，你要让她先从简单的事情开始。

比如你可以说："我们先从每天晨跑 500 米开始。"

这样对方就更容易同意并坚持下来。

方式3：步步为营

如果对方已经从简单的事情开始做了，下一步你就可以步步为营了。

比如有的人敬酒，你说不会喝，他不会强迫你，而是说："喝不喝没关系，酒杯里有酒就行。"

等你把酒倒满，他又说："喝不喝没关系，你把酒杯举起来就可以。"

等你把酒杯举起来，他接着说："举都举起来了，舔一口，意思下就行。"

等你刚舔完一口，他继续得寸进尺："舔都舔了，你就再喝一口！"

接下来发生什么你也知道了……

"吐都吐了，咱们今天就一醉方休，干！"

恭喜通关

恭喜你！当你走到这里，能让对方从"不想听"到"开始行动"，说服这个"闯关游戏"你算是打通关了。

但我知道，这个过程异常艰难，并不是每次都能有幸走完全程的。

因此，最后我再提几点心法，助你进一步提升通关的概率。

- 在说服的"闯关游戏"中，决定权始终在对方，夺权很可能导致游戏提前结束。
- 他最终是被自己说服的，你全程都只是个协助者。
- 不同的技巧对应不同的关卡，技巧混用没什么特效。
- 某一关没过，就继续死磕，掩耳盗铃地跳到下一关，并不会出现奇迹。
- 守将有时会复活，如果之前的复活了，你要先退回去重打。
- 关卡不会变，但技巧可以拓展，只要认清守将，你总能找到更好的通关策略。
- 最后请记得，这套"说服攻略"是你还没有权力时的应急宝典。提升权力，才是永久提升基础说服力的必由之路。（关于提升权力的方法请回看前一章。）

本章小结

下面我们来小结一下本章内容。

权力是说服力的内功，但提升内功需要时间，在没有权力时，你该如何说服一个人呢？

如果我们把说服的过程比作一个"闯关游戏"，那么它一共有4关需要你攻克。

第1关：不想听

想要说服对方，首先对方得愿意听。当"你的信任度不够或选择的时机不对或对方的情绪不好或你未获得授权或讲的内容不恰当"时，对方便不愿意听你说，怎么办？

你可以通过"寻找信任背书、另觅良机、认可动机、提供让对方获益的有偿建议"让对方打开心扉，以此攻破此关。

第2关：听不懂

对方愿意听你讲还不够，还得听得懂。当你们"认知不同"时，虽然看起来是在沟通，事实上却是鸡同鸭讲，怎么办？

你可以通过"提前教育、简化认知、结构化表达"三种方式让内容更易被理解，以此攻破此关。

第3关：不认同

能听懂，就会认同你吗？当然不会，因为大多数人都存在"确认偏误"，他只会为自己已有的结论进行辩护，越辩，你们之间就越对立，怎么办？

你可以通过"提出一个好问题、讲述一个好故事、设计一次认知失调"来引导他自己说服自己，以此攻破此关。

第4关：不行动

认同之后，你就可以高枕无忧了吗？还不行，说服的终点是行动，而他可能有严重的"拖延症"，嘴上说可以，身体却一直不动，怎么办？

你可以通过"让他的明天更糟糕、为他消除顾虑、降低他的行动门槛"三个方式促使他采取行动，以此攻破此关。

无法说服的人

当你能够熟练运用这套"说服攻略"（见图6-10），即便你没有什么权力，也已经能用自己的三寸肉舌，来改变人心、达成协同了。

说服攻略

关卡	守关将领	通关攻略
1. 不想听	1. 信任不够 2. 时机不对 3. 情绪不好 4. 授权不足 5. 内容不当	信任背书 另觅良机 认可动机 有偿建议 对方获益
2. 听不懂	6. 认知不同	提前教育 简化认知 结构化表达
3. 不认同	7. 确认偏误	提问引导 故事隐喻 认知失调
4. 不行动	8. 拖延症	明天更糟 消除顾虑 降低门槛

图 6-10

效 率 红 利

但你有没有发现，和某些身份特殊的人沟通，说服的难度会陡增，甚至成为一个不可能完成的任务。比如，法庭上的被告与原告，辩论桌上的正方与反方，谈判桌前的甲方与乙方……无论你怎么说，对方都会坚持自己的立场，寸步不让！

面对这种情况，你该怎么办？

还有，你好不容易说服了一个人，他也采取了行动，但是没过两个月，他反悔了！

你又该怎么办？

我们下一章再说。

思考与行动

看完 ≠ 学会，你还需要思考与实践

思考题1：你最近一次"说服失败"卡在了哪关？如果回到当时的场景，你会怎么说？

思考题2：你还知道哪些说服技巧，它们分别适用于哪一关呢？

微信扫描二维码，把你的思考结果和学习笔记分享至学习社区，与其他同学互相切磋、一起成长，哪怕只是一句话，也会让你对知识的理解更加深刻，收获也会更多，还能让其他人从你的感悟中获得启发。

说服他的脑袋，不如挪动他的屁股

个人效率升级　　协同力升级　　团队效率升级

58%

三思三线　精进循环　八段加速　FOTA　权力　说服攻略　调整角色　协同三角　组建团队　培育团队　个体产能　团队协作

7

说服大获成功了吗

小锤学完"说服攻略"之后，感觉自己的说服力大增，便立刻采取了行动，约了几位中意的明星经理人见面，想把他们从其他公司挖过来！

结果，非常成功！

不出一周，就有一位明星经理人老张答应入伙，小锤大喜过望。

但自此过了两周，还是未见老张有任何动静……

小锤坐不住了，打电话询问情况。谁知老张的态度180°大转弯，说自己没有考虑过跳槽，并且让小锤以后不要再打电话过来了，语气还特别强硬，毫不客气。还没等小锤回过神来，他就挂断了电话！

怎么可以这样说翻脸就翻脸，明明说好了，这老张怎么出尔反尔呢？

很可能是因为老张的"角色"限制了他的言行。

什么意思？

我在《认知红利》第5章讲过"角色化"这个概念，今天我们把这个概念再深挖一层，看看如何把它应用到实战中。

什么是角色

我们每个人身上都有这样或那样的角色，你是孩子的父亲，同时也是父亲的儿子；你是公司里的产品经理，同时也是其他公司眼中的用户；在旅途中，你是一名游客，是一名消费者，但拿起手机，你又变回一个打工人。

当你身为不同角色时，你的言行，你的思维方式，甚至是你眼中的世界，都是不一样的。

比如身为父亲，你就有养育小孩的责任，你不仅需要赚钱来为孩子提供成长必需的物质条件，保护他的安全，还应该与他建立良好的亲子关系，耐心地教他知识，告诉他为人处世的道理；比如身为警察，当你遇见小偷强盗就不能逃跑，应该立刻上前抓捕，这是你的职责所在……

你是什么角色，就应该做什么样的事情，说什么样的话，这些都已经被提前规定好了。

除了行为，你的信念、价值观也会随着角色发生变化。

2020 年初，新冠肺炎疫情突然暴发，前一天作为"女儿"的你，还认为回家和父母一起吃年夜饭是一年到头最重要的事情。而此刻，作为一名"医护人员"、一名"党员"，救治患者、帮助国家渡过危难，就成了最重要的事情！

爱小家更要护大家，于是你背起行囊，向父母辞行，选择逆风而上。

不同的角色，代表不同的立场，他们的利益诉求也是不同的。

在辩论场上，正反双方对同一个问题有截然不同的看法。

这不是因为他们的想法真的彼此对立，而是他们的利益诉求不同。他们必须通过捍卫己方的观点，驳斥对方的观点来赢得胜利。所以他们绝对不能认同对方，也不能承认自己被说服，必须坚持到底！

但如果你突然让双方互换持方（立场发生了改变），你将看到原本支持 A 观点的人，现在能把 A 观点驳斥得体无完肤。

<u>不同的价值观，不同的利益诉求，导致不同的角色在面对同一件事情时，他们的关注点是不同的。</u>

比如同一个产品，老板关注的是效益，关注的是竞争对手；产品经理关注的是用户体验；程序员关注的是软件的运行效率；销售人员只关注它好不好卖、佣金提成是多少；而友商们关注的是产品的缺点，以及产品经理的跳槽要求……

身为不同的角色，处在不同的立场，你看到的世界其实是不一样的，就像看一座山，横看成岭侧成峰，你是什么角色，就会有什么样的视角，就会产生什么样的思考，就会做出什么样的行为，这也就是我们常听到的那句话："屁股决定脑袋"，这里的"屁股"指的就是你当下所扮演的那个"角色"。

回到小锤的故事

所以，当你有了对"角色"的认知就不难发现，老张的态度之所以会在电话里 180° 大转弯，很可能有三个原因。

第一，老张虽然答应了小锤，但他依然是原公司的高管，这个"角色"还没有发生改变，他手上还有很多项目没有结束，无法说走就走。

第二，他可能已经被原公司挽留，或提高薪资，或给予股份，或者和老板吃了顿火锅，他被牢牢地锁在了这个角色中，无法动弹。

第三，小锤给他打电话时，可能边上正好有同事在场，他的"角色"要求他不得不这么说。

因此，不是老张不愿意，而是老张的角色锁住了他。

怎么办呢？

需要先改变他的角色。

改变角色

当你的"沟通目的"和对方的"角色"存在冲突，比如在法庭上，作为原告，你想用说服技巧让被告律师同意你的指控，那是不可能的。

他的角色不改变，那么他的关注点，他的所思所想所言所行也不会发生改变。

所以这时候，说服他的脑袋，不如挪动他的"屁股"，也就是改变他的角色。

可是，要怎样才能改变一个人的角色呢？

一种简单的方式是临时改变他的"焦点角色"。

改变焦点角色

什么是焦点角色？

一个人本身同时存在多种角色，比如父亲、儿子、医生、学生、业主等，你把这些角色想象成一把把椅子，所谓"焦点角色"指的是，你当下会坐在哪把椅子上来思考这个问题（见图 7-1）。

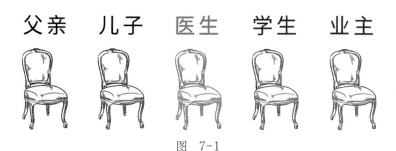

图　7-1

比如亲人患病，医生给了你两个方案：一是手术，虽然能痊愈，但有失败的风险，可能会导致立刻死亡；二是保守治疗，能有五年的预期寿命。

你很纠结，问医生哪种方案更好，医生说："我是医生，只能提供专业的方案，不能替你选择。"

这时你要知道，他此刻是坐在"医生"这把椅子上说话的，所以不能替你做选择，怎么办？

那就帮他挪动一下"屁股"，从"医生"这把椅子上挪开，换一把椅子坐。

你可以这样和他说："医生，您也有家人，如果您是我，您的家人患了这个病，作为一个有专业知识的患者家属，您会怎么选呢？"

这就是把他的焦点角色从"医生"挪到"患者家属"，这时他的关注点和思维模式也会发生变化，你听到的答案，也许将因此变得不同。

这是改变他的焦点角色。

但这种方式有时并不奏效，为什么？

因为他并不一定愿意"挪动一下屁股"，或者这些角色他本来就有，你只是改变了他关注的焦点，他可能早就从这个角度思考过，你这是多此一举。而如果你引导的这个角色并不属于他，比如他还没有孩子，你却说："请你站在一个孩子父亲的角度上思考一下……"，那他就很难理解。

怎么办？

如何真真切切地改变对方的角色呢？

想要改变一个人的角色，你就要先理解"角色"到底是如何形成的。

角色的形成

假设你现在和老板在同一个房间里，请问此刻你是什么角色？

答：下属。

下班时间到了，你接到了等候已久的妻子，请问现在你是什么角色？

答：丈夫。

你回到家，在小区门口遇见了门卫，他问你到哪儿，此刻你又是什么角色？

答：业主。

你还是你，为什么角色发生了变化？

因为"关系"变了。和老板联系起来，你是下属；和妻子联系起来，你就是丈夫；而把你和自家的房子联系起来，你又变成了业主（见图7-2）。

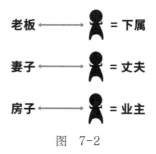

图　7-2

你看，不同的关系，塑造出了不同的角色。

角色，其实就是在描述某一段关系。

所以，你要改变对方的角色，就是要改变他与周围的关系。

有哪些关系呢

1. 和自己的关系

你是如何认识自己的？

比如你认为自己是一个勇敢的、木讷的、有同情心的、有智慧的人……当你把某一个特性和自己联系起来时，你就给自己设定了一个角色。

2. 和人的关系

把你和其他人放在一起，你们之间的关系就决定了你是什么角色。

比如把你和父亲放在一起，你就是儿子；和领导放在一起，你就是下属。

3. 和事的关系

你参与的工作比如程序员、产品经理、公务员、厨师、警察，或者你正在做的事情，也会决定你当下是什么角色。

效率红利

4. 和物的关系

这个"物"泛指除了以上三类之外的一切东西，比如物品、机构等。

把你和某个"物"联系起来，也会出现一个新角色。比如你拥有某个物品，你就是物主；你购买了公司的股票，你就是股东；你信仰上帝，你就是基督徒……

好，理解了这一点，思路就很清楚了，要改变对方的角色，就是要改变与他相关的这几种关系，关系变了，角色也会跟着改变。

具体怎么做？

一、改变他和自己的关系

和自己的关系，就是你是怎么认识自己的。比如你觉得自己是个拖延的人，是个聪明的人，是个有原则的人等。通俗点说，就是给自己"贴标签"。

一旦你给自己贴了这些标签，你的某些想法和行为，就会按这个标签去发展。比如你认为自己是个聪明人，那么当你遇到问题时，就会刻意地用更快或者更新颖的方式去解决，以此来证明自己是个聪明人，这在心理学上叫"标签效应"。

那你是否可以利用这个效应，通过"贴标签"的方式来改变对方的自我认同，重塑他的角色，从而改变他的某些想法和行为呢？

当然可以。

1968年，美国的一位小学老师简·埃利奥特做了一个这样的实验，她把一个班级的学生按"瞳孔的颜色"分成两组，蓝色瞳孔的一组，褐色瞳孔的一组，然后和他们说，褐色瞳孔的学生"更优秀"，并为他们设置了一些优待条件，比如坐在教室前排，有更多的休息时间等。

然后，她还给"平庸"的蓝瞳孔组戴上了便于识别的围巾。

贴完后的第一天，这些孩子就发生了巨大的变化，被贴上"更优秀"标签的褐色瞳孔小孩，开始变得活泼开朗、自信聪明，而戴着围巾的蓝色瞳孔小孩，则表现出自卑、萎靡、自我怀疑，还处处受到排挤……做同样的阅读练习，"更优秀"孩子的平均速度也比"平庸"孩子高出一倍。

但是到了第二天，埃利奥特又和孩子们说："昨天搞错了，蓝色瞳孔的孩子才是更优秀的人！"

结果，这些孩子们的表现，又完全颠倒过来……

你看，"标签效应"就有这么大的威力。

那怎么应用呢？

比如李蛋蛋的工作报告交晚了，你想让他以后及时交，你该怎么说？

质问他，为什么交晚了？

你这是在给他机会找理由，并且会让他认为"原来有理由就可以晚交"，那么他下次可能还会拖延。

那怎么办？

给他贴标签！

你可以这样说："蛋蛋，在我眼里你一直是个很高效的人，这次可不像你啊。"

如果你是李蛋蛋，听完后会有什么感受？

李蛋蛋心里默念："哇！原来我在老板眼里是这样一个人，这个人设可不能崩，下次我一定不会让他失望！"

你看，"标签效应"让他产生了自驱力。

不过，你是不是还听过一句话：不要随便给别人贴标签？

这并不是说贴标签没用，而是贴标签的效果太显著了，你不能乱贴！

乱贴，确实会造成很严重的后果。

比如有些恨铁不成钢的家长，生气的时候会给孩子乱贴标签，什么笨蛋，蠢猪，烂泥扶不上墙……

他可能是想用"激将法"，但这样贴标签，并不会产生激将的效果（关于激将法的正确用法，我后面会说），反而会让孩子往这些标签的方向"努力"，用各种遭遇来验证这个标签，最后孩子真的会变成无药可救的人，这非常可怕。

因此，我们要善用这个技能，要知道你贴之后的影响。

比如你想让孩子更努力，那你可以说："你真是个努力的孩子，玩游戏都那么拼命"；你想让孩子更诚实，更有责任心，那你可以说："你真是个诚实的孩子，有错就认，你真是个男子汉，将来一定是个有担当的人"；等等。

当他接受了这些标签，就会有一种角色感，就会调整自己的想法和言行来"出演"这个角色，久而久之，他就真的会变成那样。

你贴的标签，能重塑一个人。

二、改变他和人的关系

老张不肯离开原公司，除了因为工作，还可能因为人情。

他和这些人在一起工作5年了，建立了很多"和人的关系"，他的角色不仅仅是一个高管，还是下属眼中的师父、老师，是同事眼中的朋友，特别是和他的老板一起喝过酒，一起扛过枪，一起打过江山，是私底下拜把子的好兄弟。

而现在你却要让他弃他们而去？

身体想走，心不愿意。

怎么办？

用离间计吗？改变他们原来的关系，让他们从好友变成死对头？

我知道你做不出来这种事。

那怎么办？

你得想办法把他变成自己人。

把他变成自己人。

和对方建立起良好的关系，成为他的好朋友、好兄弟，这样他就会站在你的角度去思考，为你考虑，你的话他也更容易听进去。

那如何迅速建立起一段良好的关系呢？

一起吃顿火锅吧!

一顿不行就十顿!

这种方式比较慢，一个更高效的方法是，用"共性"把你们连在一起。

1. 寻找共性

比如共同的经历:

"你是上海大学毕业的？我也是，咱俩是校友啊!"

"你父母是知青？巧了，我父母也是……"

比如共同的标签:

"你是水瓶座？我是天秤座呢，咱们都是风象星座，怪不得那么投缘!"

"你是 NBA 球迷？我也是，最近科比走了，太难受了!"

除此之外，还有同乡、同龄、同好等。

总之，如果你能找到这些共性，那就说出来，它能为你们之间增加一份熟悉感，而这份熟悉感会迅速拉近你们的关系。

当然，这种联结还比较弱，想要加固这段关系，你还可以"设置一个共同的目标"来强化。

2. 设置一个共同的目标

我们都喜欢买东西，但不喜欢被推销，为什么？

因为一个销售推销某个产品，不一定是这东西真的好，而是对方看中了我们口袋里的钱，所以他的话我们不能相信。

这就是目标不一致，彼此间缺乏信任。

怎么办？

将销售员与客户的目标统一起来。

客户的目标是什么？

用更低的价格，买到更适合自己的好产品。

如果把销售员的目标也调整为这个呢？

效 率 红 利

那他的角色就会从"产品销售员"变成"用户代言人"。他可以用专业的眼光帮客户找到更适合的产品，并替客户和商家砍价，对产品质量进行严格把关。

比如虫妈邻里团，用户在微信群里下单，虫妈带着大伙儿的订单和农户谈价格，用比市场价更低的价格买到品质上乘的水果。她和用户的目标是一致的，她是用户代言人。

比如淘宝，运用技术帮助消费者更快地找到适合的产品，并公开真实的用户反馈，提供担保交易，打击假冒伪劣商品。淘宝和消费者的目标是一致的，它也是用户代言人。

用户提防"产品销售员"，但信任"用户代言人"，这就是因"目标一致"而建立起来的良好关系，双方变成了自己人。

三、改变他和事的关系

你参与的事情，决定了你是什么角色。比如老张的"高管"角色，就是在描述他和原公司那些"事"的关系，包括他每天的工作、他掌管的业务等。

因此，想要改变"高管"这个角色，就得改变老张与这些"事"的关系。

怎么改变？

你要让这件事情，没有继续做的必要了。

还在做某件事，说明这件事对他还有意义，能有所回报，对吧？

但如果回报越来越小，甚至变成负数了呢？

那就没有必要再做这件事了，他和这件事的关系也就断了。

比如，如何让一个传销人员脱离传销组织？

苦口婆心地说服他？

估计很难奏效。

你得降低他做这件事的回报。

比如你可以给他的所有亲朋好友发一条信息，告诉他们："这人最近被骗入了传销组织，不要相信他。"

如果他长时间找不到下线，就没有收入，那这件事也就失去了继续做的意义，他自然就会离开了。他不走，上线也会赶他走。

除了"降低这件事的意义"，你还可以提供一件"更有意义的事"，让他主动做出选择。

提供一件更有意义的事。

比如乔布斯招募当时百事可乐的CEO加入苹果时说："你想卖一辈子糖水，还是和我一起改变世界？"

这就是提供了一个更有意义的事情，形成强烈对比，让原来的事没有继续做的必要了。

那什么是更有意义的事情？

除了"利益"，你还可以从以下五个维度去寻找这件事的意义，以此吸引对方：价值、权位、成长、快乐、空间。

- "利益"比不过，那就比"价值"，这件事能够帮到很多人，能引领行业的变革。
- "价值"比不过，那就比"权位"，在那边你是区域总监，过来的话你直接做副总。
- "权位"比不过，那就比"快乐"，来这和一群开心的人，做一件自己喜欢的事。
- "快乐"比不过，那就比"成长"，短期可能苦些，但你能在这里学到很多东西。
- "成长"比不过，那就比"空间"，这里没那么多限制，你可以尽情地施展才华。

总之，只要在一个维度上有优势，你就有机会打动他，让他放弃原来的事情。

但如果他还是没有被打动呢？

那就让他先参与进来，赋予他某些权力。

只要他与某件事情产生了联系，他的角色就会发生变化，他的想法和行为也会随之慢慢改变。

比如一个小孩在班里总是调皮捣蛋，怎么说都不听，怎么办？

那就让这个"捣蛋鬼"来管纪律吧。

一旦他参与了这件事，他的角色就变了，从一个"捣蛋鬼"变成了班干部！

你会发现，他不仅开始约束其他小孩的行为，自己也变成了班级上最遵守纪律的人。

再比如，产品没有知名度，转化率太低，怎么办？

不妨看看小米的做法。

2010年，41岁的雷军再次创业，成立小米，开始做智能手机。但作为一个国产新品，小米知名度低、信任度缺乏。在苹果、三星、HTC等豪强林立、看似已经饱和的手机行业里，小米该如何改变用户的心智，迅速脱颖而出呢？

小米给出的答案是，让用户参与进来，一起创造小米。

2010年8月，小米发布手机系统MIUI，并让用户参与到该系统的后续迭代中，用户每天会在社区里反馈软件的Bug、提交改进意见、甚至参与代码开发、语言翻译……小米根据这些反馈，每周五更新一个版本。

可以想象，当用户使用由自己参与创造的系统时，那种视如己出的爱油然而生，用户会觉得这就是全天下最棒的系统。

有了这些深度的联结，这群发烧友与小米的关系，就不再是普普通通的商家与用户的关系，用户被小米亲切地称为"米粉"。

有一天，米粉们终于忍不住说："这系统就别给其他手机装了，你们自己做一款手机吧！"

于是，2011年，搭载了这个MIUI系统的小米手机"为发烧而生"，只卖给米粉和米粉的朋友们，首批30万台，5分钟，全部售罄！

小米，用"参与感"一炮而红！

所以，如果小锤的奶茶店目前还不足以让老张放弃原来的工作，那就让他先参与进来，获得一个新角色。

比如先成为公司的顾问。这不影响他目前的工作，但这个新角色会改变他的想法和行为，他会慢慢觉得自己已经是公司的一份子。随着时间越来越长，感情越来越浓，他离真正到来也就差一个契机了。

四、改变他和物的关系

除了同事、业务、收入等，还有什么会困住老张的手脚？

还有办公室！老张原来在一个离家很近的高级写字楼里工作，而小锤的奶茶店——就像回到了手工作坊；

还有公司配的专车服务！原来上下班时倍儿有面子，而小锤能提供的是——交通费一个月 300 元；

除此之外，还有公司的股份！如果老张离开原公司，2% 的股权就视为自动放弃了，那可是笔不小的数目。

办公室，专车服务，公司股份……这些"物"和老张联系在一起，也塑造了老张的角色：一个在高级写字楼里上班的金领；一个配有专车服务的老总；一个手拿股权的公司股东。

要离开这里，他就得放弃这些！

老张舍不得，怎么办？

那就得改变他和这些"物"的关系。

有两个办法。

1. 替换

要一个人放弃已经拥有的东西很难，因为他会有"损失厌恶"。

除非，你能够补贴这些损失。

● **补贴损失**。

2015 年，因发表百余篇阅读量超过 10 万的商业分析文章而爆红的公众号"李叫兽"，其创始人李靖被百度看中，百度想邀请他加入团队。

不过此时，李靖的公司已办得风生水起了，有人气，有收入，有未来，现在要他放弃自己的公司谈何容易。

怎么办？

百度说：补！

百度出资 1 亿元，全资收购了他的公司。终于打动对方，李靖正式出任百度副总裁。

这叫"补贴替换成本"。

- **提供一个更好的东西。**

你说，我可没有那么多钱补……

那就用一个"更好的东西"去诱惑，让他主动放弃。

回想一下，你是在什么情况下换手机的？

可能是出现了一款更好的手机。

这时，你就会自愿丢掉旧手机，并自己花钱购入新手机。

好，我们再来看，老张原来有高级办公室、有专车服务、有原公司的股份，这些小锤都没有，但他有一个更好的东西叫"成长性"。

公司正处在高速发展阶段，小锤可以为老张设置高额的提成奖金，高比例的期权方案，只要能达到增长预期，别说配专车服务，送一辆车都行，整个公司都可以分一半给他。

1999 年，在著名的 AB 投资公司工作，年收入高达 70 万美元的蔡崇信，却以 500 元的月薪加入阿里巴巴，为什么？

因为"成长性"。

蔡崇信看到了马云的领袖气质，看到了团队的奋斗热情，更看到了这件事背后的巨大成长性。

所以，他放弃高薪，脱下名牌西装，走出高级办公室，加入了这家窝在居民楼里的小团队。

18年后，蔡崇信成为阿里巴巴除马云外唯一的永久合伙人、香港第九大富豪，身价高达104亿美元。

- **降低学习或适应的成本。**

给他一个更好的东西，并补贴他的损失，他就一定会过来了吗？

不一定！

你还得照顾他的习惯，降低他学习或适应的成本。

金山的办公软件WPS，不仅更小巧，兼容性更强，更符合国人的需求，还免费，但为了能让更多的Office用户转为使用自己的软件，2005年，WPS推倒重来，在操作界面、使用功能上对Office进行了像素级的模仿。

这样，用户就可以像使用Office一样使用WPS，无缝切换，而且还免费，小巧。

这次转型，让它的国内市场份额从原来的不足10%，上升到2018年的42.75%，成功突围。

2. 扩大

因为"损失厌恶"的存在，你硬要拿走原本属于他的东西，做这种非此即彼的选择，总会让对方感到痛苦。

怎么办？

你可以试试扩大这个"物"的边界，来改变他们之间的关系。

什么意思？

试着朗读以下几段句子，每读完一句请停顿10秒，想一下，如果确实是这样，你应该做些什么？

- 这个房间是我的。
- 这个公司是我的。
- 这个办公楼是我的。
- 这片地区是我的。

体会一下刚才的感受……

你是不是觉得，每当边界扩大后，你的关注点也会随之发生变化？

说前一句时你还关心的问题，在说到下一句时，就变得无关紧要了，为什么？

因为角色改变了。

当你知道这个房间是你的时，你的角色就是房主，你考虑的是这个房间内的事情，比如需要放什么东西，需要做哪些布置等。

当你知道整个公司都是你的时，你的角色就变成了企业主，你要考虑的就不仅仅是这一个房间的问题了，你得考虑整个公司该怎么管理。

而当你知道这片地区都是你的时，你的角色可能就变成了这里的区长，你要考虑的就不仅仅是一幢办公楼该如何招商引资，而是这个地区的整体规划，比如这里的人口、就业、治安、交通、医疗、教育、经济等一系列更大的事情。

当边界不断扩大，前一个问题就被包含在后一个更大的问题之中，原来的东西还在，因此你没有损失感，但前一个问题的重要性降低了，你会发现有更多更重要的事情需要自己去做。

所以，你可以通过扩大"物"的边界来改变对方的角色感，从而改变他的想法和行为。

比如面对老张的不舍，小锤可以这样对他说："高级办公楼和专车接送确实很有面儿，但你工作是为了每天走进这栋大楼吗？那么小的格子间，装不下你那么大的抱负啊！相反，走出办公楼，全国的市场都是我们的，出来帮我吧，我们一起把中国的奶茶市场搅得天翻地覆！"

听起来怎么样？

是不是感觉格局一下子变大了？

这就是把"高级办公楼"的边界扩大到"全国市场"（见图7-3），把全国市场和老张联系起来，他的关注点就变了，与"在全国的舞台上一展宏图"比起来，"在高级办公楼里上班"就显得没那么重要了。

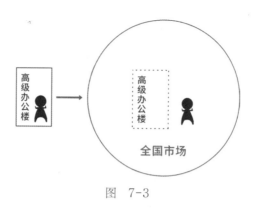

图 7-3

防患于未然

看到这里你可能会说,改变角色还挺麻烦的,要改变这些关系,不仅要花很多时间,还特别费钱!

早该想到老张可能会被挽留的,如果下次遇到类似的情况,有没有什么办法可以提前打个预防针,防患于未然呢?

当然可以!

说服,它确实有一定的时效性。

你说的时候,他很认同,但等他回到家,热情可能就消退了一半,再睡上一觉,第二天他就很有可能会反悔!

说服的小船,说翻就翻。

怎么办?当对方答应的时候,你该如何锁定他之后的言行,避免他轻易反悔呢?

把他绑起来吗?

当然不行,咱们要讲文明。

我们还是要拿起"角色"这把利器!

既然"角色"会限制一个人的言行,那我们就可以利用这一点,率先把对方"角色化",以此来锁定他的某些想法和行为。

具体怎么做?

角色化

刚才我们说，角色其实是在描述一段关系，而改变角色，就是要改变对方和"自己、人、事、物"这四者的关系。

那"角色化"呢？

对，就是要重新建立并锁定这四段关系。

一、锁定他和自己的关系

前面我们说过，和自己的关系，就是你是如何认识自己的。

从这方面入手，你该如何锁定对方的言行呢？

1. 强化标签

首先，你可以继续用"贴标签"的方式，不断强化他的自我认知。

标签效应，会让他主动规范自己的言行。

比如小锤说服老张后，预感到他未来可能会反悔，就可以先给他贴一个标签："您答应了？张总，您在行业里可是有口皆碑的，大家说您可是一个'要么不说，说到就一定会做到'的人，您不会和我开玩笑吧？"

老张回答道："当然不开玩笑，我说到做到！"

好，贴了标签，又拿到了承诺，对方违约的概率就会大大降低。

2. 激将法

如果对方在某一方面已经有了很强的自我认知，比如他认为自己在某方面的能力超群，认为自己的才智相貌百里挑一等，那你就不用再给他贴这些标签了，因为他自己知道。

就像一个美女，她知道自己很漂亮，你再夸她是个美女，她不会有什么反应。

那怎么办？

这时你要反其道而行之，适当动摇他那些"自我认知很强的地方"。

比如某人一直觉得自己很聪明、能力很强，而你说："这个问题太难了，估计没有人能解决。"

当他听到这句话时，很可能会立刻送给你一个不屑的眼神，然后说："放着我来！"

这就是我们常说的"激将法"，它的作用相当于"推"他一把，从而产生一点反作用力，达到锁定他言行的效果。

但这里需要注意的是，激将法只有用在"他有很强自我认知的地方"才能激发出他强烈的好胜心，并用行动证明你错了！

而如果对你动摇的点，他并没有什么自我认同感，比如他并不觉得自己很聪明，你却激他说"你真笨"，这就变成贴标签了，不仅不会让他奋发图强，还会让他越来越笨。

很多人用激将法却没效果，原因就是动摇错了地方。比如想让对方努力，就说他懒，发现没用，你以为是自己激得不够，然后越骂越狠，结果对方却越来越懒，最后恶性循环，关系彻底搞僵。

3. 赋予使命

除了贴标签和激将法，还有什么方式可以强化他的自我认知，进而锁定他的言行？

答案是，赋予使命。

我在《认知红利》的第6章说过（见图7-4），身份层决定了你的信念、价值观和行为规范，而精神层决定了你的身份认同，这个精神层指的就是使命。

你活着是为了什么，你试图解决的巨大问题是什么？

比如《蜘蛛侠》里的彼得·帕克，当他意识到"能力越大、责任越大"，蜘蛛侠的使命就是要保护人民的安全时，那么不管遇到再危险的敌人，他都会迎难而上。

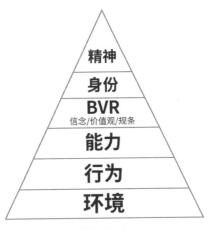

图 7-4

注：NLP 理解层次

因此，如果你想让某人持续地做一件事，那就赋予他一个使命吧！

比如小锤可以对老张说："老张，你拥有十多年连锁店的管理经验，又有丰富的商业地产资源，还如此疯狂地爱喝奶茶，你就是最适合做这件事情的人，来吧，我们一起打造一家奶茶界的星巴克。"

二、锁定他和人的关系

前面我们说，可以通过"寻找共性"或者"设立共同的目标"来建立对方与自己的关系，把他变成自己人。

但仅仅是感觉上的"自己人"还不够，要想锁定对方的言行，你得真的把他变成自己人！

怎么做？

1. 仪式感

口头约定太草率，既然对方同意了，为了表示诚意，咱们结盟得有仪式感，比如歃血为盟，或者找媒体来做个报道。

仪式感，能够让这段关系更加牢固。

比如刘、关、张三人虽不是血亲，但桃园结义之后，就是同生共死的好兄弟，即使远隔千山万里，云长也愿意放弃高官厚禄，履行曾经的誓言，千里走单骑，与兄长相会。

所以，既然老张答应了，那就和他一起吃顿火锅庆祝一下吧！握个手、碰个杯、拍张照片留个念，并把这些信息发到群里，让小伙伴们为他鼓个掌，提前欢迎他的到来！

这些仪式感，会让老张在想要反悔时，产生巨大的心理和舆论压力，从而锁住他的行为。

2. 签订条约

"仪式感"防得了君子，却防不住小人，为防止某一方背信弃义，彼此的关系得用白纸黑字固定下来，签订契约，让这段关系受到约束和保护。

比如，用"劳动合同"锁定雇用关系；用"授权书"锁定代理关系；用"结婚证"锁定夫妻关系等。

契约，用白纸黑字，锁住了彼此的言行。

3. 成为家人

当然，如果有条件的话，你还可以把对方变成真的一家人。

古时候，两国为了避免战事，维护良好的经贸往来，用帝王子女之间的婚约来绑定彼此的关系，如今的政治婚姻、商业婚姻也不胜枚举，为什么？

因为双方一旦结成亲家，就变成了真正的家人，彼此的言行都需要为这个家庭负责，双方便有了更稳固的协同关系。

所以，如果你觉得普通的签约还不够，那就再和他攀个亲戚！

"老张，工作的事谈完了，下面咱们聊聊孩子们的婚事吧！"

三、锁定他和事的关系

前面我们说，建立他和事的关系是让他先参与进来，但这种联结还比较弱，他随时都可以甩手不干。

如何锁定他和某件事的关系？

1. 变动奖励

首先，用"变动奖励"激励他持续参与，让他从"可做可不做"变成"想要做"！

变动奖励，是为创造的额外价值而支付的报酬，也就是所谓的"多劳多得"。

某业务员在谈判时说："这项业务你不给我们做也可以，但如果你选择我们公司的方案，我会私底下给你一个红包。"

你看出来了，这是"行贿"，当然，你肯定不能做。我这里只是想以此说明这种方式为什么有效，因为这就是一种用变动奖励（你同意就有，不同意就没有）激励对方的行动，把他和这件事绑在一起，一旦开始，他的行为就会被锁定，骑虎难下。

小王这个月发愤图强，业绩突然飙升，如何让他继续保持？

发布激励方案：每个月超过目标业绩的部分，提成比例翻倍！

小王下个月的表现依旧突出。

2. 规则制度 + 固定报酬

变动奖励固然有效，但绑定的关系还不够牢固。如果他今天心情不好，奖励也不要了，懒倒在家，就是不干了，那你怎么办？

用"规则制度 + 固定报酬"锁定他的言行。

所谓规则制度，就是把他应该在什么时候，要做什么事情，采用什么方法等都规定好，最好用文字的方式明确下来，如果做不到，或者做错了，给予相应惩戒。

但他为什么要遵守这些规则？

因为提前约定好了"固定报酬"。

只要在规定的时间里，按规定的方式，做完规定的事情，他就能拿到约定好的报酬。每个月的基本工资就是这种形式。

固定报酬，代表你对这件事情负有责任，一旦采用这种形式，你就不能随心所欲，今天心情不好就可以不干了，你不能再考虑"想不想做"的问题，你必须得做，你的言行在接受这份报酬的时候，就被牢牢锁死了。

小锤："老张，你在原公司位高权重，要走估计没那么快，从今天开始，我这边每月给你一万元，你作为顾问先进入我们的微信群进行指导，每周六日参加例会，开始熟悉并优化全公司的业务，你看可以吗？"

老张一旦接受了这份报酬，他的行为也就被小锤锁定了。

四、锁定他和物的关系

你可能会说，都用钱搞定算什么本事，有没有办法不花钱就让他自愿甚至愿意倒贴钱去做某些事情呢？

可以！那就是，要让他觉得这是"自己的事"。

你家的水管漏水了，你会放任不管，然后说"没有人给钱，我就不修了"吗？

不会！

你会赶紧找个工具把它修好，缺工具你会自己去买，自己搞不定，你会出钱找物业来修。

为什么？

因为这是自己的房子。

当你觉得某个东西属于自己的时候，它的事就是你的事，你会竭尽所能地护它周全，助它荣耀，你不需要任何报酬。

因此，锁定对方和某个"物"的关系，让他觉得"这是自己的"，他的角色就变成了事物的"主人"，他的言行也就被锁定了。

具体怎么做？

1. 赠送使用权

老张不离开的原因之一，是舍不得原公司的高级办公楼和专车司机服务。这些是什么？

这些是原公司赠送给他的某些东西的"使用权"。在原公司，他可以免费使用这些东西，而当他离开时就得放弃它们。这时，他就会因厌恶"损失感"而不愿意放弃。

所以，你也可以通过赠送某些东西的"使用权"，来锁定对方的言行。

比如谷歌，有一个汇聚了世界各国精英厨师的五星级大食堂全天候开放，供员工免费用餐，很多人因为离不开这里的美食而离不开谷歌。

2. 出售所有权

你想让员工对公司担负起责任，把公司的利益放在第一位，于是你不停地告诉他们：要有创业者精神，要有主人翁意识，要拥有所谓的老板思维……

没用！他们还是只顾自己眼前的利益，怎么办？

你得真让他们成为公司主人，把公司的所有权（也就是股份）分一部分给他们，让他们觉得这公司是"自己的"。这时，他们的角色就变成了"股东"，你想要的创业者精神、主人翁意识等，自然也就有了。

那这个股份"送"给他们可不可以呢？

不行！

使用权要"赠送"，因为这样他离开时才会有"损失感"，而所有权得"出售"。

如果白给，对他来说就是"意外所得"。有肉吃的时候，公司有我一份，大家一起分享。但如果遇到危机，想牺牲我的利益？抱歉，股份还你，这个月的工资你得照常发给我，我就当这个"意外"从来没有发生过！

他放弃时的"损失感"会非常小。

所以，股份（公司的所有权）可以打折，可以用奖金兑换，但一定不能赠送，必须通过购买使其获得。

只有通过购买获得的所有权，放弃时才会产生巨大的"损失感"，这样才能锁定对方的行为。

3. 纳入共同体

当美国前总统特朗普把"COVID-19"故意改成"chinese virus"时，你愤愤不平，在网上对他口诛笔伐！

你为什么会那么激动？

因为他污名化了你的祖国！

国家是一个共同体。而所谓共同体，是由一群怀揣着共同信念的人组成的。他们或拥有相同的理想，或肩负共同的使命，他们利益一致，荣辱与共。

除国家之外，某个种族、联盟、政党、地域、机构、组织、团队等也都是共同体。

当你觉得自己属于某个共同体时，会有"这是自己的"感觉，会把自己和这个共同体联系在一起，你也会像"主人"一样捍卫它的荣誉，与它风雨同舟。

因此，你可以运用这个效应，将对方纳入某个"共同体"使他角色化，进而锁定他的言行。

这里分为两步。

第一步，接纳。

比如把公司看作一个共同体，当新员工入职后，每个人都应该表示欢迎，或给他一个拥抱，或赠送一个礼物等，在他困难时给他帮助，在他气馁时给他打气，在他成功时给他点赞……

总之，让共同体内的成员把他当成自己人，让他有归属感。

第二步，同化。

人可以改变环境，但更多的时候，是被环境同化的。"共同体"就是一个能塑造人的环境，身处其中的人，会互相影响、彼此模仿，思维模式及行为方式会逐渐趋同。

设立共同体的使命、愿景、价值观，设计一个符号标志，穿统一的服装，喊同样的口号，用类似的方式相处……

渐渐地，你会发现这里的每个人都很像，你从每个人的眼中都看见了自己，你有一种"终于找到了组织"的感觉。

你被同化了。

你的言行，慢慢地也会和这些人高度相似。

不过，需要特别注意的是，这种方式通过牺牲一部分的"多元化"和"开放性"来获得更高效的协同，对"共同体"的领袖提出了更高的要求：他有什么样的使命、愿景、价值观，就会带出一个什么样的共同体。在极端价值观的影响下，这种方式也会驯化出可怕的集体，而身在其中的人却毫无察觉。

改变江湖的人

以上这些就是将一个人角色化的四个方法。

写到这里，我突然想到古龙的一句话：人在江湖，身不由己。

江湖是什么？

有关系的地方，就是江湖。

人在江湖，就意味着你被绑在了各种各样的关系上，会拥有很多不同的角色，这时的你虽然还是你，但你的言行已经身不由己。

以前，你身在江湖，被推着前行。

而今天，我希望你成为那个能改变江湖的人，获得更强大的协同力。

然后，能用这份力量团结一群人，完成一件有意义的大事！

本章小结

下面我们来小结一下本章内容。

当你的"沟通目的"和对方的"角色"存在冲突时，沟通就会遇到巨大的障碍，这时你要做的就不再是提升说服力，而是先调整对方的角色。

所谓"角色"，其实是在描述一段关系。因此，要想改变"角色"，就要改变与他相关的四段关系。

- 改变他和自己的关系，用"贴标签"的方式改变他的自我认知。
- 改变他和人的关系，通过"寻找共性、统一目标"把他变成自己人。
- 改变他和事的关系，通过"降低回报，或加入一件更有意义的事"让他认为现在做的这件事情没有继续做的必要了，或让对方"先参与进来"，用新的角色慢慢影响他。
- 改变他和物的关系，通过"补贴、降低学习成本，以及一个更好的东西"去替换，或者通过"扩大事物的边界"让他觉得原来在意的那些东西其实微不足道。

既然改变四段关系，就能改变一个人的角色，从而改变他的言行，那么我们也可以反过来操作，通过锁定这四段关系，对一个人进行角色化，从而影响他之后的所思所想所言所行。

- 锁定他和自己的关系，用"强化标签、激将法，以及赋予使命"的方式，强化他的自我认知。
- 锁定他和人的关系，通过"有仪式感的结盟、白纸黑字的签约或成为一家人"的方式，把他变成真正的自己人。
- 锁定他和事的关系，用"变动奖励"的方式让对方从"可做可不做"变成"我想做"，用"规则制度＋固定报酬"的方式，让对方从"懒得做"变成"必须做"。
- 锁定他和物的关系，通过"赠送使用权、出售所有权或者纳入共同体"的方式，让他拥有"主人翁意识"，从而自觉自愿地对这件事负起责任并全力以赴。

效率红利

一套统一的技术

迄今为止，我们已经讲了三种提升协同力的方法。

第一，权力，它是协同力的基础，对沟通的结果起决定性的作用。

第二，说服，当权力不足时，你可以用一套"说服攻略"来提升自己的协同力。

第三，角色，说服有一定的时效性，想要让协同持续，你得用角色化来固化对方的言行。

下一章，我们将把这三种方式组合起来，使它们变成一套统一的技术，解决生活与工作中的各种协同力问题。我们下一章再见。

思考与行动

看完 ≠ 学会，你还需要思考与实践

思考题：2020 年，新冠肺炎在全球暴发，你组建了一个同学群，想为国外的留学生筹集防疫物资，同学们都非常认可，纷纷报名。但在执行过程中，有人太忙有人懒，还有些人受不了约束，陆续选择了退出，组织变得很松散，工作效率低，怎么办？

微信扫描二维码，把你的思考结果和学习笔记分享至学习社区，与其他同学互相切磋、一起成长，哪怕只是一句话，也会让你对知识的理解更加深刻，收获也会更多，还能让其他人从你的感悟中获得启发。

不是我没执行力，
是领导不懂人心

个人效率升级　　　协同力升级　　　团队效率升级

66%

三思三线
精进循环
八段加速
FOTA
权力
说服攻略
调整角色
协同三角
组建团队
培育团队
个体产能
团队协作

8

人心散了

喜得两员大将

我们继续讲小锤开奶茶店的故事。

通过上一章的学习，小锤对老张的"突然反悔"有了新的策略。他不再试图说服老张，而是通过改变"角色"来慢慢影响老张的想法和行为。

最后，小锤不负众望，用了一个多月的时间，终于把老张纳入麾下，使老张成为公司的联合创始人。

同时，小锤又在说服后运用"角色化"的技巧，将另一位中意已久的网红"奶茶哥哥李佳佳"带入了公司！

老张有丰富的连锁店管理经验，可以肩负起门店快速扩张后的管理重任；而李佳佳有大量的粉丝，这可以为奶茶店带来大量人气！

小锤喜得两员大将，如虎添翼，团队实力大增。公司也因此备受资本青睐，顺利地拿到第一笔投资，开启全面扩张之路。

但是，好景不长……

过了三个月的"蜜月期"，团队内部就出现了巨大的分歧。

怎么回事？

如今的锤子奶茶已拥有 10 多家门店且家家生意火爆，特别是每天限量供应的招牌奶茶"永锤不朽"更是一杯难求。

就在此时，对于奶茶店下一步的发展方向，团队内部却有了不同的意见，大家吵得不可开交。

老张说："既然生意那么好，奶茶供不应求，那还想什么，赶紧开更多的直营店，钱不够就再去融，或者先借也好，我们要迅速把规模做上去，抢占市场。"

李佳佳却说："你知道生意那么好是怎么来的？不都是我在网上挣的？现在是移动互联网时代，开直营店烧钱太厉害了，我们应该主攻外卖渠道，线上我来引流，线下控制甚至减少门店数量，让客户天天去排队，搞饥饿营销，让想喝喝不到的人，统统去网上下单！"

而小锤却觉得："主要还是我调的奶茶好喝，很多人是冲着'永锤不朽'来的。我们应该学习香飘飘，投资建厂，将这款招牌奶茶做成速溶饮品，把服务产品化，降低边际成本，让我们卖出去的奶茶也围着地球绕个三圈！"

听着都对，但谁都不服谁，会议开了一天又一天，大家伸长了脖子，涨红了脸，彼此相争不下！

而这一争，就争了一个多月。

公司呢？原地踏步，哪个方向都没有迈出第一步。

某天，小锤终于忍不了了，一拍桌子一跺脚，说："不讨论了，这事听我的，就这么定了！"

张李二人面面相觑，两手一摊："好吧，你是大股东，听你的！"

一周过去了，老张还是忙着处理门店的各种运营事务，李佳佳还是在直播。

小锤怒火攻心……他连忙召集老张和李佳佳两人开会，再次明确了公司的新目标并确认了分工：老张负责建厂抓生产，李佳佳负责开拓新渠道。现在就开始，立刻，马上！

散会后，老张私下对小锤说："我还是觉得这个方案不太妥当，不过既然你已经决定，我一定全力配合。但你把那么重要的渠道任务交给李佳佳一个直播网红，你是认真的吗，渠道如果没打开，工厂白建，我不认为他具备这个能力。"

小锤表示要相信李佳佳。

第二天，李佳佳跑来对小锤说："老张有管理连锁店的经验，但他没搞过生产啊，这个重任交给他，我不放心！如果最终产品不行，丢我的脸是小事，公司的发展会严重受阻。"

小锤又表示要相信老张。

这么来来去去当和事佬的状态持续了半年多，小锤心累不说，公司新项目的推进还真出了问题，建厂的工期和预算超了又超，资金链压力山大。

李佳佳这边呢？原以为他能凭借自己的人气达到"产品未出，渠道先行"的效果，至少开工后能立刻铺货，快速回笼资金。没想到，他根本就没把这事放在心上，渠道拓展被拒几次后，又去弄直播了，他说："渠道都要先看产品，门店的生意又不能断，所以只能等。"

听着挺有道理，无法反驳，好吧，等产品上市。

又过了两个月，饮料厂终于开工！

但一家渠道商都没有确定下来。

老张火了，公开炮轰李佳佳："我没日没夜地干了八个月，现在连个渠道的影子都没见到，以奶茶店目前的人气，这根本不可能，你用心拓展了吗？我看你直播倒是真的挺用心，打赏赚了不少吧！"

李佳佳："产品上线后第一时间我就去找渠道了，但渠道都说我们的产品不行。花了那么多钱，你品控做好了吗？"

小锤看不下去了，连忙拉住他俩说："别吵了，现在说这些都没意义。不过李总说得对，新项目确实花了很多钱，现在公司的资金压力很大，一起想想现在该怎么办吧。"

一旁的小张（老张的助理）轻声嘀咕道："花钱多，怪我们吗？这个方案当初定的就有问题……"

就这样，老张怪渠道，李佳佳怪产品，员工怪公司，大家互相扯皮，彼此推诿，团队间缺乏信任，内耗不断，员工阳奉阴违，用心不足，效率低下，小锤眼看着公司变成了自己曾经讨厌的样子……

他哀叹道："人心散了，队伍不好带啊！"

为什么会这样

不是说三个臭皮匠赛过诸葛亮吗？这都三个诸葛亮了，怎么加起来还不如一个臭皮匠呢？

因为，协同力不足。

提高协同力

什么是协同力

我们在初中物理课上都学过"合力"，当一个木块同时受到多个力的作用，它的运动方向不由其中的某个力决定，而是由这些力共同产生的"合力"决定，如图 8-1 所示。

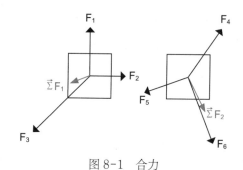

图 8-1　合力

注：$\overline{\Sigma}F$ 为另外三个力的合力。

当力的方向不一致，力量之间会互相抵消，产生所谓的"内耗"，虽然每个力看上去都很大，但木块却依旧移动缓慢。

团队就类似这样的一个小木块，而其中的每个人，就好比是对它施加的一个外力。

那"协同力"是什么？

协同力，就是团队成员的"合力"。

用一个数学公式来表达就是：

$$协同力 = 团队的合力 = \Sigma\ 个人的行动$$

那么问题来了，每个人行动力的大小和方向又是由什么决定的呢？

个体的行动力由什么决定

心理学家弗洛伊德将人格结构分成三个部分：

- 本我：个体潜意识的部分，代表个体的本能欲望；
- 自我：指个体有意识的部分，负责处理现实世界的事情；
- 超我：道德化的自我，它由社会规范、伦理道德、价值观念内化而来。

所谓本我，可以理解成个体"动物性"的一面，它追求快乐，逃避痛苦，用本能来判断是否"要做"某件事。

所谓自我，可以理解成个体"理性"的一面，它善于逻辑推理，分析利弊，用理性思考来判断某件事是否"可以做"。

所谓超我，可以理解成个体"社会性"的一面，也就是我们之前说的"角色化"，它是基于角色的要求来判断某件事是否"应该做"。

我们每个人做每件事，都会受到这"三个我"的共同影响。

比如你看到一位美丽的异性坐在对面，想过去认识她，这就是你的"本我"，是你本能的欲望。

这时，你突然想起来自己是个教授，又看了一眼周围的人群，道德告诉你，不能去，要克制，要注意形象！这就是你的"超我"，你的行为被自己的"角色"限制了。

不过，你还是想认识她啊，于是你冷静下来，观察形势，发现她带了一个充电宝，然后，你以手机没电为由，向她搭讪。这就是你的"自我"，你用理性思考找到了一个可以执行的办法。

你看，"三个我"共同决定了你会采用什么方式去做一件事情。

换句话说，个体行动力的大小和方向是由每个人内心这"三个我"的合力决定的（见图 8-2）。

当"三个我"方向一致，比如"本我"说"我要打游戏"，"超我"说"对，我是个电竞玩家，我就应该每天打游戏"，"自我"又说"打游戏是我现阶段价值最大的行为"，那毫无疑问，你会没日没夜地打游戏。

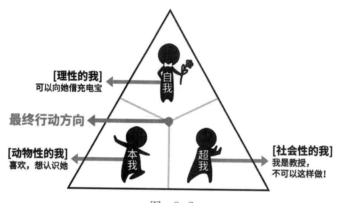

图 8-2

但如果有"一个我"反对，合力就会减小，你会表现出顾虑，会有所克制，比如刚才搭讪的案例，内心的一团火就被部分抑制了。

如果"三个我"的意见都不一样，比如"本我"说"我要玩游戏"，而"超我"说"我应该去带娃"，"自我"又说"我当下投资回报最高的方式是看书"，那就得看谁的嗓门大了。

但不管你最终决定做什么，都会受到另外两股力量的持续影响，你的内心会不断冒出"其实我不想做……现在不应该做……我不擅长做这个……"等各种对抗的声音。于是，你会表现出犹豫、纠结、抵触、没有动力、无法专注、行动缓慢……

外人会觉得你懒，不积极，行动力差，而根本的原因是，你内心的"三个我"方向不一致，它们互相对抗、彼此消耗。

最后，事没做多少，心却觉得特别累，完全没有效率可言。

所以，个体行动力的强弱，关键看内心的"三个我"有没有指向同一个方向。

回到小锤的故事

由于团队始终无法就发展方向达成一致，小锤最终选择用命令的方式，强行把大家的目标统一起来。但此时每个人内在的"三个我"分别是什么状态，有没有指向同一个方向呢？

比如李佳佳的"本我"说："我想直播，想粉丝天天夸我，这样我就好开心，但小锤要建厂，我不想做，但又不敢拒绝，我会被干掉的……"

他的"自我"却说："要钱钱不够，要人人没有，我这个主播的能力也无法发挥出来，这个方案肯定行不通！"

他的"超我"又说："既然决定了，不管认不认同，喜不喜欢，都必须配合执行，这是我的职责。但具体怎么做不知道，听小锤的吧。"

本我的意愿不强烈，自我的认同度又不够，虽然超我表示愿意履行职责，但行动的要求并不明确。三者方向不一，彼此内耗严重，于是就出现了上述故事中的一幕。

李佳佳只是一个缩影，放大到整个团队，成员意愿不足，就会导致态度拖拉、不够用心；彼此认知不同，就会导致缺乏信任，分歧不断；团队责权不清，就会导致执行不力，互相推诿。

最终，整体的效率变得非常低。

因此，协同力并不是定一个目标，然后推动大家向此前进就可以了，而是要深入到每个人的内心，把他们的"三个我"都拨向这个目标，这样才能激发出每个个体最大的动力，从而带动整个团队大幅提升战斗力。

不是员工没有执行力，而是领导者不懂如何改变人心。

怎么改变呢

- 用"权力"改变"本我"，让他们"要"做这件事。
- 用"说服"改变"自我"，让他们"认可"这件事。
- 用"角色"改变"超我"，让他们觉得"应该"做这件事。

这是我们前面三章讲过的内容。之前，我把它们拆开来讲，告诉你该如何与一个人协同，现在，我们要把这三种方式组合起来，助你去协同一群人。

为了让你有一个更直观的认识，我把这"三个我"放到一个三角形的三个角上，把目标放在中间，以此来代表一个人在面对某个目标时，内心会出现的三种声音（见图8-3）。

如果某个声音和目标的方向是一致的，我们就把它标成相同的颜色，反之则留白（见图8-4）。

图 8-3

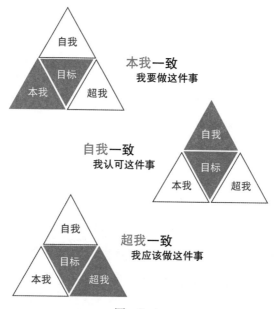

图 8-4

要想提升一个人的行动力，就要把他的三个角都改成和目标相同的颜色；而要想提升团队的协同力，就要把团队中每个人的这三个角都变成和目标相同的颜色（见图8-5）。

这个三角形，我把它称为协同三角。

效 率 红 利

个人的"三个我"与目标一致
个人的行动力最强

团队所有人的"三个我"与目标一致
团队的协同力最强

图　8-5

协同三角

具体该怎么运用"协同三角"提高团队的协同力呢？

一共分为五步。

第一步：明确目标

目标，是协同力的起点，也是团队的核心，没有一个统一明确的目标，团队就不能称为团队，只能称为一群人（见图 8-6）。

目标，
这是协同力的起点

图　8-6

企业的目标是什么？

是天天看到的 KPI 吗？

不是，是使命与愿景。

什么是使命？

就是我们能为用户或者为这个社会提供什么服务，解决什么问题。

比如阿里巴巴的使命：让天下没有难做的生意。

什么是愿景？

就是我们想要成为一家怎样的企业。

比如阿里巴巴的愿景：让客户相会、工作和生活在阿里巴巴，并成为一家活102年的好公司。亚马逊的愿景：成为全球最以客户为中心的公司。华为的愿景与使命：把数字世界带给每个人，带入每个家庭、每个组织，构建万物互联的智能世界。

企业所有的经营活动，都需要围绕目标展开。

人或事如果不能有利于目标的达成，就不应该出现在企业里。具体的业绩只是实现使命与愿景的一种衡量指标。

这个目标不仅要贴在墙上，更要深入每个人的骨髓，不然大家都不知道为了什么而工作，动作就容易变形，有可能为了追求业绩而去做伤害用户、伤害企业的事情。

目标，是一个团队真正的领导。

第二步：获得权力

目标确定了，下一步你就要协同团队成员的本我（个体动物性的一面，基于自己的本能行动，见图8-7），让他们"要做"这件事。

图 8-7

怎么获得权力？

人的第一个本能是追求快乐，会为了满足自己的欲望而去做某件事。

因此，如果你有令他们满意的收入（物质奖励），欣赏他们的眼光（精神奖励），或者你有曾经成功的经验（能帮助他们自我实现）等，他们就会觉得跟着你干有前途，就愿意主动追随你，这是一种吸引力。

但仅仅追随还不够，要实现目标，你得规范他们的行为，确保团队走在正确的道路上。

这时，你要启动人的第二个本能：逃避痛苦，让他们为了不受伤害而去做某些事情。

你可以基于"目标"设立企业的"价值观"，再基于这些价值观细化出一条条"行为规范"，谁一旦触犯了，就会受到惩罚，甚至被踢出团队。

这种严明的纪律，会产生一种威慑力，让他们"不得不"这样做。

吸引力加威慑力等于什么？

第 5 章说过，等于权力。

有了权力，他们就会信你，跟着你，但也会怕你，这种让人又爱又恨的能力，能大幅提高你与成员的沟通效率，很多问题不需要过多解释，你一声令下，就能让他们勇往直前。

第三步：调整角色

有了目标和权力，你还得找到适合的人，才能组成一支有战斗力的团队，助你达成目标。

什么是适合的人？

智商高，能力强，长得帅？

不是，当"需求"遇到"供给"，才是适合的配方。

乔丹第一次退役后改去打棒球，成绩非常差，并不是他"没能力"，而是他的能力不适合打棒球。当他回归 NBA，篮球能力便得到施展，又一次带领公牛队获得了三连冠。

所以，人才的优劣，取决于你把他放在什么位置。篮球队里的 2 号位是需求，赢球是需求，乔丹的篮球技术、好胜心、领导力是供给，当需求遇上供给,人才才能"发光"。

因此,没有差员工,只有不适合他的职位,你应该适才适用,基于企业的目标和员工的特点来安排职位,这个过程就叫作调整角色,也就是改变他的超我(个体社会性的一面,他的职位、身份等,见图8-8)。

图 8-8

世上本无垃圾,只有放错了位置的黄金。

团队的需求是什么,你应该设置哪些职位,又该如何识别一个人的特点呢?

这些,会在之后的章节里详细讲。

确定了目标,拥有了权力,找到了一群适合的人,这样的团队便进入了协同的第一个阶段:控制型协同。

第四步:统一认知

用控制的方式将团队协同起来,虽然也能有不错的执行力,但这种方式并不稳定。

比如本章开头小锤一声令下,用权力控制团队的前进方向,大家表面上都点头了,看似很有执行力,但是大家口服心不服,心里都算着自己的小九九,最后搞得鸡飞蛋打。

怎么办?

你得统一大家的认知,也就是将他们的自我(个体理性的一面,用逻辑来判断一件事是否可以做,见图8-9)协同一致。

图 8-9

团队只有心往一处想,力才能往一处使。

当所有人都认同一个目标,他们会发现自己和组织的关系发生了微妙的变化。大家不再是管理者与被管理者,而是为了同一个目标奋斗的伙伴,大家只是分工不同,所处的阶段不一样而已。

这时,团队就进入了协同的第二个阶段:合作型协同。

在这个阶段,协同的中心开始从管理者转向目标本身,大家做事不仅仅是因为想做,或者是被要求去做的,而是觉得这样做非常正确,这时他们的积极性和用心程度都会大幅提升。

第五步:锁定行动

有了意愿和认同还不够,目标的实现依赖持续高效的行动,因此,你需要用"角色化"来继续强化团队成员的超我(个体社会性的一面,按角色的要求来行事,见图 8-10),将他们从想做、可以做,变成应该做、必须做,进而锁定他们的行动。

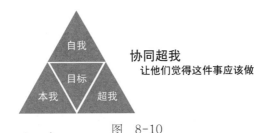

图 8-10

角色化的方法我们在上一章讲过了,具体可以分为四步。

1. 锁定和自己的关系

你是阿里人，你是逍遥子，杀掉"野狗"，干掉"小白兔"，成为"明星"⊖……用"贴标签"的方式，将个人和企业的目标与价值观协同起来，固化他们的目标感、价值观和行为标准。

2. 锁定和人的关系

签订劳动合同，明确职位分工，调整组织结构，让成员之间产生固定的协作关系。

3. 锁定和事的关系

用 OKR、KPI 等管理工具锁定他们的工作目标；用规则制度和固定报酬锁定他们的工作内容；用变动奖励锁定他们的工作态度。

4. 锁定和物的关系

提高福利待遇，优化公共资源，让他们舍不得离开；设计股权激励，让优秀的员工成为公司的主人；打造企业文化，让他们融入集体，和公司风雨同舟、荣辱与共。

做到这些，团队便走到协同的第三个阶段：自主型协同。

在这个阶段，协同团队成员的不仅仅是目标，还有你为此搭建出的一套系统。他们身在系统中，被各种关系推着前行。团队变成了一个铁打的营盘，开始能够自我运转了。

再回到小锤的故事

有了这个视角，你就会发现，小锤的团队其实正处在"控制型协同"的阶

⊖ 野狗、小白兔、明星，是阿里内部对公司员工的一种分类，逍遥子是阿里现任 CEO 张勇的花名。

段，公司有目标，小锤有权力，团队有适合的人才，但是，成员之间并没有形成统一的认知，并不都觉得这个方案可行，于是就出现了本章开头描写的一幕。

所以下一步，小锤应该统一全员的认知。

但是，面对一个成员的时候，你可以用权力，用说服力，或者用角色化的方式协同他，而现在面对的是一群人，大家挤在一个会议室里七嘴八舌的，怎么办？

你可以使用前文所讲的五个步骤来完成多人协同。

多人协同

我们将小锤的故事指针往前拨八个月……

穿越回那个激烈争锋的会议现场，看看如何运用"协同三角"来达成大家的共识，避免事态进一步恶化。

第1步：明确目标

我们这次开会到底要得到什么结果？

是要做出一个决定，还是要碰撞思想、打开思路，抑或是仅仅为了互通信息？

不同的目标，会议的流程是不一样的，只有先确定了目标，才能保证会议的高效。比如小锤在开会之前，先明确了本次会议的目标：确定公司未来3年的发展方向。

第2步：获得权力

很多人对"开会"这件事都有不小的抵触，因为经常开了半天没有结果。为什么？

第一，是因为大家对这个会议本身没有兴趣

或主题和他不相关，或会议结果对他没影响，对方自然会觉得这是在浪费时间。

因此，你需要先提升会议本身的吸引力。可开可不开的会就不开，能来能不来的人就别来，每次会议都要确保参会人员与本次议题密切相关，会议的结果会对他们的自身利益产生影响，这样他们才会对会议充满期待，开会过程中才会全情投入。

第二，是因为会议的流程不专业

许多会议是大家坐一起，就一个主题直接开聊，结果东一嘴西一句，讨论无序且没有结果。

因此，你需要用类似"头脑风暴、六顶思考帽、罗伯特议事规则"等专业的会议流程来控制整体进度，以确保目标的达成。谁，在什么时候，说什么内容，怎么说，说多久，都需要有明确的规定。

严格的会议流程会营造出一种威慑力，有序且受限制地发言，才能保证会议目标的达成。

"吸引力"加"威慑力"等于什么

等于权力。

这里说的权力，并不是让领导在会议中说一不二，谁不服就把他请出去，而是通过优化"议题"和选择适合的"参会人员"来提升会议的吸引力，通过"专业的流程"来提高会议的威慑力，最终让会议本身拥有权力。

根据这个方法，小锤重新调整了参会人员，只通知李佳佳、老张和几个核心成员参加会议，并重点强调了会议结果对他们的重要性，让他们提前做好准备，认真对待。

由于这是个决策会，小锤决定采用"罗伯特议事规则"作为会议的流程，并在会议正式开始前，向大家说明了这个规则。

第3步：调整角色

可以开始讨论了吗?

还不行。

职级的差别，会让讨论充满压力，比如有老板在场，很多人就不敢畅所欲言。每个人的岗位，也会限制他的思维，比如程序员只关注技术的部分，而不习惯从全公司的角度思考问题……

这些"场外的角色"会影响会议的沟通效率，你需要先处理这些角色的问题。

怎么做?

你可以通过"去掉桌牌，不按职级排位，使用圆形会议桌，或者直接告诉大家今天会场无领导"等方式，减少职级差别带来的沟通压力。

你还可以在会议中把参会人员重新分组，设立临时的队名和组长，让每个人都拥有一个新角色，帮助他们暂时忘掉原来的身份，为自由发言保驾护航。

如果你想提高大家讨论时的想象力，还可以学习史蒂芬·柯维提出的"魔幻剧场"，把每个参会者都定义成"疯子"，让他们开启天马行空的思考模式。

小锤在这一步做了什么?

为了避免自己老板的身份给与会者带去压力，他将自己的方案交由助理小王来提出，自己则担任会议主持人，只负责主持会议，不发表意见，仅在最后的投票阶段举一下手表达立场。

第4步：统一认知

现在，会议正式开始!

为了让大家达成一致，这里还有 4 道关需要过。

1. 不愿听

平日的矛盾、当下的情绪、职级的高低、关注点的不同等原因，都会让你在某一刻根本不想听某人讲话，或者带有偏见地与他争论，这样的沟通在会议中出现会特别致命。怎么办？

设定明确的发言规则。

比如进行"头脑风暴"时，规定任何时候只有一个人能发言，发言结束后要把他的想法写在大白板上，并且只接受鼓励，不接受反驳。

比如使用"六顶思考帽"时，规定所有人在同一时刻只从一个角度来讨论问题，按照"蓝白黄黑绿红蓝"的顺序，逐层讨论。

小锤这次使用的"罗伯特议事规则"规定了"主持中立、机会均等、立场明确、发言完整、限时限次、一时一件、文明表达……"等十二条讨论原则，以此保证会议发言的有序和高效。

2. 听不懂

由于每个人的认知存在差异，某人说的话别人可能听不懂，比如程序员给销售讲技术，沟通效率就会变得特别低。怎么办？

你可以提前发送会议资料，让大家先充分学习相关的背景知识；要求提案者必须使用PPT，用图文并茂的方式讲解降低认知难度；做好详细的会议记录，并在会后发给全员加深理解。

3. 不认同

讨论了半天，最终听谁的呢？

比谁嗓门大，比谁气场足？

结果谁都不服谁。

怎么办？

你们需要用投票的方式做决策，让所有人心服口服。

投票的方式分为平权投票和加权投票两种：所谓平权投票，就是一人一票，超过半数方案即可通过；而所谓加权投票，就是按影响程度等因素分配投票权，每个人手中的票数不相同，比如按股份多少计算权重，按职位高低计算权重，按业务相关度计算权重等。

4. 不行动

光热闹不行，会议最终一定要落实于行动。谁，在什么时候，做什么，做到什么程度，必须明确落实，责任到人。

根据上面这四点，小锤进一步优化了会议流程。最终，他们用加权投票的方式，通过了老张的方案，也就是继续开更多的直营店，并采用"众筹开店"的方式解决开店速度慢和资金压力大的问题。

投票的过程公开、公平、公正，所有人对这个结果都非常满意。

第5步：锁定行动

计划确定了，行动也安排好了，会议就可以到此结束，然后坐等好事临门？还不行！

说到和做到之间还隔着一个太平洋，途中的风暴会让小船说翻就翻。怎么办？

小锤需要运用"角色化"的方法锁定大伙儿的行动，咬定目标不松口！

怎么角色化？

（1）做好人员分工，绑定人和人的关系，个人的努力将影响全队效率，因此每个人都马虎不得，这是责。

（2）配合激励制度，建立人和事的关系，让超额完成目标的人拿走三倍的回报，激发全员潜力，这是利。

（3）调整资源配给，建立人和物的关系，给炮火最猛的地方准备最充足的弹药，提升团队机动性，这是权。

责、权、利集于一身，小锤的团队便从"被动接受"变成了"主动追求"，不用催，他们也将全力以赴！

还不够

会议圆满落幕，小锤通过五个步骤，将核心成员协同在了一起。如今，他们已拧成了一股绳，心向同一个目标，全力出击！

然后呢？

仅仅是核心成员协同一致还不够，现在整个公司有一百多个人，想法更加纷繁复杂。如何协同那么大一群人，让他们也能认同并向往这个新目标，把它当成事业，进而燃烧自己呢？

这就需要另外两种强大的协同力工具："演讲"与"写作"！

规模协同

小锤决定，先在公司召开一次动员大会，将本次决议告诉全体员工，并在结束后，再写一篇全员信，进一步点燃他们的热情，让全公司都朝着新目标开足马力。

那具体该怎么说、怎么写，才能协同那么大一群人呢？

你依然可以使用"协同三角"的五个步骤实现。

> 注：由于"演讲"和"写作"的结构类似，只是表现方式不同，所以这里我一起讲，至于一些细节的技巧，比如演讲时的心态、动作、表达、与现场的互动，写作用的修辞手法、用词技巧、论述方式等，你可以找一些相关书籍进一步地学习，这里我只说核心结构。

第1步：明确目标

目标，目标，还是目标。没有目标的演讲或写作不能称为一次协同行动，而是絮叨。

和开会不同，每次演讲或写作的目标至少有两个，你得确保当你说完后，

效率红利

这两个目标能同时达成。

目标 1：你想要的结果

比如结束后能让听众或者读者下单购买某个产品，认同你的某个观点，开始某项行动，或者把内容转发到朋友圈，帮你传播等。

目标 2：对象的收获

比如他们看完、听完后会学到一个新知识，掌握一种新方法，或者发现一个不错的机会等。

不同的目标，你讲述的内容和侧重点是不同的。比如为了卖产品，你就得强调产品的优势，利用羊群效应快速与对方建立信任，加上限时限量的活动，推动他立刻付款；如果你的目标是传播，那就得刺激他的情绪，讲一些实用的技巧，或者透露些独家信息等，让他听后忍不住转发朋友圈。

小锤也为这次演讲与写作设定了两个目标：

（1）小锤想要的结果：全员知道并认同这个新目标，然后全力以赴参与其中。

（2）员工们的收获：获得一次能快速升职加薪的机会。

第 2 步：获得权力

定了目标，然后就可以疯狂输出了吗？

不行，你还得检查一下自己有没有说话的"权力"。

你的内容再好，如果别人不想听，对你根本没兴趣，那也是白搭。

在进入正题之前，你得让他对你要说的内容感兴趣，他才愿意把"话语权"交给你："嗯，你要说的这个我挺感兴趣的，请继续说……"。

那你该如何在进入正题之前，就让他对你要说的内容感兴趣呢？

首先，你得提升自己。

为什么同一个话题，你说和乔布斯说，效果会有天壤之别？

因为我们天然会重视那些"重要人物"的发言。当你的能力、成就、名气、资源等越多时，你的话语权就会越大。因此，要想提升演讲或写作的效果，功夫是在平时，当你功成名就时，你说的每段话都会自带光环。

但这个过程需要慢慢积累，具体的方法你可以回顾第 5 章。

如果你现在还没有这些，人微言轻，怎么办？

那就需要在讲述开始时，加入权力的两大要素"吸引力和威慑力"来抓住他们的注意力。

比如小锤开场便说："今天，我将要公布一项新计划，这将大幅提升在座各位的收入！不过，在此之前，请允许我先从一个 200 年前的故事讲起……"

如果你此时坐在台下，会不会开始好奇：怎么大幅提升收入，这是个什么计划，和 200 年前的一个故事又有什么关系？

你看，短短两句话，他先用"奖励"为演讲添加了吸引力——这事对你有好处哦，这时你已经竖起了耳朵。然后，他再结合"好奇时刻"[○]吊足你的胃口，让你忍不住想继续往下听。

再比如，会后小锤给全员写信时，开头可以写："今天，我们这艘小船开启了一段令人兴奋的新旅程，但为了达成这个目标，有三类人将被我们请下船……"

看完什么感受？

是不是咯噔一下？心想，哪三类人，不会说的是我吧，我该注意些什么？

这就是加入了"威慑力"，让你不敢不看。

第 3 步：调整角色

当你抓住了大家的注意力，然后就围绕目的，开始摆事实讲道理的论述吗？

为了说明新目标的好处，小锤的演讲从行业的竞争格局、公司的增长数据、团队的核心优势等多个方面开始一一论述。

结果，还没说到一半，台下已经睡倒一片……

为什么？

因为小锤选错了讲述方向。

○ 关于"好奇时刻"的概念请回顾第 6 章。

确定了目的，理论上你可以从很多角度进行论述，比如团队的优势、个人的成长、市场的机会等。但听众的时间有限，注意力有限，你的讲述必须要有取舍。

那么，你该选择哪个方向呢？

这得看你要跟"谁"说话！

什么意思？

不是要和员工说话吗？

是的，他们是你的员工，但我之前说过，每个人身上有多重角色，他是你的员工，但也可能是一个孩子的父亲，还可能是一名短视频主播……

你可能会问：所以呢，这有什么关系吗？

当然有关系。每个角色都对应着一套不同的思维方式和行为模式，他们的关注点是不同的。因此，当他站在不同的角色上，对你演讲的认同度也是不同的。

哔哩哔哩的演讲视频《后浪》

2020年5月3日，网站哔哩哔哩为了吸引30岁以上的用户，发布了一段演讲视频，并在央视黄金时段投放广告，但如何让"中年人"对这个以二次元、鬼畜、游戏、弹幕等文化元素为主的年轻人聚集的网站感兴趣呢？

跟他们说这些文化其实也挺有意思的？

- 身为"父母"的他们，会觉得这样的网站太影响小孩学习了！
- 身为"职场老兵"的他们，会觉得太没营养了，小年轻还不懂生活的艰辛！
- 身为"长辈"的他们，会觉得现在年轻人喜欢的东西越来越奇怪了，真是一代不如一代！

要说服这些角色指代的中年人，难度是非常大的。

找来找去，他们发现有一个角色的思维方式和这次演讲的目的很接近，那就是前浪！

"前浪"有什么特色？

即将被"后浪"拍在沙滩上！

当被定义成"前浪"，你会有什么想法？

不甘啊！

谁说我注定会被你们拍在沙滩上，谁说我落伍了？

"弱小的人，才习惯嘲讽与否定，内心强大的人，从不吝啬赞美与鼓励！"

你们很棒，但我也不老，我这就来看看你们这群年轻人到底在干什么！

你看，把他们定义成这个角色，反而激发了他们的好胜心与好奇心，这与演讲的目的非常接近。因此，演讲的内容得围绕"前浪"这个角色来设计，与"他们"对话！

于是，演讲起名《后浪》，和"前浪"们说说现在后浪到底有多厉害！（当然得说厉害的一面，不然他们怎么会有危机感而想参与进来呢？）

于是，视频的开头便是一句："那些口口声声一代不如一代的人，应该看着你们，就像我一样！"（选一名"前浪"作为演讲者，让目标人群有更强的代入感，并在第一句就道出演讲的目的。）

于是，视频的结尾处喊出了："奔涌吧，后浪！我们在同一条奔涌的河流！"（我们还没倒在沙滩上呢，咱们一起浪！）

于是，这群"前浪"被瞬间点燃，在朋友圈疯狂转发，发布后仅仅 1 小时，这段视频就火遍全网。当天哔哩哔哩 App 的下载量突破 14 万次，随后公司股价暴涨，视频的目的（吸引更多 30 岁以上的"前浪"来到哔哩哔哩）达到了。

所以，选择和受众的某个角色对话，其实是选择了要唤醒受众的某一套思维模式，找到他们身上和你演讲或写作目标更接近的一个角色，并围绕"这个角色"设计内容，让他们有更强的共鸣感，演讲的成功率也会变得更高。

当然，哔哩哔哩的这个演讲视频，在年轻人中的反响并不好，他们并没有共鸣，甚至有很多批评的声音。为什么？很简单，因为这次演讲的对象本来就不是他们。

回到小锤的演讲。

他应该把员工调整成什么角色呢？

小锤发现，团队非常年轻，"后浪"这个角色就不错！"后浪"代表更新、更快、更流行，面对未知，他们无所畏惧，会觉得自己就是这个时代的未来。这样的特性很符合演讲目标，应该和他们的这个角色对话，并围绕这个角色设计演讲内容。

第4步：统一认知

抓住了注意力，也确定了讲述方向，接下来就要讲具体的内容，统一对方的认知了。该怎么做呢？

这就是本书第6章讲过的内容了，你需要启用"说服攻略"：用"简化认知、结构化表达"等方式，让讲述更加易懂；用"提问引导、讲述故事"等方式，提高受众对观点的认同度。

至于具体的讲述技巧，比如认知台阶、SCQA、英雄之旅、峰终定律等，这些并不是本章的重点，我就不在这里赘述了。这方面的书有很多，你可以自己去做一些拓展阅读。抓住说服攻略里的关键点，然后根据每次演讲的主题，找一套顺手的来用。

第5步：锁定行动

演讲或写作的最后，要落实于行动才算成功。

只靠语言文字劝说还不够，要确保得到执行，小锤还需要锁定他们的角色。和之前会议一样，他可以通过建立员工与"人、事、物"之间的关系来进行角色化。

于是，在演讲最后，小锤公布了以下3条公司新政：

（1）组织结构调整：从联邦分权改为职能分权，门店的开拓和运营由公司统一管理，以提高开店效率，控制品质。这是和"人"建立关系。

（2）薪资奖励调整：新增推荐奖，每成功推荐一名众筹参与者，即可按比例获得一次性现金奖励。这是和"事"建立关系。

（3）股权激励制度：推出员工持股平台，每年按推荐量和业务表现的综合评定进行排名，前30名员工可获赠一定比例的公司期权，成为股东后将拥有分红权，享受公司业绩高速增长带来的巨额红利。这是和"物"建立关系。

小锤话音刚落，台下掌声雷动！

这些政策，不仅点燃了全场与会者的热情，也将他们之后的行为与本次演讲的目标紧紧绑在了一起。

梦想又进一步

在那次全体大会之后，小锤的团队开始变得越来越有凝聚力，慢慢地，团队从"控制型协同"演变成了"自主型协同"，大家心往一处想，力往一处使，每个人都朝向同一个目标，自主地工作，门店数量开始迅速增加……

小锤向着自己的"奶茶梦"，又迈出了坚实的一步！

本章小结

下面我们来小结一下本章内容。

这一章讲了什么是协同力，以及提高团队协同力的方法。

所谓协同力，就是团队的合力。团队里每个成员的行动力，是由他内在的"三个我"的合力决定的，这三个我分别是"本我、自我、超我"。

本我是个体的本能欲望，决定个体要不要做这件事；自我是个体的理性认知，决定个体能不能做这件事；超我是个体的社会角色，决定个体应不应该做这件事。

提高协同力的方法，就是运用"协同三角"这个工具，将团队中每个成员的"本我、自我、超我"都调向目标。具体可以细分成5个步骤（见图8-11）：

- 第1步，明确目标。

- 第 2 步,获得权力。
- 第 3 步,调整角色。
- 第 4 步,统一认知。
- 第 5 步,锁定行动。

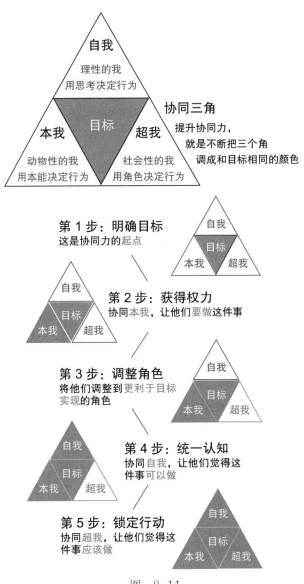

图 8-11

你不仅可以用这套方法在"开会"时达成多人协同，在演讲与写作时达成规模协同，还能把它运用到日常管理中，将团队的协同关系从控制转向合作，最终达到自治。

协同力，是你从个人成功到集体成功的一道必考题。

一种能力即将觉醒

到这里，本书的第二模块"协同力升级"就全部讲完了，但你可能会觉得奇怪，一个讲怎么影响人，怎么带团队的模块，怎么没有提到"领导力"呢？

我们通常听到对"领导力"的解释：权力、职位、说服力、影响力、管理能力、解决问题的能力、个人魅力、一种气质等，这些听着都对，但好像又都不完整。为什么？

因为，领导力并不是指某一种具体的能力，它是由许多能力组合而成的。

因此，你从不同的角度望去，看到的是它不同的特性，就像一个圆柱体，你从上方看它是圆形，从侧面看它又变成了长方形，这些都是它，但又不是完整的它。

领导力的完整形态是什么样的？

概括来讲，领导力就是协同团队达成目标（解决问题）的能力。

这里有两个关键过程：协同团队和达成目标。而我们这个模块讲的所有内容，其实都在解决领导力的前半段问题：协同团队。

这里一共需要 4 种能力，我们来回顾一下。

1.定义目标（找到问题）的能力，这是协同力的起点。

2.权力，它能领导一个人动物性的一面（本我——个体的本能欲望），让人又爱又恨，但又心甘情愿地跟随你。

3.说服力，它能影响一个人理性的一面（自我——个体的理性认知），形成统一的认知，解决团队的分歧。

4.调整角色的能力，它能改变一个人社会性的一面（超我——个体的身份角色），让他的行为从意愿驱动变成责任驱动。

有了这 4 种能力，你便拥有了协同团队的能力，能脱离单打独斗，带领一支团队了。

但这仅仅是一半的领导力。

那另外一半呢，协同一群人之后，又该如何达成目标呢？

这就是下个模块"团队效率升级"的主要内容了。

你需要继续提升团队的能力和速度。

我们下一章开始说。

思考与行动

看完 ≠ 学会，你还需要思考与实践

思考题：如果你是管理者，请用"协同三角"看看自己的团队正处在什么类型的协同关系中，下一步你打算如何改善？如果你是普通员工，满分十分的话，你给自己当前的工作状态打几分？请用"协同三角"来分析一下，看看是哪个"我"拖了后腿，下一步你打算怎么做？

微信扫描二维码，把你的思考结果和学习笔记分享至学习社区，与其他同学互相切磋、一起成长，哪怕只是一句话，也会让你对知识的理解更加深刻，收获也会更多，还能让其他人从你的感悟中获得启发。

第三模块

团队效率升级

弱小，可能是因为你只会独自奋斗

个人效率升级　　协同力升级　　团队效率升级

75%

三思三线　精进循环　八段加速　FOTA　权力　说服攻略　调整角色　协同三角　组建团队　培育团队　个体产能　团队协作

9

组建团队

在上一模块中，我们讲了领导力入门的前半段，就是如何协同一群人朝向同一个目标形成合力，解决团队效率中的"目标"问题。

但是，仅仅协同一致还不够，想要达成目标，你还得掌握领导力进阶的后半段：提升团队的能力和行动速度。这样，团队才能从想到变成做到，进而变成更快做到。

那么，如何提升团队的能力和行动速度呢？

我们从提升团队能力的第一步"组建团队"开始讲起。

你可能会说，我还不是管理者，现在也没打算去创业，有必要知道如何组建团队吗？

不需要团队？

我先来说一个自己的例子。

2009 年，那时我还在国信证券任职，这是我参加工作的第三年，刚从销售变成了一名业务主管兼培训师。

看似岗位变了，但在公司当时的制度框架下，本质上还是个高级销售，个人的业务 KPI 并没有减少。换句话说，为了维持原有的业绩，我得在完成新增的管理及培训工作后，再挤出时间完成个人业绩，不然收入就会大幅减少，甚至降级，要知道，这可是我原先用全部的工作时间才能完成的任务。

怎么办？

抱怨公司制度不合理吗？

"嘿，我都是主管了，为什么还要做个人业绩？"

还是，做出取舍？为了新岗位，放弃个人业绩部分的收入；或者为了个人业绩，团队放任自流？

我比较贪心，我选择：两手都要抓，两手都要硬！

可是，我每天就那么多时间，顾得上这头，就顾不上那头。怎么办？不睡觉了吗，不学习了吗？

当然不行，我还要时间放松、休息！

时间不够，就只能去"买些时间"来了。

于是，我自掏腰包，用个人业绩获得的大部分收入招募了3位只属于我个人的业务助理，组成一支小型的影子部队（不属于公司编制的兼职团队）帮我完成个人业绩，并对他们进行了相关业务培训及任务安排。这样一来，原先需要用来完成个人业绩的时间，被完全释放出来，我终于可以一心一意专注在团队管理与培训的工作上了。

另外，为了提高"自己的业绩"，我还给这三位助理设计了一套多劳多得的激励制度，让一份兼职的助理工作，也能看到高收入的可能。

结果如何？

那年，我不仅获得了年度最佳主管、最受欢迎培训师，个人业绩也多次排名整个上海团队的前列。虽然个人业绩带来的收入大部分都给了助理，但算上由此带来的其他收入，总收入有了明显的提升，最终完成了个人与团队的双丰收！

组建团队是手段

你看，在刚才这个案例中，我不是老板，公司也没要求我招募助理，更没有经费支持，但我却愿意自掏腰包来雇人为我工作。为什么？

因为自己搞不定嘛！目标足够诱人，但自己的能力有限，时间有限，所以才需要找人来帮忙，这是组建团队最初始的原因。

组建团队并不是目的，而是实现目标的手段。你认为自己还不需要团队，是因为你眼前的目标还不够大。

所以，无论你现在想不想创业，在不在管理岗位上，只要你不想安于现状，期待有一天能挑战超出个人能力范围的目标，组建团队就是你的必修课。

那么，该如何组建一支有战斗力的团队呢？

第1步：瞄准

你得先明确目标，知道自己需要什么人。

是程序员、销售、助理，还是管理人员？

这得看你当前遇到的问题是什么。

团队需要的四种人

1. 高手

刚才我们说，之所以要组建团队，是因为这个目标凭你自己（或者原团队）搞不定，那你招人的方向就该是能帮助自己搞定当前问题的人。

搞不定有两种可能："做不来"和"来不及做"。

所谓做不来，就是有了目标，但能力不行，眼高手低做不到。比如你运营一个篮球队，想夺得联赛冠军，但队里没有能力出众的球星，团队的实力不够，那再怎么努力也没用。

这时，你就需要招募一些"高手"加盟，帮你解决当前团队"能力不行"的问题。

高手就像是孙悟空，能上天入地，能降妖伏魔，还能七十二变，他决定了你团队能力的上限。比如产品经理、工程师、设计师、销售……这些岗位就应该用高手，因为他们的任务不是完成既定动作，而是要做你所不能，创造新的价值，他们决定了你公司的产品水准、销售规模等。

一位顶尖高手将是不可替代的镇店之宝，因此，这些位置，宁缺毋滥。

但是，高手的能力太强，如果不受控制，可能会做出有害于团队的事情，所以，你得用价值观、规则对他们的行为加以限制，就像给孙悟空戴上紧箍咒一样。

2. 顾问

具备了相应的能力，就一定做得来这件事吗？

比如你想做一个基于星座的社交软件，团队里有技术高手，开发这类社交软件对他来说小菜一碟。但是他不懂星座，也不知道这个行业中用户的痛点是什么，有什么还未被满足的需求，所以他还是做不来。

不是能力不够，而是没有方向。怎么办？

这时，你就需要一位懂星座的"顾问"来协助，解决团队"相关信息不足"的问题，帮你们梳理现状，看清方向。这样，技术人员才知道该从什么方向去做。

顾问就像是《西游记》里的各路神仙，孙悟空的能力虽强，但是某些妖怪之前没遇到过，不知道它们的弱点在哪，不知道从何下手，这时就需要神仙来指点迷津了。

比如商业顾问、战略顾问、技术顾问、行业顾问……他们不一定要时刻在你的团队里，但当你进入某些未知领域，走入团队的认知盲区，你就需要请他们出山，为你提供相关的信息、视角、资源，帮你找到方向，避免误入歧途。

3. 帮手

搞不定的第二种情况是来不及做，就是这件事情你已经知道该怎么做了，能力也具备，但是工作量太大，忙不过来。

这时，你就需要一些"帮手"来解决团队"人手不够"的问题。

帮手就像猪八戒、沙僧和白龙马，能干脏活累活，能完成既定的任务，缺了他们，孙悟空不仅得挑担砍柴陪师父聊天，当师父走累了，还得亲自变成一匹马让他骑，哪还有空逗神仙打妖怪。

因此，必须要给高手配一群帮手，辅助他把一些简单的、动作明确的工作给做了，好让他专心做那些创造价值的事情，以提升整体的效率。

帮手不可或缺，但却是可以替代的，只要把工作职责定下来，换一个差不多的影响不大。比如程序员、行政、财务、美工、操作员等，这些岗位只需要帮手即可。

对他们的要求是，能力够，态度积极，责任心强，稳定可控，可以适当地压缩成本，因为市场上可替代的人有很多。

4. 管理者

人越多，团队的效率就越高吗？

不一定！随着人数增多，组织的复杂度也会上升，团队又会因为认知不统一、责权不明确、配合不默契等问题产生内耗，导致整体效率达不到预期，甚至出现下降。

这时，你的团队就需要"管理者"加入，来帮你提高团队的协作效率，解决当前团队"效率不高"的问题。

管理者就像是唐僧，他不做具体的工作，不打妖怪也不砍柴，他的职责只有一个，带领大家奔向目标。为此，他需要规划路线、制定规则、树立价值观、组织工作，让团队在有序中全速前进。

比如主管、部门经理、CXO等，他们看上去啥都不做，整天就会说话，但去掉他们，你的团队可能什么都做不了。

不同阶段的人才占比

综上，一个团队其实只需要四种人，分别是，高手、顾问、帮手和管理者。

高手和顾问这两类人帮你解决"做不来"的问题，是为你创造价值的人；而帮手和管理者帮你解决"来不及做"的问题，是为团队提升效率的人，你要根据团队的实际情况来瞄准招聘对象。

团队在不同阶段，对这四种人才的需求比例也是不同的。

1. 创业期

团队最需要的是高手，他们决定了团队现在能做什么事。

比如苹果公司早期最重要的人是沃兹尼亚克，没有他，就没有苹果电脑。在创业期，如果你找来一个很厉害的管理者，其实是没有用的，因为没人可管理，他的价值还无法体现出来。

2. 成熟期

当公司进入发展期或者成熟期，"管理者 + 帮手"就会成为团队的主要构成。此时的业务模式大多已经确定，需要的是把成功复制扩大，这就需要大量的帮手加入，把经过验证的"正确的行为"流程化、规模化。管理者则要确保团队在规模化之后依然能够有序高效地运转，确保每个人都在做"正确"的事。

硅谷的创业公司经常有业务做大之后更换 CEO 的传统，让创始人继续深耕技术和产品，而引入职业经理人来接管团队，就是因为在企业的不同阶段，需要的人才是不一样的。

3. 转型期

在转型期，你的团队就需要增加"顾问 + 高手"的比例了。

因为此时团队的业务和思维已经僵化，很难转向，你需要引入外部视角来打破这种惯性，找到一条新的道路，然后重新组织一批高手，让他们在这条新路上披荆斩棘，重新回到创业的状态。

第 2 步：吸引

知道了要招什么人，然后就去招聘网站上广发英雄帖吗？

你也许试过了，但作用有限，来应聘的人的素质也普遍达不到要求。

为什么招聘网站效果不佳

第一，因为你要的人大多都不去招聘网站。

在人才市场中，有一个 3:4:3 法则：

大约 30% 的人，他们已离开或正要离开公司，可能是因为对公司不满，但更有可能，是公司淘汰了他们，如今正在四处投简历，他们是有明确求职意向的一群人；

大约 40% 的人，他们对现状比较满意，所在的公司对他们也比较满意，他们的能力满足公司的需求，公司的薪资待遇也符合他们的预期，他们是一群暂时没有明确求职意愿的人；

剩下的 30%，是市场中最高级的人才（比如一些领域内的高手，职业经理人等），他们被公司视为珍宝，在最重要的岗位上，被高薪和股权捆绑着，难以脱身。

你想要的人才，大概率会在后面这 70% 的人群中，而他们一般是不去招聘网站的。

因此，如果你的招聘信息只投放在招聘网站上，那么能触达最多的，是这前 30% 的人，他们其中虽然也有金子，但概率就比较小了。

所以，想要招来后面这 70% 更优质的人才，你的招聘信息就应该增加投放渠道，投放在他们日常能接触到的信息流中，比如资讯类 App、公司网站、职场、行业、自己的公众号、网红直播间、员工朋友圈，甚至是线下的餐馆、会所等。

第二，因为你不够强大。

招聘广告一般是什么格式？

"看这里，符合 ABCD 条件的人，请发送简历！"

如果是已经成名的大公司，你可以这么挑人才。

但如果你的公司还小，没有名气，大家对你不熟悉，你的工资可能开得并不低，但应聘者会想：我能拿多久呢，会不会没多久公司就倒闭了呢，你说的福利股权会不会是个大饼呢……

由于不熟悉，缺乏信任，你要求还那么多，既然我有这个能力，不如先去看看熟悉的公司，等都没机会了再来考虑你吧。

所以，大公司可以设置门槛挑人才，而小公司只能被人才挑。

怎么办？小公司只能捡那些被大公司挑剩下的人才吗？

当然不能。想要在人才争夺中取得优势，小公司就得转变思路——从"招聘"到"吸引"。

从招聘到吸引

什么是招聘？招聘就好比是一个富家女比武招亲，大家对这个富家女很熟悉，很多人都想娶她，于是就会按她的要求各显身手，竞争上岗。

但如果你就是一个普通的姑娘，大家都不认识你，那比武招亲就不适合了，因为没人会来，你只能用另外一种策略：吸引。

首先，你得让大家看到你的独特魅力，比如你不够漂亮，但可以突出自己的可爱；比如你并不富裕，但可以突出自己的聪慧……有魅力是能够吸引到优秀男生的第一步。

其次，你还不能高高在上，因为大家对你不熟悉，你得先让男生有机会接触你了解你，感受这份魅力，和你建立起信任与感情，逐渐地，他们就会对你倾心。

那么，小公司具体该怎么做？

1. 打造独特卖点

追不上大公司的优点，你要避其锋芒。

比如大公司有豪华的办公室，五星级食堂，群星云集的团队，这些你赤着脚也很难追上，那就和它走不一样的路线。你可以突出温馨如家的办公环境、每天中午都有妈妈烧的味道的红烧肉、一群欢乐的工作伙伴……

大公司给不了的价值，你要突出介绍。

比如大公司虽然稳定，但上升空间已经相对较小，而你的小公司正处在高速发展阶段，年增速超过 300%；为了吸引优秀的人才加入，你已经预留了30% 的期权池，每年按业绩派发；公司的产品正在往 2.0 版迭代，你可以和应聘者说："或许以前你只负责开发一个功能，来这里你将定义整个产品的未来，你可以放开手脚，施展全部才华……"

能追得上的特点，要尽量不比他们差。

比如大公司的工资收入、有规划的职业道路等，如果能匹配得上，你要尽量满足。选择工作是一个非常理性的行为，别幻想许多人会因为感动而放弃高薪。

2. 建立信任

你不能光画大饼。要让他相信你。

什么是大饼？

跟我走，我不会亏待你的；我们的福利很好，不比大公司差。

这些太抽象，不可信。

怎样才可信呢？

首先，你要具体。

比如，我们将为你设立期权池，在劳动合同中注明行权价，如果你中途离职，公司将按某比例溢价回购；我们每年有 2 次旅行，今年是日本北海道和泰国普吉岛。

其次，邀请他们来公司见面是建立信任的重要方式。

你的首次邀约不一定是面试，可以是行业说明会、粉丝酒会，也可以是产品体验会等。等人来了，了解了你的团队、你的产品、你的文化，产生好感之后，你再发出招聘信息，接受度就会大大提升。

最后，别忘了我们之前说过的，建立信任最快的方式是"信任背书"。

你要建立内部招聘渠道，鼓励员工推荐自己身边的朋友来公司应聘，这些应聘者会因为相信自己的朋友而选择相信你，招聘的成功率会大幅提升。

你还可以打造一两个明星员工，说说他们在公司里获得的成长与成就，应聘者会因为相信这个人的故事，而选择相信自己在公司的未来。我当初就是被一个初中毕业的销售通过自己努力年入 300 万的故事所打动，而选择加入国信证券。

3. 发出邀约

光心动不行，你还得让他行动起来。

"我们已经在谈下一轮融资了，本月底之前入职的员工将计入本年度期权池的派发，请将简历按上述要求发送至 ××× 邮箱。"

"人生最大的遗憾，就是彼此错过，请将简历发送至 ××× 邮箱，给我们一次了解彼此的机会，做不成同事，也许还能成为一生的良师益友。"

"经研究表明，拖延症会误事。所以，请现在就发！"

第 3 步：筛选

招聘不是来者不拒，你得进行面试筛选，把不适合的人挡在门外。

怎么面试呢？

问一些准备好的面试题目，比如，请介绍一下你自己。你是怎么评价自己的？你最大的优点是什么？请说一件令你最有成就感的事情。你和其他应聘者相比，优势在哪里，你的核心竞争力是什么，你还有什么要问我的吗，等等。

然后，通过应聘者的回答，综合判断面试是否通过。

但有些人面试的时候感觉很好，招进来之后却发现他工作起来和预期大相径庭！

为什么？

因为面试这种方式获得的信息不够真实。

问来的信息不够真实

什么意思？

日本索尼公司曾经为了研究某款音响的外观是黑色更受欢迎还是黄色更受欢迎，而进行了一次用户调研，结果大部分人都说更喜欢黄色，认为更有活力。

为了表达感谢，索尼给这些受访者每人准备了一台音响放在门口，在他们走时可以直接拿走。

结果，受访者离开时，大部分人都拿走了黑色的音响……

可能他们并没有说谎，只是行为是行为，说法是说法，它们是两回事。我们说话的时候，特别是有人一本正经问你问题的时候，你的回答是经过逻辑加工和修辞美化的，而行动的时候通常是凭感觉。

面试就和用户调研一样，应聘者为了回答你的问题，会用逻辑和修辞去美化他的答案，以求让你满意。但你要的真的是这个"好答案"吗？

不是啊，你要的是他进入公司后的"好行动"，而未来的"行动"和他现在的"回答"其实并没什么必然关系。有些人口才很好，但工作能力一般；而有些人工作能力很强，面对面沟通却有点怯场，没有回答到所谓的"点"上……请问，你要哪个？

所以，不要听一个人怎么说，而要看他怎么做。

不看他怎么说，要看他怎么做

怎样才能看到他会怎么做呢？

1. 看经历

语言可以美化，经历却无法修改，他曾经做过的事，能反映出他过去的真实能力。

比如曾获得公司年度销售冠军（这个人的销售能力应该很强）；曾在大学期间担任校文艺部部长，策划并组织了 12 场大型文艺晚会（这个人的组织能力和领导能力应该很不错）……

但他说的这些都是真的吗？

要辨别真假，你要继续追问细节，比如当时那个营销方案是怎么做的，过程中遇到哪些问题？印象中最难搞定的是哪个客户，后来是怎么做的？组织一场文艺晚会需要哪些步骤，当时团队有多少人，总共策划了多久，经费是怎么解决的……

如果经历是编造的，那这部分细节他就会说得含糊不清，而真实经历过的人，则会表现得很兴奋，会描述得很详细，甚至会补充很多你都没有问的情节，就好像电影重放一样。

当然，如果是特别重要的职位，你还可以做背景调查，从他之前的学校、公司了解他过去更多的真实信息。

如果应聘者没有亮眼的经历，却让你相信他有潜力。怎么办？

答案是，不要相信！

他过去那么多年都没有把潜力发挥出来，到你这里就如鱼得水了？

不是没有可能，而是概率很低。

2. 做试验

对于很难从经历中看出来的能力，比如思考能力、学习能力、创新能力，

效 率 红 利

或者需要更深入了解的某项专业技能，比如销售能力、编程能力等，你可以通过做试验来进行判断。

比如面试销售时，我经常会安排这样一道测试题："这是一支普通的水笔，请试着把它卖给我。"然后看对方会如何思考销售，以此来判断他的销售能力。

比如电话面试时，你可以指定一本书让对方先看，在面试当天询问他对这本书的理解，以此来判断他的学习能力。

有些公司喜欢用一些脑洞题来测试应聘者的思考能力，比如微软的面试题：请问，上海有多少辆自行车？

这个题目当然很好，可以了解应聘者分析问题的能力，他的答案不重要，思考的过程更重要，但这类测试题有个缺陷，就是比较脱离实际。

第一，脑洞题做得好，不等于真实问题就一定能解决好；第二，真实的工作场景不要求你马上给出答案，你可以先回家查一些资料，画个脑图，慢慢分析，还可以打电话约个高手出来给支招……获得外部资源和深入思考都是解决问题的重要手段，实际工作中会运用到更多，但面试需要的是即时反馈，招聘方就很难看见这些。

怎么办？

你可以把公司目前遇到的一个真实问题提前告诉应聘者，让他先准备起来，等到面试时再让他给你一个完整的方案，之后，再询问他写出这个方案的整个过程，以此来更全面地了解他解决问题的能力。这样就更接近于他真实工作状态下的成果。

你还可以把面试放入真实的工作场景中，比如让应聘者参与一次真实的工作会议，与他们一起讨论某项议题，从中观察他们的思考能力、沟通能力、创新能力、领导能力、理解层次、知识与见识等。

总之，试验越接近真实的工作状态，你对这个人的判断也越接近真实。

3.测反应

有些问题与上一条相反，你不能给他充分的准备时间，而要看他的临场反应。

什么问题？

就是那些如果他平时没有相关的知识积累或者没有深度思考过，当下就很难给出答案的问题。

比如关于目标的问题：你的人生目标是什么，未来五年的呢，今年的呢？你为什么会选择我们公司，你未来想以一个什么样的身份离开我们公司……

如果他平时有思考，现在就能脱口而出，而如果他没想过，那只能现场硬编，你一眼就能看出来。

为什么要问关于目标的问题？

加州大学伯克利分校的莫滕·汉森教授曾围绕"工作究竟是目标驱动还是热情驱动更有效"的课题做过一个实验，结果是"有目标感"的人的工作表现评分比"没有目标感"的人平均要高出54%左右。

你还可以问他对一些"与行业相关的热点事件"的看法，比如最近美国封杀华为的事情，你怎么看？瑞幸财务造假这件事，你怎么看？《乘风破浪的姐姐》突然火了，你怎么看？对我们所在的游戏行业，你怎么看……

"看法"说简单很简单，就是他对这件事的一个态度；但说复杂也能很复杂，应聘者拥有的知识储备、价值观、对事物的洞察能力，日常对这些问题的思考，影响他所能给出的答案的广度和深度。

而你就可以通过这些问题，迅速了解他的知识储备量、价值观倾向、看问题的角度、思考的方法，以及组织语言的能力等。

通过与否不能凭感觉

当然，除了面试的方法，你还要设定通过的标准，不能拍脑袋凭感觉，要量化评判标准和面试结果。

比如，你可以把面试结果分为五个维度，给每个维度设置不同的权重，让每个维度都有明确的评判标准。面试时，由面试官对这五个维度进行逐项打分，最后算出一个加权平均分作为面试的结果。这样对应聘者就能进行量化比较了。

由于每个公司的情况不同，对人才的具体需求也不同，所以评价的维度、评判的标准、能力的侧重点都不一样，需要根据团队的实际需求来设计自己的标准。

第4步：进化

假设你的团队已经招募到所有理想的成员，组成了一支梦之队，之后就可以高枕无忧了吗？

NBA 的 2018-19 赛季，已连续夺得 2 次总冠军的金州勇士队，签下了全明星中锋"考辛斯"，至此他们已经可以摆出一套由全明星球员组成的首发阵容，纸面实力达到历史顶峰，真可谓一支梦之队了。整个联盟都为之惊呼：NBA 要迎来"大结局"了！

但最终，金州勇士队却在总决赛里输给了多伦多猛龙队。为什么？

一方面，外部环境变了。曾经的总决赛 MVP 莱昂纳德加入了猛龙队，这让原本就是东部第一的猛龙队实力进一步得到提升，给上届冠军造成了一定威胁。

另一方面，勇士队内部发生了巨大的变化。虽是冠军班底，但由于连年征战，队员老的老、伤的伤，整体的竞技状态已经开始下滑，再加上连续高强度的比赛，队内的主力接连出现严重的伤病，愣是从满是明星到无人可用。

最终，金州勇士队折戟沉沙，与三连冠失之交臂。

所以，即便你拥有了一支梦之队，也无法保证成功。

因为你所处的环境不是一成不变的，每天都会有新的挑战出现；已经招募的团队也不是一成不变的，有人会懈怠，有人会遇到瓶颈，有人会跟不上节奏。

因此，就像生物需要不停进化来适应环境一样，你的团队也需要不停进化来保持战斗力。

怎么进化？

答案是：优胜劣汰。

你不仅要学会如何招到更优秀的人，还要学会如何裁掉已经不适合的人。

具体怎么做

1. 打开瓶颈

公司里能力最强的人，就应该把他当成宝贝一样供着吗？

不对，他是你的尖刀，但也是团队的天花板。

如果一个人占着最重要的位置，拿着最多的资源，却无法带领团队更进一步，那他就会成为团队的瓶颈。你应该找一个能力更强的带头人把他换掉。

2. 砍掉尾部

小张的业绩在公司垫底，但好歹也为公司赚了钱，你该不该留他？

你不该！

对低绩效者的容忍，就是对高绩效者的残忍，这样做其他人会觉得"原来这样也可以"，最终劣币驱逐良币，低绩效的人会越来越多，公司将变成一潭死水。

通用电气传奇 CEO 杰克·韦尔奇说，对末位 10% 的员工进行换岗或者淘汰，是通用电气保持永久活力的秘密武器，他把这条规则称之为"活力曲线"。

3. 清除病毒

小李的业绩名列前茅，为公司赚了很多钱，但你发现他经常用一些夸大其词的方式骗客户下单。你应该开除他，还是睁一只眼闭一只眼？

你应该开除他！

价值观错误、破坏规则、充满负能量的人，就像团队里的病毒，如果放任不管，病毒就会不断自我复制，让越来越多的人也用同样的方式来行事，最终整个公司将会变成一个大毒瘤，被社会这个更大的系统无情地割掉。

2011 年，阿里巴巴爆出诚信危机，100 多名员工为了业绩允许骗子公司在阿里巴巴上做广告，甚至帮助他们绕过平台认证，快速上线，导致 2300 多个作弊商家混入平台，给用户带来了巨大损失。

马云发现后，连夜召开紧急会议，并最终决定把涉事人员连锅端掉，时任 CEO 卫哲与 COO 李旭辉引咎辞职。

很痛！

如果当年马云选择容忍，那骗子公司就会逐渐占满整个阿里巴巴平台，阿里巴巴将会成为中国最大的一颗毒瘤。

关键一跃

到这里我们已经把"如何组建一支团队"的整个过程讲完了。

你可能会说，如今是"个体崛起"的时代，就算我不组建团队，也可以做个网红，一个人也能在互联网上呼风唤雨；就算我不会设计，也不一定要招个设计师来为我工作，可以直接去市场上发布需求，买个作品回来啊。

对，你说得没错。

但这并不是说你不需要团队了，而是你的团队形式发生了变化。

你去某个视频网站做小主播，看似没有团队，但其实整个视频网站的团队都在为你提供服务——他们为你开发了软件，为你设计了实用的小工具，将你的作品推送到成千上万个可能喜欢你的人面前……

过去，你雇一个人为你工作，现在你可以雇一整个公司为你工作。

你可能又会说，这是偷换概念吧，雇人和与公司合作，是一个意思吗？

这就要回到我们开头说的"组建团队的本质"了。

要组建团队，是因为你有了一个更大的目标，而无法靠自己的个人力量实现。

所以，能帮你提升能力、增加效率的协作资源，都应该被视为你团队的一部分，只不过有些是长期稳定的，有些是临时松散的。成员可以是一个个雇员，也可以是外部的团队、平台，甚至在将来可能是机器人。你可以向他们支付报酬，也可以与他们分享收益，或者彼此交换资源。

以前的团队之所以都是以雇用的形式存在，是因为以前外部协作的"交易成本"（为达成交易而需要支付的成本，比如时间成本、比较成本、沟通成本、试错成本等）太高了，雇一个靠谱的人为自己工作，让他给你提供长期稳定的价值，是更经济的方式。

但是现在，随着互联网发展、科技进步、新工具不断出现，比如视频会议、协同办公软件、任务交易平台、各类中台……协作的交易成本被不断降低，一个团队可以因为满足一个需求而迅速组建，并展开高效的远程协作，项目完成后，团队成员又能就地解散，各自回到其他的项目中继续战斗。

形式变了，本质没变，他们都是帮你实现某个目标的能力与效率之源。

因此，并不是个体在如今这个时代变强了，而是团队比以往任何时候都更容易组建了。

人类之所以能站上食物链的顶端，是因为基因突变带来了语言能力，进而让我们拥有了超越所有动物的能实现大规模协作的能力。我们不再是一个个单独的个体，而可以组成更有力量的整体。

所以，当更大的目标出现了，请不要浪费上天赋予人类的独有天赋，试着组建一个更强大的团队来投入战斗吧！

弱小，很可能是因为你还在独自奋斗。

而组建团队，是你获得更大成功的关键一跃！

本章小结

下面我们来小结一下本章内容。

团队效率由三个因素构成，即团队效率＝目标 × 能力 × 速度。上一模块我们讲了如何与团队统一目标达成协同，这一模块我们围绕"能力"和"速度"两个因素展开。

本章讲的是为了提升团队能力。你需要做的第一件事：组建团队。

组建一支有战斗力的团队需要以下 4 个步骤。

第 1 步：瞄准

1. 你需要瞄准四类人才来组建自己的团队，他们分别是高手、顾问、帮手和管理者。高手和顾问是为你创造价值的人；而帮手和管理者是为你提升效率的人。

2. 每个阶段，团队需要的人才比例不同。初创期，团队要以"高手"为主；发展期和成熟期，团队要以"管理者 + 帮手"为主；而到了转型期，团队则需要"高手 + 顾问"的配置。

第 2 步：吸引

在你的团队还很小的时候，人才不是招聘来的，而是吸引来的，具体分为三步：

1. 打造独特卖点，让人才感受你的独特魅力。

2. 建立信任不能光画大饼，要通过具体的描述、面对面的沟通、附上信任背书与他们建立信任。

3. 发出邀约，不仅要让他们心动，更要让他们行动起来。

第 3 步：筛选

吸引来的人要进行面试筛选，把不适合的人挡在门外。但你不能听他们怎么说，而要看他们怎么做。具体的面试方法有三种：

1. 看经历：不要相信他的潜力，而要看他已经把潜力兑现了的经历。

2. 做试验：脑洞题脱离实际，你要回到真实的工作场景中测试他的能力。

3. 测反应：向他提出目标类或看法类的问题，迅速了解他的知识储备量和思考深度。

第 4 步：进化

好团队不是拼凑出来的，而是进化出来的。因此，你不仅要学会如何招人，还要学会如何裁人，让团队始终保持活力。具体可分为三步：

1. 打开瓶颈，替换掉无法再有突破的带头人。

2. 砍掉尾部，淘汰 10% 的末位员工。

3. 清除病毒，再痛也要切掉价值观错误、破坏规则、给公司带来负能量的人。

随着科技进步，协作变得越来越容易，团队的形式也发生了很多变化，它的构成不再仅限于长期的雇员，还可以是临时的兼职、外部的团队，甚至是机器人。形式虽然不同了，但本质没有变，它们都是帮你实现某个目标的能力与效率之源。

组建团队，变成一个更有力量的整体，是你获得更大成功的关键一跃。

最好的人才不是招来的

想要提高团队的能力，只能通过组建或补强团队的方式来完成吗？

当然不是。

这是最快，但并不是最有效的方法，因为最好的人才不是招来的，你也招不来。最好的人才是你自己"养"出来的。

这个内容，我们下一章再说。

思考与行动

看完 ≠ 学会，你还需要思考与实践

思考题 1：工作或者生活中有哪些事情，让你愿意自掏腰包组建一个团队来助你完成？

思考题 2：如果你正在参与组建团队的工作，你会如何优化自己的招聘流程？

微信扫描二维码，把你的思考结果和学习笔记分享至学习社区，与其他同学互相切磋、一起成长，哪怕只是一句话，也会让你对知识的理解更加深刻，收获也会更多，还能让其他人从你的感悟中获得启发。

培训，
救不了你的公司

个人效率升级　　协同力升级　　团队效率升级

83%

三思三线　精进循环　八段加速　FOTA　权力　说服攻略　调整角色　协同三角　组建团队　培育团队　个体产能　团队协作

10

团队需要培训

赶鸭子上架

我们把视线再拉回小锤的奶茶店。

前面我们讲到小锤的奶茶店发展到了一个新阶段，核心团队已组建完成，规模已达百人，并且，小锤使用了第 8 章讲的"协同三角"，已将大家的目标协同一致。

那还等什么？

赶紧撸起袖子，准备大干一场吧！

但小锤转念一想，这可是要新增 30 多家门店啊，这些人，真的可以吗？

虽然有老张这样的大将带着，但每个门店的具体经营，都是需要一个个有经验、有能力的店长来打理的。而公司大多数员工都是刚毕业的新手，要他们做一杯合格的奶茶没有问题，但让他们经营一家小店，就有点勉为其难了。

怎么办？赶紧去市场上招 30 位店长来吗？

可是，从招聘到入职，从磨合到胜任，整个周期太长。

而且，太急于扩张，一时也很难招到适合的人。

现在，项目已经启动，箭已放在弦上，等把人招齐了再开始？

那黄花菜都凉了！

小锤决定赶鸭子上架，先从员工中挑出 30 个好苗子，把他们放到店长的位置上，干起来再说！

然后，再通过内部培训来提升他们的能力。

就算一开始门店的业绩可能会差一些，管理会混乱一些，但等到培训结束，他们的能力提升了，门店管理总会回到正常的轨道上来。

这样，既不耽误事，又能培养出一批骨干人才！

雏鹰计划

于是，小锤制订出一套体系完整的培训计划，从执行力到领导力，从沟通能力到管理能力，从茶饮文化到商业逻辑……几乎涵盖了一个优秀店长应该具备的所有能力。

同时，小锤花重金四处聘请各领域内非常有经验的老师给员工轮番上课。

他给这个计划取名：雏鹰计划。

他希望通过两个月高强度且含金量十足的培训，让这批年轻人快速成长，成为一只只能独当一面的雄鹰，成为公司的中坚力量。

但两个月过去后，钱花了，时间花了，而小锤并没有在这些员工身上看到他期待的成长。

管理没有改善，效率没有提高，业绩没有增长……

更让小锤气愤的是，竟然还有人非常厌烦这些培训，上课睡觉，无故缺席，还说自己是被老板逼来的！

小锤心想："为了你们的成长，我掏心掏肺，你们却一点都不懂得珍惜，太让人寒心了！"

为什么会这样？ 是培训老师请得不好吗？ 还是这批员工真的不懂珍惜呢？

都不是！

培训为什么会无效

你给的培训，员工不一定想听。培训、能力提升、业绩增长，这些都是你的需求，不是员工的。

员工想要的是什么？

他们想要的可能是钱多、事少、离家近……

如果他不需要，而你硬塞给他，他就会抗拒，会逃避，会偷懒，会装模作样……效果就可想而知了。

即便他认为这些课真的很好，他主动想学，培训的内容也都认真听了，他的能力就能提高吗？

答案是：不能。

在培训中学到的是知识，相当于你要学游泳，现在知道了标准姿势是怎么样的，但下水之后你还是不会游。

这是因为通过练习才能将知识转变为能力。听的时候很激动，想想很感动，回去之后一动也不动，那等于零。

所以，想要提升员工的能力，并不是搞一个培训就可以了。

那该如何提升员工的能力呢？

能力是如何提升的

通常我们认为，能力是学会的，是锻炼出来的。

这没错，学到好的知识，使用正确的练习方法，是快速提升能力的重要保障，但这其实只说对了一半。

同一个班，同样的老师，教的内容也是一样的，为什么学生的成绩会天差地别？

除了先天的因素，主要是因为他们提升自己的"意愿强度"不一样。一类人认为"60分就行"，另一类人认为"必须考到全班第一"，这两类人的学习状态和最终成绩自然是不同的。

那这份强烈地想要提升自己的"意愿"来自哪里呢？

来自环境。

一、为了适应现实环境

当你身处一个环境，你首先想到的，是如何在这个环境里生存下来。

比如，让你学习秦朝的语言文字、政教礼仪、文化习俗，你会认真学吗？

估计没学 2 个小时，你就困了。

但如果让你穿越回秦朝，这些东西你可能很快就学会了，为什么？

因为不会，你就无法在那个时代生存下去。

再比如，对于上世纪五六十年代出生的人来说，使用电子设备一直是个很难的问题，例如电脑，怎么教都很难学会，但为什么微信他们都能玩得很好？

因为不会用电脑并不影响他们的日常生活，而如果不会用微信，那么在这个时代，他们就缺少了一个和他人，特别是和儿女沟通的主要渠道，会觉得自己被大家隔离了，会觉得自己与社会脱节了。

是环境，逼着他们必须学会，不然他们就会被环境所抛弃。

注：截至 2018 年 9 月，55 岁以上的用户使用微信的月活人数达到 6300
万。从 2012 年开始，随着微信的推出，全国老年人上网率也从
5.2% 激增到 2017 年的 16.6%。

——数据来源：腾讯研究院

人，很多时候是为了适应环境而学习的。

当你不改变就会被环境淘汰时，你就会拼命学习，以求在新的环境中"存活"下来，这是生物的本能，这也是你学习力最旺盛的时候。

二、为了实现精神环境

有些人虽然在环境中"活"了下来，甚至在外人看来，活的还不错，但他自己并不满意，甚至会感到焦虑，为什么？

因为和自己想象中的生活环境，人生状态，还有着非常大的差距。

比如雷军，他在带领金山上市之后，按理说已经功成名就了，但他在一次采访中却说，那时的他觉得自己 40 岁了，还一事无成，感到非常痛苦。

常人可能很难理解，雷军那时已经那么成功了，有必要这样想吗？

其实不是，对他来说要达到他想象中的状态（创办一家伟大的公司）才是刚需，那样的自己才是正常的，而当时并没有。

因此，他决定重新开始，这才有了后来的小米。

这个想象中的状态，我把它称为"精神环境"，也就是我在《认知红利》第 5 章中讲到的"存在感知层"（见图 10-1）。

图 10-1

它是一种理想，更是一种对自己现状的强烈不满，觉得自己应该要过那样的生活，应该是那样的一个人，而不是现在这样！

所以我们会看到，那些胸有大志的人，大多学习能力都超强，为什么？

因为他们对目前的自己还不满意，他们想要改变，他们想要实现，就像在科举制度下，那些为了考取功名而头悬梁锥刺股，寒窗苦读的书生一样。

对现实环境的焦虑、对精神环境的追求，会逼着我们拼命进步，如果一切都满足了，都满意了，那进步的欲望就会下降。

所以，能力，是被逼出来的。

能力，是被逼出来的

要么被别人逼，要么被自己逼。

被别人逼，就是要去适应现实环境；被自己逼，就是要去实现精神环境。

当一个人有了想要提升自我的强烈意愿，甚至都不用你教，他自己就会去寻找提升的方法。

至于培训、教练等，都是在他有了这个强烈意愿之后的助力。

因此，想要提升员工的能力，不是仅搞个培训就可以了，你要构建一个能让他进步的环境，让他在这个环境里自我成长。

那这个环境该怎么打造呢？

打造一个利于成长的环境

第一步：定目标

这个目标并不是公司给员工定的业绩目标，而是帮员工在大脑里构建一个"精神环境"。

就是设定一个时间段，然后共同描绘在这个时间段结束之后，他会变成一个什么样的人，会处在一个什么样的位置，做什么样的事情，让他对此有一个明确的预期，甚至是与自己的约定。

比如，他认为自己应该在两年之内成为一名优秀的店长。

这个预期，这份与自己的约定，会持续激励他用心工作、持续进步，因为他无法接受两年之后自己还待在原地。

那么，如何让他产生这个预期呢？

有以下三个办法。

1. 面试时筛选

有些人本身就有明确的人生规划，知道自己要什么，知道自己该怎么走。就像我在前文说的，当一个人有了一个明确的"精神环境"，达不到时他是会浑身难受的，他会自己想办法提升自己。

这样的好苗子，你要在面试时就筛选出来，优先录用。他们属于自燃型的人，招进来之后，你甚至都不用管，不用教，他自己就会拼命成长。

比如我的第一份工作，在进公司的第一天，我就给自己设立了一个五年期限，要求自己在五年之后成为一个能独立创业的人。

为此，那时的我认为，我需要在五年内储备一定的资金、资源，掌握一定的管理、销售、产品、财务等方面的创业技能。

于是，在这五年里，我拼命地学习，不停地换岗。

怎么做销售？不会。半夜上网查，自己学，和陌生人练……等业绩做到全公司第一，暂停，换岗，去做培训。

怎么做培训？不会。半夜上网查，自己学，拿新员工练，同一节课讲几十遍……等做到全公司第一，暂停，换岗，去做管理。

怎么做管理？不会。半夜上网查，自己学，拿组员练……

整个过程，公司有逼我成长吗？

没有，当自己想要成长，身边的一切都是我的学习资源。

2. 使用任期制

如果员工本身没有那么明确的目标，那你就和他一起定一个。

你可以用《联盟》这本书里提到的任期制，为每个员工设定一段任职期限。

什么意思？

就是和员工商定一个时间段，比如两年，来作为某项工作的任期，然后规定，在任期内他的工作需要符合什么要求，达成什么目标。

如果他符合要求且达成了目标，那么在任期结束之后，你就需要按约定给他提供一份新的任职协议，可以是一个更高的职位、一个业务机会，也可以是相同职位更高的待遇等。

这份新的任职协议，就是员工在当前任期内的"精神环境"，他想要得到这份新协议，就必须不断努力提升自我以满足当前的工作要求，不断解决问题以达成约定的工作目标，那么成长也就会自然而然地在他身上发生。

比如小锤就可以给这30位新店长都设置一个任职期，来提升他们的进步意愿。

小锤："小张，我收到了你的申请，你想成为我们的新店店长，对吗？"

小张："是的，老板，你看我可以吗？"

小锤："根据你过往的经验和表现，坦白说，在能力上，我们觉得你还是有欠缺的，但我们还是想给你一次机会，不过不是现在，而是1年之后，我们会用这1年的时间来培养你，帮助你实现这个目标，而现在，会让你先担任'储备店长'一职，代理运营这个新门店，为期1年。如果1年之后，你能够达到我们对一个合格店长的要求，我们就会把店长的职位正式给你，你看可以吗？"

小张："可以的，谢谢老板，我一定会努力的！"

还没完，别忘了在这个时候给他提出任职期的要求。

小锤："当然，你现在还在学习期，所以工资暂时不变，会等到你正式担任店长这个职位后再做调整。在此期间内，你除了要在上班时间完成门店的日常经营工作，休息时间还要参加我们给所有储备店长安排的与门店经营相关的培训，这可以帮助你们更快地成长以适应这份新工作，这可能会很辛苦，你觉得可以吗？"

小张："可以的。"

有了这番约定，再签署一份纸质的协议（虽然这份协议没有法律效力，但从仪式感上强化了他对此的信念），你猜小张在这1年里会不会更卖力地提升自己呢？

3. 设定清晰的职业路径

当公司规模比较大了，你就可以把这种"任期制"变成标准化的职业路径，对于做什么工作、做到什么标准、需要具备什么能力、将晋升到什么岗位等，都有一个清晰明确的定义。

比如腾讯的职级系统分为4大通道：产品/项目通道、技术通道、市场通道、职能通道。每个通道又分为6个级别，比如技术通道分为：助理工程师、工程师、高级工程师、专家工程师、科学家、首席科学家。每个级别又分成3个子级……

每个职位的具体工作内容、能力要求、薪资标准等都规划得清清楚楚、明明白白。

这样，一个新员工进入这个系统后，就可以根据这个"地图"来自主选择发展路线，然后朝着某个目标提升自己，最终拿到理想年薪。

在这个过程中的每一刻，他都非常清楚自己晋升到下一级还缺什么能力，缺什么条件，离自己的终极目标还有多少距离。

所以，他会非常有针对性地给自己安排自我提升的计划，拼命地学习，拼命地努力，和时间赛跑，根本就轮不到你来替他着急。

第二步：搞竞争

当他明确了自己的"精神环境"，他就会自己逼着自己进步。

但是，如果这个人的目标感没有那么强烈，就想待在自己的舒适圈里混日子，怎么办？

那就在他的"现实环境"里放些竞争对手，让这里变得"没那么好混"，让别人逼着他进步。如果他还混日子，就会被这些竞争对手无情地淘汰。

一个利于成长的环境，通常不是学习氛围浓厚、书香飘逸的地方，而是不进则退的赛场。

具体怎么做？

1. 设置末位淘汰

我在上一章说过，保持团队活力最重要的方法之一，就是设置 10% 的末位淘汰率。

当某个人发现自己如果不努力、不学习就会被淘汰的时候，他就会拼命追赶。当他进步了，就会有人因此落后，所以，团队里没有一个人是绝对安全的，所有人都不敢懈怠。

如果你觉得这还不够，还可以不断往团队中放入更优秀的人，来提高竞争的难度，让这个环境变得更加"残酷"，这样大家就会为了"自保"而更努力地提升自己的进步速度。

这就叫鲶鱼效应。

什么是鲶鱼效应？沙丁鱼不爱运动，运输时很容易因为缺氧而死掉，渔民想到一个办法，往鱼槽中放入一条以沙丁鱼为食物的鲶鱼，这样沙丁鱼就会被这条鲶鱼"激活"，开始拼命地游动，最终大大提升了存活率。

当然，这两个方式都依赖一项重要的工作：招聘。

只有持续不断地给团队输入新鲜血液，那些坏血才能被排出。

那如果团队暂时不需要新人，要不要停止招聘呢？

不要！

因为招聘这个动作本身，就能给团队成员带来压力。

你可以吗？不行就下，后面有的是人排队。

2. 举办内部竞赛

对末位淘汰最敏感的是团队中排名靠后的人，他们会因为没有安全感而持续进步，那排名靠前的人呢？

你需要举办各种内部竞赛，让优秀的人更加优秀。

比如在团队里设置各类排名，你可以按业绩排、按用户评价排、按工作量排、按人品排等，在每个季度或者每个年度，为每个维度的优胜者颁发荣誉奖章，并给予一定物质奖励。

这里的重点是，排名得是动态的，是可视的，每个人都能实时看到自己所处的位置，能看到与竞争者的差距，这样，"不甘落后"的心理就会刺激他们的神经，让他们不停地进步。

千万别到最后颁奖的那一天，才突然评选出某某第一名，那没用，事已成定局，起不到持续激励的作用。

除了设置常规的排名，你还可以把团队分成若干小组进行分组对抗，让赢的一方拿走特权与奖励。

比如腾讯的赛马会，腾讯让多个团队同时做同一类产品，最终获胜的团队将拿走公司的全部资源，把项目做大。

比如华为的红蓝军，华为把团队分成红军和蓝军，蓝军作为公司的假想敌，专给红军挑刺找麻烦。任正非说："要想升官，先到蓝军去，不把红军打败就不要升司令。红军的司令如果没有蓝军经历，也不要再提拔了。你都不知道如何打败华为，说明你已到天花板了。"

为了让员工的就餐体验变得更好，华为让园区里的餐厅也进入竞争状态：员工评分排名前 50% 的餐厅，每年可享受 1% 的店铺租金减免，排名后 50% 的餐厅，店铺租金每年上涨 2.5%。

在这样的环境下，团队成员除了不断进步，已无路可走。

从"要我学"，变成"我要学"

运用以上两种方法，员工想要提升能力的需求就被激发出来了，他们已经从"要我学"变成了"我要学",从"公司需要他们成长"变成了"在这里他们必须成长"。

现在需求有了,你就可以为他们"提供帮助"了:帮助他们提升能力,帮助他们赢得竞争,帮助他们达成目标。

具体怎么做?

第三步:教方法

你可以通过三种方式将能力"传授"给员工。

1. 师徒制

由有经验、有能力的老员工手把手地辅导新人,让其尽快上手。针对实际工作,直面真实问题,以身教学,让徒弟在模仿中快速成长。

具体怎么做?

首先,设计一套激励制度。

比如员工申请成为师傅后,每月有固定补贴,所带的徒弟如果表现优秀,师傅还能获得一定的奖励,当然,如果徒弟表现不好,师傅的补贴也会有所减少。

还可以把晋升制度与师徒制挂钩,将徒弟的表现作为师傅能否升职的重要参考指标。

其次,有了激励制度,积极性就有了保障,你就可以开始选拔师傅了。

师傅不能强制安排,必须由符合一定条件(比如绩效标准、入职年限等)且有意愿的人主动申请,安排面试后,培训上岗。

最后,就可以开始让徒弟们拜师学艺了。

拜师有三个关键点。

第一,拜师要有仪式感。比如颁发由双方按手印的"契约书",并让师傅做出公开承诺，承诺将尽力扶持新人成长。

第二，师傅选择应避开直属领导。如果上下级的关系太亲密，上级的威信会被削弱，这会降低管理效率；同时，师傅有可能会在之后的任务安排、利益分配上偏袒徒弟；又或者，师傅可能会出现"教会徒弟，饿死师傅"的心态而不尽心辅导。

第三，辅导要有计划。不能绑定了关系就完事了，师傅得给出一个明确的辅导计划，比如辅导的内容、方式、频次、周期等，并按计划执行。

2. 培训

终于讲回培训了，培训的效果，大家之所以会认为不好，主要是因为很多公司都把培训的目的搞错了。

培训，是为了解决公司的实际问题。

定期对"使用频率较高的通用知识／技能／解决方案等"内容进行多人培训，能使员工在执行某一类具体工作，或者解决某一系列特定问题时变得更加高效。

比如新人的岗前培训，目的是让新人以最快的速度掌握公司的基本工作流程、通用技巧，融入公司文化价值观等，以便让他们尽快进入角色，参与到具体的工作中去。

比如对新晋管理者的培训，很多管理者都是从一线业务人员晋升来的，这是他们第一次做管理，因此，公司需要通过培训帮助他们更快地学会管理的基本动作，完成角色的切换。

那给他们讲工商管理的知识？这离工作太远了，要直接讲公司的管理制度、激励政策、工作流程等，以及如何熟练运用公司的各种管理工具、管理方法，甚至沟通话术……这些东西，他们学完马上就能用。

在此之后，才是补充知识性的内容，目的也是加深他们对这些管理动作的理解，并带来一定的启发。

再比如"周五讲坛、企业大学"等培训方式，也不应该是为了让团队看起来像个"学习型组织"而分享，应该是从优秀员工的成功经验中萃取出通用方法，将大家遇到的各种问题及解决办法汇总成册，然后通过培训的方式共享给所有人，以提高大家在做同类事情时的效率。

企业可以有大学，但企业不是大学，企业的培训，是为了解决实际问题，而不是为了传道授业，那是培训机构的事。

成长，是员工在运用培训时学会的动作和方法，解决了一个又一个问题之后的自然结果。

那公司该如何提升培训质量呢？

首先，企业要转变对培训的态度。

把 100 个人组织起来培训 3 小时，假设每人的时间成本是 200 元 / 小时，一次培训的时间成本就等于 6 万元，这还不算交通时间、场地费用等。因此，在每次培训前，培训组织者都应该问问自己，这次培训能否为公司增收超过 6 万元。

如果不能，那就应该再准备准备，再优化优化。

培训是有成本的，不能随便说说，这是在消耗公司最重要的资源：时间。

因此，培训的内容要有助于解决具有普遍性的实际问题，并且你还应该对讲师的培训能力进行培训及考核，要求公司的内训师持证上岗，这样才能确保公司的培训质量。

只有每一次都能让大家带着解决方案回去，解决工作中的实际问题，培训才是有意义的。

其次，要形成企业的知识库。

培训的体验很好，但不便于复习，员工培训完不久就忘了，或者人员流动大，你不得不重复培训同样的内容，造成大量时间资源的浪费。

因此，你需要建立一个共享知识库，将这些培训的视频、方法技巧、经典案例、常见问题、疑难杂症、产品信息等都储存下来，方便员工随时查阅，类似于企业内部的百度百科。

这样，员工在工作中遇到问题时，不用去问师傅，不用等下一次培训，直接去系统里查询已有的解决方案即可，比如微软内部的 Knowledge Base 系统、华为内部的 AI 知识库，这些都大大降低了团队内部的沟通及培训成本。

3. 流程化

培训，是教方法，但使用方法的决定权在员工自己手里，而且，从学习到熟练应用的整个过程太长，动作容易变形，难以达到同样的效果，怎么办？

你需要把已经验证过的有效方法，拆分成一个个大家都能执行的具体步骤，然后形成一套标准作业程序（SOP），并让大家都按此流程执行。

比如我在第 3 章讲的"制作一杯奶茶的 SOP"，即使你是第一次做奶茶，但只要按照流程，按部就班地操作，也能制作出一杯好喝的奶茶。

有了流程，你的团队就能把经验更高效地传承下去，一个新人经过简单的培训，便拥有原本需要多年磨炼才能掌握的高级技巧。

流程化，把个人的经验，转化成了团队的能力。

但如果有些员工工作时不愿意按流程走，或者把流程给忘了，怎么办？

那就把控制流程的事交给机器，让每个动作都成为员工在执行时不可省略的步骤，且每个步骤的执行必须达到一定的标准，才能进入下一步，把流程工具化。

比如，使用 Salesforce，将销售的步骤工具化；使用 Teambition，把产品开发的过程工具化；使用 ERP 系统，将进销存的管理工具化；使用钉钉，把报批的流程工具化。

第四步：给反馈

师徒制，建立了辅导关系；培训，提供了方法论；流程化，给出了执行标准。

然后呢？

等着员工的能力值暴增？

不会的。

完成了师徒制、培训、流程化，不是培养的结束，而是培养的开始。要真正提升员工的能力，得在做了这些之后，在实际工作中不断地给出反馈，纠正他的动作，优化流程效率。

1. 师徒制里的反馈

绑定了师徒关系之后，真正的辅导才正式开始，师傅要做好三件事。

（1）及时教练

要能够及时出现在徒弟身边，亲自指导并纠正他的错误动作，教练的口诀是，"我做你看，我说你听，你说我听，你做我查"。

师傅先做一遍，再说一遍原理，徒弟复述一遍要领，然后跟着做一遍，师傅在旁边观察，看到有不对的地方，立刻给徒弟纠正，如果都做对了，师傅对徒弟进行表扬。

（2）纠错记录

徒弟每一次出错，师傅都要有记录，对每一个问题都应该留有备案，每一周都需要撰写辅导周报。

然后，经常回顾这些记录，帮助徒弟加深记忆。

（3）定期考核

对辅导计划中的内容，要定期做一次测试，看看徒弟掌握的情况如何，再据此制订下一步的改进计划。

2. 培训后的跟进

培训没有用，是因为培训的内容大家都没有应用。

比如为了吸引更多的顾客来到奶茶店，小锤的一个门店发明了一个新方

效 率 红 利

法，他们让一个小伙穿上奶茶状的服饰，在店门口讲相声……结果引流效果非常不错。

小锤想让他们将这个方法推广到其他门店，于是，就让这个门店整理出了一整套相声剧本，并对其他门店的工作人员进行了相声表演的培训，还为此定制了统一的奶茶服饰。

培训时热热闹闹，大家都觉得这个方法太好了，但之后各门店的业绩却没有因此发生明显的变化……

一调查，才发现原来很多门店都没有用这个方法，有些也只是套上衣服做普通的叫卖，还有些虽然讲相声了，但讲的完全像是在背书，没有丝毫趣味可言。

所以，培训结束，并不意味着能力传递的完成，后续需要有持续的跟进及反馈机制，比如师傅检查徒弟的执行情况、管理者检查员工的行为改善，然后随时纠错、定期复盘、按需复训。

这样，才能保证培训最终转化为团队的能力。

3. 流程需要不断优化

培训将优秀员工在工作中总结的经验、形成的方法，以流程化的方式复制到全员身上，提升了团队的整体能力。

但，这个流程就是最优的吗？

不一定。

因此，你还需要在应用的过程中不断收集大家的反馈，然后用我在第3章讲过的三个方法——"删减、替换、合并"来继续优化这个SOP（见图10-2）。

之后，再将更新后的SOP应用到全员身上，如此往复……

员工的能力将在一次次执行SOP以及修正SOP的过程中被提升。

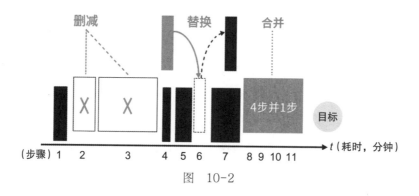

图　10-2

第五步：多磨炼

第三、第四步是学习已有的方法，这样你能培养出一名合格的人才，但如果有些人还不满足，想要进一步提升自己，想要成为一名帅才，你该怎么帮助他？

怎么教别人自己都还不具备的能力呢？

曾国藩说：人才以培养而出，器识以磨砺而成。

你需要给想要成大器，获得卓越能力与见识的人更多磨炼的机会，让他们在砂石的不断冲击中，渐渐发出自己的光芒。

磨炼的方向有以下三个。

1. 往更深处磨炼，培养他成为专才

你给不了的能力，就找别人给，由公司出钱让他在某个专业领域继续深入学习。

与此同时，也要把公司最复杂的相关问题交给他去解决，给他施展才华、磨炼精进自己的机会，也让他把学到的知识与技能带回公司，创造新的价值。

2. 往更广处磨炼，培养他成为将才

想要成为公司的一方"诸侯"，仅具备专业能力就不够了，还需要懂管理、

效率红利

营销、渠道、产品、财务等其他知识，这样才能拥有全局思维，梳理清楚整个业务脉络，面对问题时才能有更多的选择。

那怎么培养呢？

你可以通过"平调轮岗"的方式，安排他在不同部门之间进行轮岗，不断跨界学习，掌握各个不同领域的知识与经验，获得一线"手感"。

最后，再把他调回核心岗位，成为你的左膀右臂。

3. 往更厚处磨炼，培养他成为帅才

有高度、有广度，他能够帮你"攻城略地"，但公司遇到逆境了怎么办？

那这个领头人除了要具备能力和见识之外，还得拥有坚毅的品格与勇敢的心。

而这，是真正经历过磨难的人才能拥有的。

因此，如果你想把某个人培养成一名帅才，那么就需要在平时多锻炼他的韧性，把难啃的骨头都丢给他，让挑战填满他的日程，让办公室成为他的"修罗场"。

"没有伤痕累累，哪来皮糙肉厚，英雄自古多磨难。"⊖

这样的人，终将在一次次的跌倒、爬起、逆风翻盘中，成为一名能打硬仗，能带领公司穿越生死线的三军统帅。

老鹰与小鸡

以上就是创建一个有利于员工成长的环境的五个步骤。

你可能会说，这样的方式对员工是不是太狠了些，又是淘汰，又是竞争，又是磨炼，会给他们造成很大的心理压力吧！

这就得看你是想要培养出一只只勇猛的老鹰，还是想得到一窝萌萌的小鸡。

⊖ 来自华为心声社区。

如果是培养小鸡，那这些方式确实残酷了些，养在温室里，给足饲料就行了。

但如果你想培养出雄鹰，那么……

鹰，有鹰的成长方式

有一部电影叫作《追鹰日记》，耗时 6 年多真实拍摄了一只鹰从破壳而出到成为雄鹰的全部过程。

这只鹰叫亚伯，在幼年时期被亲哥哥推下悬崖，幸得男主人公卢卡斯的救助，才捡回一条命。

和小锤的"雏鹰计划"一样，卢卡斯想通过"培训"来教会亚伯飞翔与捕猎。

但效果都不太理想。

有一天，羽翼丰满的亚伯虽然凭本能飞上了天空，却连一个动物都抓不到，饥肠辘辘的它又回到卢卡斯身边。

一只雏鹰，想要成长为蓝天之王，在安全的环境里接受耐心的培训，没有用！

它必须回到残酷的真实世界里，去撕咬，去跌倒，在绝望中学会如何生存。

就像离开卢卡斯后的亚伯，几度濒临绝境：抓捕羚羊，差点摔死；患上雪盲，差点撞死；掉入冰水，差点冻死；没有食物，差点饿死……

但最终，它还是活了下来。

那些杀不死你的，将使你更加强大！

亚伯的身手变得越来越敏捷，目光也越来越犀利，甚至开始想从别的猎手嘴中夺取食物……

终于，历经磨难的它，慢慢成长为翱翔于天际，令所有动物都胆寒的超级捕手。

效率红利

这，才是鹰的成长故事。

愿你的团队，也能变成一个"雄鹰辈出"的队伍。

然后，让他们一起振翅翱翔！

本章小结

下面我们来小结一下本章内容。

一想到要提升团队的能力，很多人就会想到要给员工增加培训，但效果往往都不好，为什么？

因为培训并不能直接提升员工的能力。

能力，是因为一个人要适应环境，或要达成自己的目标而被迫提升的。能力，是被逼出来的。

因此，想要提升团队的能力，培养出人才，你需要的不是增加培训量，而是打造一个有利于成长的环境，让员工自己去成长。

具体分为五步。

第一步，定目标

你可以通过"面试时筛选、使用任期制、设定清晰的职业路径"这三个方法，让员工自己逼着自己进步。

第二步，搞竞争

你可以通过"设置末位淘汰、举办内部竞赛"的方式，让别人逼着他们进步。

第三步，教方法

当员工有了进步的意愿之后，你就可以通过"师徒制、培训、流程化"这三个方式将能力传授给他们。

第四步，给反馈

仅仅传授还不够，你还需要在师徒制里不断给出反馈，在培训后持续跟进辅导，不断优化调整流程，以此来保证效果的达成。

第五步，多磨炼

当一个员工已不满足于成为合格人才，想要有更高的突破，那么你就可以往"更深、更广、更厚"这三个方向，给他更多的磨炼，帮助他成为一名专才、将才或者帅才。

能力强，就够了吗

现在，目标方向已经确定，车也已经是好车，那么你就一定能开到目的地吗？

不一定！

因为如果你不知道怎么踩油门，那你永远也到不了。

公司要的不是一群能人，而是一群能更快地把事情做成的人。

因此，下一步你还得让他们动起来，配合起来，把能力发挥出来，团队要开始加速前进了！

怎样才能让团队开足马力呢？

拼命用钱来激励他们吗？

我们下一章再说。

你必须替员工回答的
三个问题

个人效率升级　　　**协同力升级**　　　**团队效率升级**

92%

三思三线　精进循环　八段加速　FOTA　权力　说服攻略　调整角色　协同三角　组建团队　培育团队　个体产能　团队协作

11

团队如何提速

通过上一章的学习，小锤重新调整了团队的"雏鹰计划"，半年的磨炼，让这支年轻团队在能力上有了质的变化。

但是，能力强并不等于绩效高。

我在前言里说过，效率 = 目标 × 能力 × 速度。

团队的目标，小锤通过第 8 章讲的"协同三角"，已经统一在一起。

团队的能力，小锤也已经运用第 9 章团队组建以及第 10 章团队培育的方法，将其提升。

那么团队的速度，又该如何提高呢？

胡萝卜 + 大棒

按原计划，小锤想要在一年之内新增 30 家门店。

但过去大半年，才开了 10 家，进度远远落后，而原本要在这个月上线的微信点单小程序，也要延后 3 个月；除此之外，新品研发速度缓慢，路演活动一拖再拖，由于店铺增多，现在连物流配送都开始跟不上了……

团队不缺有能力的人，大家的目标也很一致，但工作效率就是不高，怎么办？

小锤想到的方法是，胡萝卜 + 大棒。

于是，为了提高大家的积极性，他大幅提高了员工的工资，并推出了丰厚的提成方案，以及严厉的惩罚措施。

他坚信：重赏之下，必有勇夫，重罚之下，必有畏者。

"只要你们好好干，干得快，干得好，钱管够！但如果你们不用心，那国有国法，司有司规，就别怪我不客气！"

大家听后，纷纷表上忠心，小锤听着很爽，愉快地回家备钱去了。

毫无起色

但三个月过去了……

团队的效率看似并没有什么起色。

小程序测试达不到预期，又添加了新功能，目前还在赶工，所以依旧没有上线；路演活动呢，改方案、等审批、改方案、等审批，长路漫漫无绝期……

小锤听着雨点般的怨声天天盯在后面催，但还是没有用，进度已经慢了。再罚？人就要走完了。

不过好消息是，新门店增加了 10 家，而且资金已全部众筹到位，按这个进度来看，年底应该来得及完成目标。

这个成绩反倒让小锤有点意外，于是他随机回访了几位投资者，却发现有些人竟然并不知道这钱是用来众筹开奶茶店的，有说是用来买理财产品的，有说是借给亲戚创业的，还有说是买会员卡充值的……

小锤大惊失色，赶紧和他们一一说明真实情况，并如数退还了投资款。

小锤倒吸一口凉气，点上一支烟，给自己压压惊。

这时，财务突然跑过来说："老板，这三个月由于奖金福利支出过大，如果再这样下去，公司账上的钱只够撑三个月了……"

小锤陷入了沉思。

为什么会这样？

钱花了那么多，竟然没有效果。激励，就像是一拳打在了棉花上，完全起不到作用，还整出了一堆幺蛾子……

那是因为，"胡萝卜 + 大棒"并不能直接解决效率的问题，它们能改变的，是员工的态度。

让员工愿意干并且愿意花最大力气干，用激励，用惩罚，确实能起到一定的作用，但并不是在所有情况下，对所有人都有效的，也不是设置个提成，实施一些惩罚就可以的，得讲究科学的管理方法。

而且，如果激励的尺度把握不好，还会带来行为的变形，比如员工为了拿到奖金，甚至会采用"欺骗客户"的方式来完成业绩，就如同前文例子中员工为了"拉投资款"所用的说辞一样。

另外，相信"有钱能使鬼推磨"的前提是，你得有足够的钱，但小公司往往也没有多少预算可以用来激励。

放着不管，肯定不行，"胡萝卜 + 大棒"，又效果有限……

那怎么办，怎样才能提高团队的速度呢？

回答三个问题

团体产能 = Σ 个体产能

要提高团队的速度，我们得先明确一下，团队的速度该如何衡量。

初中物理课上我们都学过，$v = s/t$，同样的时间，移动的距离越长，速度也就越快。对应到工作中，就是同样的时间，团队的总产能越大，速度也就越快，对吧？

而团队的总产能，等于什么？

团队的总产能等于团队内所有个体的产能之和。

所以，想要提高团队的速度，其实就是要提高团队中每个个体在单位时间内的产能。

那么，个体的产能又该如何提高呢？

你得替他们回答三个问题，分别是，做什么，怎么做，为什么要做？

什么意思？

做什么、怎么做、为什么要做

举个例子。

我对你说："请快一点！"

你肯定很莫名："什么东西快一点？"

我说："请快点把饭吃完。"

你说："哦，原来你说吃饭啊，好的，我快一点。"

你得先知道要"做什么"，不然速度就无从谈起。

然后你肯定会想到下一个问题："那怎么吃，才能更快呢？"

这就是第二个问题：怎么做？

于是，我用乾坤大挪移把"10秒吃饭法"瞬间传授给了你。

现在方法有了，你张大嘴巴，正准备狼吞虎咽，脑海里又突然冒出一个问题："我为什么要听你的，为什么要吃那么快，我细细品味不行吗？"

第三个问题"为什么要做"出现了。

这时我会说："翠花在门口等你，慢的话，她就要生气了。"

你一惊，赶紧把剩下的饭菜一口吞下，立刻冲出了门外……

只要回答了这三个问题，你的速度自然就变快了。

这么简单？

对，就这么简单。

但要让团队里的每个人在每一时刻都能明白，就不简单了，我们一个个来说。

做什么

先说第一个问题：做什么？

回答这个问题，就是要让团队里的每一个人，在任何时候，都知道自己应该干什么。

要实现这一点，你需要做好"安排"与"跟进"，具体可以分成六个步骤（见图 11-1）。

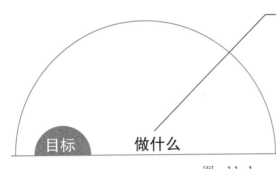

安排与跟进

1. 将目标分解成任务
2. 将任务责任到人
3. 明确方法的边界和结果的标准
4. 设定截止时间
5. 设置中间节点
6. 跟进与反馈

图　11-1

安排

1. 将目标分解成任务

首先，团队要有一个明确的目标，这点我们之前说过。

然后呢？

假设团队今年的目标是销售额达到 1000 万元，然后你就把它平均分摊到 10 个人身上，每人领 100 万元任务，这样可以吗？

不行，你要把这个目标分解成员工可以执行的任务。

什么意思？

比如，你在上海火车站，现在要去人民广场。人民广场就是你的目标。那怎么去呢？请出门左转走 100 米，坐 1 号线地铁，乘坐往莘庄方向的那班车，在人民广场站下，然后从 1 号口出来，向前步行 50 米就到了。

这个"怎么去的过程"就是任务。

把目标分解成任务，就是要把"结果"翻译成实现这个结果的"过程"。

比如要实现 1000 万元的销售额，那么根据历史客单价、转化率，你倒推出了每个销售员每天要打 30 个陌生电话、拜访 2 个意向客户，这个"打电话和拜访"的具体动作，就是他们每天的工作任务。

另外，你分解出来的任务要尽量简单。

不要和员工说，你的任务是要爬上那堵 3 米高墙，而要和他说，你先去右手边第 2 扇门里拿一把黄色的梯子，然后把梯子搬到前方高墙的正下方，按动梯子右侧的伸缩按钮，等梯子伸到最长时，将它与地面呈 70 度角架到墙上，最后通过梯子爬上高墙。

分解出来的任务越简单、越具体、越容易执行，这位领导的功力越深厚，员工的执行效率也越高。

具体的分解方法，可以分为"正向规划"和"逆向规划"两种，我在《认知红利》的第 22 章中详细讲过，这里我就不再赘述了，有兴趣的话你可以去看一下。

2. 将任务责任到人

你分解出来的每一项任务，都需要有一个明确的负责人，一旦出现问题，责任人就要立刻出手干预，或者为此承担相应的后果。

这里有 4 个原则。

1）完全穷尽

所有任务都必须分配下去，责任到人，不能存在该做的事情没人做的情况。

2）横向独立

每一个任务，只能有一个负责人。不然会出现"旁观者效应"，即每个人都认为这是对方的事，结果谁都没去做；或者大家都跑去做同一件事，出现重复造轮子的情况，造成产能的浪费。

3）纵向覆盖

将任务分配给下级之后，如果出了问题，就说"这都是员工的责任，和我没关系"，这样的上级应立刻被开除。

上级的责任，是所有下级责任的总和。

4）公开透明

每件事情的负责人是谁，要让所有人，甚至客户都能清楚知晓。这样一旦出了问题，同事或者客户都知道该找谁，避免踢皮球的情况出现。

公开的责任，还能让员工在执行某个任务时更加用心。比如在编辑公众号时，要求小编把自己的名字加上，他就会更认真地对待，因为有无数双眼睛将会盯着他。

3. 明确方法的边界和结果的标准

在任务的执行过程中，员工决定采用怎样的方法当然可以有一定的自由度，但不能放任他为了达到目的而不择手段，要划出边界。

比如让保洁员去把房间打扫干净，具体用什么手法每个保洁员可以不同，但边界是不能用浴巾去擦马桶。

边界，就是要规定什么动作是不能做的。

设定边界时要遵循"热炉法则"。

这就是要把规则和惩罚方式提前告诉所有人，一旦有人违规了，要立刻惩罚，不能有例外，就像滚烫的炉子，只要人碰到，就会被立刻烫伤。

而且，执行时一定要公平公正，"规则面前人人平等"，对谁都一样，规则才会产生有效的约束力。

这叫"方法有边界"。

然后，结果要可以衡量，就是不能做完就了事了，要知道该做到什么程度，什么叫好，什么叫合格，得有明确的标准。

比如任务是写一篇公众号文案，那么写好的标准是什么，你得提前给员工设定好。

标准可以是明确的规定，比如编辑用的字体、字号、配色、行间距、图片样式、排版格式等，有一个固定的要求。

标准也可以是别人对工作结果的反馈，比如内容好的标准：文章的点赞率超过1%。

结果能衡量，动作才不会走样，要不然你觉得他没做好，他觉得自己做得很好了，导致互相扯皮，不停地返工，拖累的是整个团队的效率。

4. 设定截止时间

英国社会学家帕金森经过多年的研究，发现一个人做同一件事情所耗费的时间，差别会非常大，他可以用10分钟看完一份报纸，也可以看半天；可以用20分钟寄出一叠明信片，也可以用一整天……

于是，帕金森提出了著名的"帕金森定律"，即在工作中，工作会自动膨胀，占满一个人所有可用的时间，如果时间允许，他就会放慢工作的节奏或者添加其他项目，来用掉所有的时间。

简而言之，就是你给的时间越多，他工作速度越慢，直到用完所有可用的时间为止，如果没有规定工作时间，那这件事可能就永远没有做完的那一天……

因此，你的团队里不能有"小王，你来负责做一下项目计划书"这样的语句出现，而必须要给任务加上明确的截止时间——"小王，请务必在10月31日之前提交这个项目的方案。"

并且，你要告知他逾期可能会给公司和他本人带来的后果，这样，时间的压力就会推着他快步向前。

不急，就没有生产力。很多人笑称，科学技术有时并不是第一生产力，Deadline（截止日期）才是。

以上四步是给员工"安排"工作，分别回答了：谁，在什么时候，做什么事，要做到什么程度。

要保证任务能够顺利完成，你还要继续"跟进"。

跟进

5. 设置中间节点

虽然定了截止日期，但你也别等到最后时刻才来检查任务是否顺利，因为如果不顺利，就已经来不及调整了。

那怎么办，天天催吗？

员工会觉得你不信任他，反而会产生一些负面情绪，影响工作效率。

你要把这些"催"的时间点提前设置好并告诉员工，让他有一个预期，便于他自己管理好自己的进度。

比如员工的任务是 10 月 31 日之前要提交项目的最终方案，那么你可以给他设定这样几个中间节点：

- 10 月 18 日，必须见到初稿。
- 10 月 23 日，完成修订稿。
- 10 月 27 日，最终稿确认。

有了这些中间节点，任务的推进将变得更加平滑，能有效地避免因最后时刻赶工而导致的质量失控。

另外，关于时间节点的设置，你还可以使用《敏捷革命》中提出的 SCRUM 工作方法，即把一个大任务，拆分成多个小任务，然后按重要程度给任务排序，以一个固定周期，比如两周，来逐个冲刺，迭代前行。

6. 跟进与反馈

那在这些节点之间你要做什么？

你要做的是不催，但要了解实时进度，并对重点问题给出反馈。

你可以通过晨会、周会等传统的通报式会议来了解每个人的工作情况，对重点问题进行讨论并给出意见。

你也可以通过 Teambition、Worktile 等协作软件，或者直接以手绘看板的方式，把团队每个人的任务进度可视化，公开给全员查看，这样，好胜心和团队协作的需求，就会促使他们加快脚步。

如果某个人或者某个项目组的进度明显落后了，那他们一定是遇到了问题，你需要立刻召集会议，集中讨论解决。

怎么做

接着，你需要替员工回答第二个问题：怎么做。

这里其实还可以细分为两个问题，即"会不会"和"能不能"。

会不会 & 能不能

"会不会"指的是员工的能力问题，如果他不会做，当然做不快。

关于这部分内容，我在前两章中已经说得非常详细了，你可以参照第9章"组建团队"中的方法，将符合能力要求的人直接招入团队；也可以参照第10章"培育团队"中的方法，让现有成员学会必要的技能。

除了能力之外，不知道"怎么做"还有一种可能，就是不知道"能不能"用某种方式做。

比如你是一家餐厅的服务员，客户投诉说你们家某道菜难以下咽，你该怎么办？

你有三种处理方式：

(1) 解释，告诉他就是这个味道，每个人口味不同。

(2) 道歉，并立刻拿回去重做。

(3) 给他补偿，比如换个菜，或者直接打折、免单等。

第三种方式的客户体验明显最好，操作起来也最简单，但你不知道自己

"能不能"用这种方式做。

你需要去问经理，经理需要去问老板，老板的电话一直打不通……这么一来二去，客户已经带着愤怒离开了。

任正非说，要让听得见炮声的人指挥战斗。

为什么？

因为这样做，决策流程最短。

出现一个突发事件，等你一级级往上报，再等命令传到一线，黄花菜都凉了，事态可能已经失控了。

而且，一线员工最了解现场的真实情况，是太苦太咸了，还是菜里有苍蝇，他能够给出最符合实际的解决方案。信息一旦开始传递，就难免会产生噪声，等消息传到老板耳中，可能已经经过了无数次的美化和修改而偏离实际了，那么老板给出的解决方案，也很有可能是错的。

那怎么办？

要学会授权。

让一线员工自己决定该"怎么做"，这样，就能提高整个团队的运行效率。

你"学不会的火锅店"海底捞就将打折免单的权力直接下放到一线服务员手上，客户想打包没吃完的西瓜片，服务员送来的却是一整个大西瓜。

合理的授权，不仅让海底捞的服务效率大幅提升，也让它的口碑响彻全国。

但为什么任正非又说，要砍掉基层的脑袋？

不是说要授权吗？

因为从人才分布的一般规律来说，基层员工由于视角的局限和经历的缺乏，多数人并不具备足够好的决策能力。

他们可能只注重眼前的利益，或者忽视潜在的风险，最终做出错误的决定。比如服务员可能为了获得客户的好评，只要客户有任何不满，就全桌免单，再送 10 个大西瓜！

这反而让公司的资源被滥用，带来更大的麻烦。

所以，你不能随便向下放权，一线员工听命行事就可以了，不需要用"脑袋"决策。

估计你已经懵了，一会儿说要授权，一会儿又说不能随便放权，到底应该怎么办？

授权，从来都不是是非题，而是简答题，是"怎么授"的问题。

你的授权，应该符合以下 4 条原则（见图 11-2）。

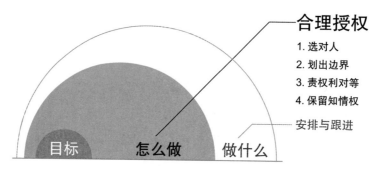

图　11-2

合理授权的 4 条原则

1. 选对人

"选对人"，就是在授权之前，要先考量某个人，是否有能力处理权限范围内的这些事情。

就像"驾驶证"，它其实就是一种授权。获得驾驶证的人，就可以在马路上自己开车了，至于他具体会怎么开，开去哪，你不用管，但是他想要获得"驾驶证"，就得经过一番学习，通过考核才可以。

你的授权也应该如此。在权力正式授予之前，你要先对被授权人是否具备相应的能力进行甄别，甚至还要进行一定的培训。

比如某些职位需要通过岗前培训才能就职，高管需要先取得工商管理学位才能受聘，项目负责人必须要有成功的经历才能担任等。

能力检验合格之后，他才能正式被授权（权力经常和职位绑定在一起）。

2. 划出边界

然后呢？

你要用人不疑。

不要既让别人开车，又坐在边上指手画脚，如果你不信任他，就不该让他摸方向盘。

但这个"不疑"是有边界的。边界之内采用什么方法，由员工自己决定，但如果事情超过了边界，那就是例外，就得走报批流程。

这就是由美国著名管理学家泰勒提出的"例外原则"：一般的日常事务授权给下级管理人员去处理，自己只保留对例外事项（即重要事项）的决策和监督权。

那这个边界该怎么划呢？

你可以从三个维度来划：

（1）类别，哪些事员工可以自己处理，哪些资源可以直接调用；

（2）大小，1万元以下的报销，不用审批；5折以内的活动，员工自己决定；

（3）时间，这个权力有效期是多久，1个月，1年，还是永久有效。

最后，把这些规则写成文本，并以此行事。

3. 责权利对等

人获得一项权力后，就应该承担一份与之相对应的责任，并拿走应得的报酬。

2008年创立的女装品牌"韩都衣舍"，它将原本的大职能团队，拆分成由"生产、销售、运营"三人为一组的280多个小团队，每个团队可以自己根据市场的需求决定设计生产什么衣服，以及用什么样的方式去销售，这大大加快了产品的开发速度。

但怎么保证开发的质量呢？

它将责任与利益也附上。

设计出来的衣服，如果卖得好，那毫无疑问，要给相应的奖励；但如果卖不动，积压了很多库存，那小组成员的收入，也会相应地减少。

在这样"责权利对等"的制度之下，韩都衣舍的小团队灵活、快速且富有成效，高峰期达到平均每日300款以上的上新速度，7年间销售额从20万元变成15亿元，多次夺得淘宝女装第一名。

所以，责、权、利这三者只有在一个人身上同生，才能产生效率，这叫"责权利对等"原则。

有权力，却不承担责任，他就会无视风险；而如果有责任，却没有对应的利益，他也就不敢做出有风险但可能正确的决定。

4. 保留知情权

最后，在你授予员工的权力范围之内，你唯一要保留的是知情权。

你可以不用管他具体会采用什么样的方式方法，但他最终做了哪些事，效果如何，你必须知道，你可以让他主动报备，也可以设立专门的检查部门。

为什么？

第一，为了了解整体进度，便于协调他和其他成员或部门之间的合作，当发现存在重大风险时，也可以及时叫停。

第二，也是更重要的一点，是为了防止权力的滥用。

我们在第5章说过，有权力，他就有"寻租"的倾向，就是把权力通过类似"受贿"的方式变成钱，把原本有瑕疵的产品上线售卖，或者利用公司的资源给个人谋利等，这些都对企业危害极大，不得不防。

因此，你需要设置相应的监察委员会或者类似的部门，对手握大权的关键岗位进行一定的监管，来确保权力的合规使用。

另外，这里说的"知情权"还有一层意思，就是一线人员要对你所掌握的信息，有足够的"知情权"。

因为要做决定，就需要信息，而信息越多、越真实、越全面，他判断的准确性就越高。

所以，授权之后你不能两手一摊说，这事儿已经交给你了，你自己决定，别问我。

你要继续提供"情报服务"，把一线可能缺少的全局信息提供给员工。

为什么要做

最后，你要替员工回答第三个问题：为什么要做。

这是三个问题里最重要的一个，它是做一件事情的起点，也是终点。

所谓起点，是指如果他不知道"为什么要做"这件事，就根本不会开始；所谓终点，是指如果他很明确地知道自己"为什么要做"这件事，他将会把自己的一切押上，拼尽全力。

那你该怎么回答呢？

你的回答分成三个部分（见图 11-3）。

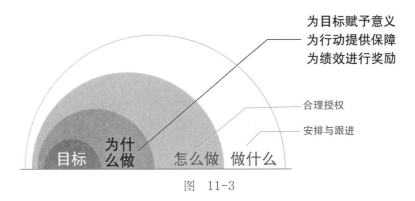

图　11-3

一、为目标赋予意义

你为什么要做一件事，或者要实现某个目标？

因为它有意义。

比方说戴口罩，你不会无缘无故地戴上它，原因可能是最近病毒肆虐，你为了保护自己，保护家人；也可能是想表达一种态度，告诉大家，戴口罩对防疫很重要；又或者你只是觉得戴口罩比较酷……

你要做的这件事，或者要实现的那个目标，会带来的影响，就是它的意义。

当你觉得某件事的正面意义大于负面意义时，你就产生了动机，就愿意去做；而如果你觉得某件事负面意义更大，或者干脆没有意义，你就不想去做。不想做，也就不可能有所谓的效率。

所以，如果你想让员工发自内心地去做某件事，还能有很高的效率，就不能只是分配任务，或者定个目标，而要把这背后的意义告诉他们，用意义去激发他们的动力。

具体怎么做？

1. 赋予目标对他自己的意义

首先，你要先赋予这件事情对他自己的意义。

人做一件事情，最先想到的，是这件事对自己有什么好处，这是人的本能，你要优先考虑这一点。

比方说，你赋予这件事的意义是：成长。

"小张，参与这件事，你跟着王总可以学到如何从零开始打造一个产品，这对你未来成为一名产品经理来说，是一个非常好的学习机会，你一定要用心对待。"

比方说，你赋予这件事的意义是：机会。

"小张，我知道你一直很想做一名讲师，这次路演活动我想让你来负责关于产品部分的介绍，现场还会有媒体报道，这对你来说是一个展示自己的好机会，希望你能好好把握。"

当然，如果这件事直接和经济利益挂钩，你也可以大大方方地和他谈钱。

为什么？

因为钱对他来说也是意义，别觉得谈钱俗，有了钱，他就可以买自己想买的东西，带家人出去旅游，改善自己的生活……谈钱，对他来说是一件很有意义的事情。

2. 赋予目标对别人的意义

那只谈对他个人的意义够不够呢？

进化生物学家戴维·斯隆·威尔逊和心理学家艾略特·索博共同提出了"多层选择理论"，他们认为生物的演化不仅发生在个体之间，还发生在群体之间，个体之间的竞争通过"物竞天择，适者生存"的方式优胜劣汰，而作为一个群体，为了能在演化中获得竞争优势，族群内部就需要存在"利他主义"，做对别人有意义的事，彼此互助协作，才能提升整体的竞争力。

因此，"利他"这段"代码"也被刻在了我们的遗传基因里和社会文化上，当我们觉得这件事对别人有意义，或者对提升所在群体的生存优势有意义时，我们就愿意去做。

所以，想要提升员工的意愿，你还可以赋予这件事对其他人的意义。

比如对同事的意义。

"小张，你别看财务只是个事务性的工作，烦琐、强度高、存在感又不强，但公司里的每个部门、每个人都离不开你，公司的现金流就像是血液，身体好的时候感觉不到它的存在，但它一旦出问题了，整个人就垮了，所以财务的工作举足轻重，马虎不得，我们的健康可全靠你了。"

再比如对公司的意义。

"小张，放下手中其他所有的事，专注做好这份项目计划书，因为合作方是腾讯，如果你能通过这个项目把这条线建立起来，那我们之后的产品流量就会有一个大爆发，公司会立刻启动下一轮的融资计划。"

你还可以反复强调对社会和用户的意义。

"小张，你编的是计算机代码吗，不是，你编的是幸福的代码。当这款软件上市后，许多家庭中的婆媳关系就能因它而变得更加融洽，你知道吗，这将改变成千上万个家庭，让幸福的笑声再次响彻他们的房间。"

当员工发现这件事对越来越多人有利，他就越来越觉得做这件事情很有意义，甚至感到自豪，动力也会因此变得更大。

这也是为什么我们之前反复强调企业需要明确自己的"使命"与"愿景"，因为这些将成为员工工作的核心动力之一。

3. 目标能否实现

这些意义听着让人热血沸腾。

但如果说了那么多，却发现这件事不太可能实现，员工就会觉得你是在画大饼、忽悠人，没有任何意义。

所以，你一定要让他们相信这件事是有可能实现的。怎么做？

有两个方式。

第一，画路径，说明可行性。

你不仅要告诉他们去哪，还要告诉他们，我们将会如何抵达。

当今世界的光刻机巨头荷兰阿斯麦（ASML）公司，在成立之初，未生产出一款产品，资金流也面临枯竭，但当时的 CEO 贾特·斯密特却放话，说要在 4 年之内，挤入已经豪强林立的行业前三名。

员工肯定不信啊。

于是他就详细分析了整个行业的发展特性、市场里其他几位玩家的真实情况、自己公司握有的独特优势……然后画出了一条可行的超车路径。

员工一看，这可以啊！于是，他们立刻变得干劲十足。

这是说明可行性。

那如果画不出这条可行的路径，怎么办？

第二，用小成功，点亮希望。

员工之所以不相信你说的，是因为你无法证明你是对的。

就像你还没有参加考试，如何让别人相信你能考 100 分？

你可以拿出你之前三次都考了 100 分的卷子。

信心，来自过去的成功。

如果你心中的目标太过遥远，那就先给团队定一个小目标，然后，把它实现，建立团队的信心，然后，再定一个，再实现，再定一个，再实现……

等团队感觉自己无往而不胜了，你再抛出自己的终极梦想，便能瞬间点燃大家的激情。

二、为行动提供保障

一个有意义的目标，能让人产生动机，而要让他真正地行动起来，你得为他提供行动所必要的保障。

就好像有一座富含金矿的海岛，你想去挖，但至少你得有艘安全的船，有挖矿的工具，准备好充足的食物，最好再买上一份保险……这样你才愿意出发，对吧？

当这些必要的"保障"减少了，比如船上有个大洞，工具只有一把勺子，你的意愿就会降低，少到一定程度，你就会放弃。

美国心理学家赫茨伯格将这些在工作中不能减少的因素称为：保健因素。

那在工作中，你需要提供哪些保健因素呢？

这些就是员工觉得自己应得的，你不能减少的那部分东西，比如工资、补贴、过节福利、五险一金、安全舒适的工作环境、友善平等的人际关系、公平合理的管理制度等，有了这些，他们才会开始并持续稳定地工作。

如果你胆敢减少它们，比如过节时该发的月饼没有发，加班居然没有加班补贴，谈好的工资竟然要扣钱，做同样的工作小张的工资竟然是自己的三倍……那他们就会开始抱怨和抵抗，甚至直接罢工离职。

又想马儿跑，又想马儿不吃草，这是妄念，要戒！

但保健因素只是工作的基本保障，即使都满足了也不会激励员工更加努力，这就是为什么加薪并不能有效提升员工的积极性，因为工资也是保健因素，它与员工的职责挂钩，而与积极性无关，员工会认为工资是自己做这些事应得的。

那想要提高员工的积极性，让他们拼尽全力，你该怎么办呢？

这就需要第三步……

三、对绩效进行激励

除了保健因素，赫茨伯格同时还提出了一个能影响员工积极性的因素，叫作"激励因素[⊖]"，如果激励因素被满足，员工的积极性就会大幅提升。

那什么是激励因素？

刚才我们说"保健因素"是员工觉得自己"应得的"那部分，比如"工资"准额准点发放，他觉得这本来就是自己应得的，如果你敢少发或者晚发，他会非常不满，所以"工资"是保健因素。

但同样作为钱的"佣金、奖金、股权……"却是激励因素，为什么？

因为员工觉得"激励因素"是自己"赢"来的，它们本来不属于自己，想要拿到，就必须通过努力，通过更好的表现来赢得。

当金钱和好的表现挂钩时，它就变成了激励因素。

那怎么挂钩呢？

有三种方式。

1. 提成制

比如，直播带货是你的工作，作为公司的员工，只要你在直播，无论有没有把货卖掉，都能拿到应得的工资，但卖了多少，是你通过努力和能力"赢"来的，把销售额的一部分作为奖励给到你的这种激励方式，就叫作提成制。

提成金额 = 销售额 × 提成比例。

那么问题来了，公司该如何设置这个"提成比例"呢？

20%、10%，还是 1%？

这没有标准啊！比例高了，公司的利润就会少；比例太高，会导致动作的

⊖ 保健因素和激励因素合称为"双因素理论"，美国心理学家赫茨伯格在 1959 年提出。

变形，员工可能会为了拿奖励而夸大宣传，欺骗客户；比例太低，又起不到激励的作用。怎么办？

你得先确定提成金额。

比如主播的基本工资是3000元，而行业里前5%的优秀主播，平均月收入能达到3万元，那么你就可以把提成金额预设在2.7万元。

然后，再确定销售额。

一个优秀的主播一个月能带价值多少元的货呢？

你分析了一下市场上这一级主播的平均带货能力，再结合公司的实际情况，给出了回答：一个月带货50万元。

由此，你就可以计算出给主播的提成比例应该等于（2.7÷50）×100%=5.4%。

这，就是一个比较合理的提成比例。

当然，为了达到更好的激励效果，你还可以稍微调整一下，把比例设置成阶梯形的，比如：

- 销售额30万元以内，提成比例3.5%；
- 销售额30万~50万元，提成比例4.5%；
- 销售额50万元以上，提成比例5.5%。

这样当一些主播做到25万元销售额的时候，抬头一看，发现只需要再做5万元，收入就能提高30%，他就会一咬牙一跺脚，怎么样也要再拼出这5万元的业绩来，激励效果就又能上升一个台阶。

2. 奖金制

最近微信的视频号快速崛起，并且也开通了直播带货功能，你发现这可能会成为公司未来的一个主要销售渠道，于是你要求主播去运营视频号，在视频号上做直播，但主播纷纷表示拒绝，为什么？

因为他们发现，在视频号上自己还没什么粉丝，花同样的时间工作，销量将大幅下滑，对自己的收入会有严重的影响。

提成制简单直接，看起来很有效，但这会造成业务之间的"马太效应"——什么产品越好推、什么渠道越容易推，员工就越愿意去做什么，而那些知名度不高的、价格没有吸引力的产品，或者还没什么人气的新市场新渠道，大家就不愿意去。这就会导致公司的新业务很难发展起来，战略转型也会受到公司内部的强烈抵触，怎么办？

你需要第二种激励机制：奖金制。

这就是根据公司的战略方向，对不同的业务设置不同的奖金制度。

现在在视频号上一个月卖50万元是有难度，但经过估算10万元还是有可能的，如果现在能把视频号运营起来，未来它会逐渐超过其他的渠道。

因此，你可以颁布一条激励政策：在原有提成比例不变的基础上，如果在视频号上的月销售额达到10万元，主播可以直接获得2万元奖金。

他们掐指一算，"收入差不多啊，而且这个未来潜力更大，可以搞！"

于是，他们开始纷纷转投视频号。

当然，为了提升激励效果，你还可以像提成制那样设置阶梯式的奖金：

- 销售额3万元以内，没有奖金；
- 销售额达到3万元，奖励5000元；
- 销售额达到5万元，奖励1万元；
- 销售额达到10万元，奖励2万元。

你的重视，要体现在奖励的不同上，而不只是嘴上说说。

奖金制不仅可以用在这种业务类的工作上，还可以用在技术、财务、客服、文职等事务性的工作上，你可以提前设定好工作目标，然后年底根据完成的情况、员工之间的互评、用户的反馈等来分配奖金。

3. 对赌制

一名主播因个人原因突然离开了公司，他那个拥有10万粉丝的视频号便空了出来，你问大家谁要接手，请用业绩来竞标。

小李说，如果这个账号给他，他一个月能做30万元。小张不屑地喊道，给我我能做 50 万元！原本做客服的小美跟着说：我能做 100 万元！

你一看，大家明显都抱着先拿到账号再说的心态在乱喊，怎么办？

让大家为自己的承诺"下注"。

"想要接手的同学，请自掏腰包 1 万元，如果 1 个月之后能完成自己承诺的业绩，公司会再给你 2 万元作为奖励，而如果没完成，那这 1 万元就作为团队的活动经费了，然后把账号空出来，下个月大家再继续竞标。"

大家一听便安静了，开始仔细研究账号特性、粉丝数据，不敢再乱承诺了。

最终，小张以"承诺完成 60 万元的业绩"拿下了账号。

次月，该账号的业绩暴增，小张疯狂带货 80 万元，赢走了双倍赌注，皆大欢喜。

这就是对赌制，让员工为自己的业绩承诺下注，赢，则拿走奖励，输，则赔掉本金。

以上，就是将金钱变成激励因素的三种方式。

当然，激励因素除了物质激励之外，还有精神激励。

比如口头表扬、颁发奖章、一起午餐、提供更有挑战性的工作、赋予他更大的责任、把他纳入某个人才俱乐部等，都是很好的激励因素，你可以根据实际情况来进行选择。

当员工朝向目标开始行动，并取得了积极的成绩后，你就需要用这些"激励因素"来强化他的行为，让他更努力、更用心地做这件事，进而更快速地达成目标。

这是你要替员工回答的第三个问题"为什么要做"的三个步骤，分别提供了他"做事的动机、行动的保障，以及持续的热情"。

回到小锤的故事

如果一切可以重来，小锤该如何应用前文的这三个回答来提升团队的速度呢？

第一步，他要赋予目标意义。

小锤不仅要告诉员工，公司的目标是要在年底新开 30 家门店、上线点单小程序、做两次路演活动，更要告诉他们为什么要做这些，因为这是员工动力的来源，不知道为什么而战，便无心恋战。

但如果只有意愿，没有方法，员工便会成为无头苍蝇到处乱窜，导致混乱与低效。

因此第二步，他需要将目标拆解成任务，明确规则与期限，并责任到人，设定好时间节点，安排好跟进节奏，让每个人在每时每刻都知道自己应该做什么。

比如关于众筹开店的事宜，他可以这么安排："整个项目分为两个开发小组，分别由老张、老李负责，分管东城区和西城区，这是两份用户注册资料，里面记录了用户是否有投资意愿，你们可以按照意愿的强烈程度，让组员逐个进行电话沟通，每组每天沟通 1500 个用户，小谢会在会后把整理好的三份参考话术和沟通注意事项发给各小组，请每周五上报一次进度，确保在下月底之前全部沟通完毕。"

任务要求越简单明确，带来的执行效率越高。

然后，就可以开始了吗？

还不行，还要为他们的行动提供必要的保障，做好合理的授权，使他们在前线可以没有后顾之忧地放手去干。

做好以上这些，团队就不会乱，行事有章法，做事有规则，一个高效团队的雏形便形成了。

下一步，才是通过激励让团队开足马力。

激励有三种方式，但每一种都适用于不同的情况，小锤要根据公司目前所面临的实际问题来选择。比如小锤一开始使用"提成制"的激励方式效果并不好，因为不同位置的门店，众筹难度是不同的，有些地处偏僻的门店，客户的投资意愿比较小，大家就不愿意去开发。

因此，更适合小锤团队的激励方式应该是"奖金制"，按人流密度对待开发的门店进行划分，难度越大的区域，设置的奖金越高，这样员工之间就没有分别心，都会拼尽全力。

等安排好了这些，项目正式启动，小锤要做的事情反而变得简单了，无非就是跟进进度，反馈意见，为努力鼓掌，为绩效发奖。

就这样，小锤的团队开始在有序中疾步前行……

本章小结

以上就是本章的全部内容，下面我们来小结一下。

这一章我们继续讲如何提高团队的效率。想要提高效率，在确定了团队目标，拥有了一群能干的成员之后，你就需要提升团队的工作速度。

而提升速度的方式，就是要替组织中的每个人回答三个问题，分别是：做什么，怎么做，以及为什么要做。

1. 做什么

回答这个问题，是为了要让团队里的每个人，在任何时候，都清楚自己应该干什么。

回答一共分成6个步骤：①将目标分解成任务；②将任务责任到人；③明确方法的边界和结果的标准；④设定截止时间；⑤设置中间节点；⑥跟进与反馈。

2. 怎么做

回答这个问题，是要让团队解决问题的效率变得更高，而想要提高这个效率，除了要提升员工的能力之外，你还要做好合理的授权，让员工能够自己决定该采用什么样的解决方案，以此来缩短决策的时间。

合理的授权有 4 点要求：①选对人；②划出边界；③责权利对等；④保留知情权。

3. 为什么要做

回答好这个问题，员工便会把自己的一切押上，在这里拼尽全力，回答分成三个部分：

（1）为目标赋予意义。其中包括对他个人的意义、对别人的意义，以及目标本身能否实现。

（2）为行动提供保障。又想马儿跑，又想马儿不吃草，这是妄念，要戒！

（3）对绩效进行奖励。主要有三种方式，分别是：提成制、奖金制和对赌制。

一个大 Bug

到这里，关于如何提升团队速度的内容好像已经讲完了，但这里面其实有一个大 Bug。

就是我在前文里说的，团队的总产能等于团队内每个个体的产能之和，因此，想要提升总产能，其实就是要提升其中每一个人的产能。

但，这个前提是对的吗？总产能一定等于个体产能之和吗？

《三个和尚》的故事你一定很熟悉：一个和尚有水喝，两个和尚挑水喝，三个和尚没水喝。你看，人变多了，产能却下降了，团队总产能远远小于个体产能之和，这是为什么？

在地球的另一端，一个叫亚当·斯密的英国人发现，一个熟练工人一天最多能做一根针，但如果把做针的步骤分给十几个人按流水线操作，却能在一天之内能生产出 48 000 根针，总产能远远大于个体产能之和，这又是为什么？

这是因为，除了个体产能多少，影响团队总产能的，还有个体之间的协作关系。

而这，是影响更大的一部分！

我们下一章再说。

你要改变的是系统，
而不是员工

个人效率升级　　　**协同力升级**　　　**团队效率升级**

100%

三思三线　精进循环　八段加速　FOTA　权力　说服攻略　调整角色　协同三角　组建团队　培育团队　个体产能　团队协作

12

团队 ≠ 个体之和

梦之队

2002 年，号称"梦之队"的美国男篮，在男篮世锦赛上仅仅获得了尴尬的第 6 名。要知道，自 1992 年"梦之队"成立开始，美国队就从未在国际赛场上输过球。

两年之后，2004 年，为了一雪前耻，并夺下雅典奥运会男子篮球的金牌，美国派出了由艾弗森、詹姆斯、邓肯、韦德、安东尼、马布里、布泽尔、斯塔德迈尔等 NBA 全明星级别的球员组成的全新"梦之队"。

如果说两年前是轻敌，没有派出最好的球员，输是因为实力不行，那么 2004 年这支"梦之队"，可谓名副其实，每个球员的实力都是当世顶级。

但是……

他们在雅典奥运会上，又失败了！

小组赛里接连输给了波多黎各和立陶宛，艰难出线后，又输给了阿根廷，最后仅获得了铜牌……

为什么会这样？

论能力，把这支队里的任何一个人拉出来一打一，都拥有赢球的绝对实力。

论意愿，为了一雪前耻，为了拿到奥运会的金牌，为了捍卫"梦之队"的荣誉，他们每个人都毫无保留，拼尽了全力。

可为什么把他们组合在一起，成为一支球队之后，实力却没有想象中的那么强呢？

这是因为配合得不好，也就是队员之间无法产生高效的"协作"。

虽然队员的个人能力都很强，但这支球队是在奥运会开赛前18天才仓促组建完成的，阵容搭配并不合理。而且，队员来自不同的球队，没有在一起打过球，又缺乏合练的时间，彼此间的默契还没有形成。

詹姆斯回顾当年的情况时说："我们当时的阵容无法在世界舞台上打出竞争力，我们有技术出色的球员，但我们的搭配结构欠妥，纪律性也不好……"

于是，就有了雅典奥运会上的这一幕。美国男篮的每个球员都是世界顶级球星，但是组合在一起，球队却并不是世界顶级的，屡屡输给那些看似能力不强的队伍。

每个个体的能力固然很重要，但团队的能力并不简单地等于个体能力之和，还有赖于他们之间的协作。

如果彼此分工合理，配合默契，协作效率很高，那么每个个体即便弱小如蚂蚁，组合在一起所展现出来的智慧与力量，有时也会让对手胆寒。

提升团队协作的效率

我们把视角转回小锤的故事。

小锤通过上一章的学习，知道了如何让团队里的每个人都"开足马力"，那就是要替他们回答三个问题，分别是："做什么""怎么做"以及"为什么要做"。

但每个人都很厉害，并且都全力以赴，团队就会很厉害吗？

"梦之队"的案例表明，这显然还不够，为了不重蹈覆辙，小锤急需提升团队协作的效率。

具体该怎么做呢？

我将从"微观、中观、宏观"这三个从近到远的视角，带你看一下"协作"究竟是如何产生和演化的，以及你该从哪些方面入手来提升团队协作的效率。

微观视角

协作的前提

我们先从"微观视角",看看协作是如何在两个个体之间发生的。

假设你是一个原始人,想要去猎杀一头梅花鹿当晚餐。你自己一个人搞不定,想要找个人来帮忙。你该如何与另外一个人展开协作呢?

你可能会和某人说:"有一只梅花鹿在河边,待会儿我带上家伙,从右侧开始追逐,你先在左侧第三棵树后埋伏,等鹿经过时,一脚把它踹飞!然后我们把它煮了,晚上一起吃。"

计划不错。

但,你是原始人啊,你还不会说话!

于是,你只能手舞足蹈地给对方比划这个计划,并发出一些奇怪的叫声……

对方一脸惊愕地看着你,并运用丰富的想象力,试图理解你动作背后的意思。

然后,他好像懂了,开始用一些声音和手势回应你。

你看着他,也是一脸惊愕……"兄弟,你说的是我说的那个计划吗?"

于是,你继续比划……他继续回应……

180 个回合之后,你们彼此确认了一下眼神,嗯,这下应该明白了!

你们抄起武器,准备出发。

但回头一看,鹿……已经跑了!

协作需要计划,协作需要分工,协作需要配合,但产生这些的前提是,彼此之间能"有效地沟通"。如果你说的话对方听不懂,你们之间无法交流,那协作也就无从谈起。

蚂蚁能协作,是因为它们可以通过分泌特定的化学物质(信息素)来进行沟通;

蜜蜂能协作，是因为它们可以通过飞出特定的运动轨迹（蜜蜂舞）来进行沟通；

能有效沟通，是一切协作的前提，动物与动物，人与人，人与动物，人与机器，机器与机器……只要想协作，就得先解决彼此间的沟通问题。

沟通效率越高，协作效率也越高

没有规则地手舞足蹈显然不是一种高效的沟通方式，用很长时间才可以传递出一些简单的信息，因此协作效率很低。

随着语言的出现，人类的协作效率大幅提升，可以组织成百上千人一同执行一个复杂的任务，团体作战能力迅速与其他动物拉开差距，一举爬上了食物链的顶端。

接着，文字出现了，人类可以跨时间、跨地区地开展更大范围的协作。

再接着，电报、电话、互联网……每一次沟通效率的提升，都让我们的协作效率得到质的飞跃。

现在你知道了，沟通是协作的前提，想要提高协作效率，就得先解决沟通问题，沟通效率越高，协作效率也越高。

那么，怎么提高沟通效率呢？

给大家培训沟通技巧吗？

在第 10 章里我们讲过，从培训到能力的提升，中间还需要大量的练习，这需要很长的时间。而且，再有效的培训，也只会对一部分人有效，想要通过培训提升所有人的能力，这不现实。

那怎么办？

如果把"沟通不畅"比喻成"交通堵塞"，那么你要做的显然不是把司机都培养成赛车手，让大家拼技术，而是要让整个交通环境达到一些基本的条件，比如马路修得宽敞平稳，路口安装了红绿灯，有明确的交通法规，有交警引导执法等。

当满足了这些基本的条件，并不需要司机有太高的技术，每个人只需要遵纪守法，交通自然就会变得通畅。

沟通也一样，想要让沟通更高效，沟通的环境也需要满足一定的条件。

沟通，说到底就是彼此间信息的传递。所以，下面我将从"信息论"的四个概念出发，讲解实现高效沟通需要满足的 4 个条件。

高效沟通的 4 个条件

1. 统一的编码

什么是编码？

比如前文所述两个原始人在沟通，他们相互用的"手势和叫声"就是一种编码，把自己的"意思"转化成一种对方能理解的"信息"。

这里的关键是：编码要统一，彼此才能交流。

如果两个人的编码方式不一样，比如"猎物出现"对应的手势是"打一个响指"，而其中一个人认为"打一个响指"的意思是"你说得对"，那两个人就无法沟通。

秦始皇统一六国之后，为了促进不同地区间的交流协作，也为了让自己的政令更快地在全国推行，他做的最重要的事情之一，就是统一文字（见图 12-1），也就是在全国实行同一套信息编码。

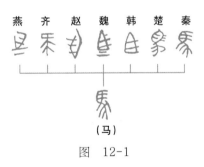

图 12-1

因此，为了提高沟通效率，你也要统一团队内部对信息的编码方式。

比如最基本的，就是要统一用语。小公司可能没这方面的问题，但一些大公司，如果内部员工使用的语言既有中文，又有英语，还有日语、韩语，再掺杂着各种方言……那彼此沟通的效率就会很低，就需要配翻译。

因此，统一用语，比如让大家都用英语交流，虽然会在短期内增加部分员工的学习成本，但长此以往，团队的沟通效率将会变得更高。

同时，你要统一各种信息的格式。

比如程序员编程的格式要有统一的规范，对命名的原则、注释的要求、接口的标准等都要统一。像谷歌这样的公司，对程序员编程规范的要求，甚至细到多打一个空格都过不了审。

除此之外，像邮件的格式、日志的格式、周报的格式、提案的格式、使用协作软件的格式、设计师使用 Photoshop 时图层的格式等，都需要统一。

统一的格式，会让彼此间的协作更加方便。如果每个人都按自己的习惯和喜好来写，就会增加很多无谓的沟通和调整，这些多出来的磨合时间就会降低协作效率。

2. 彼此有互信息

所谓互信息，简单来说就是两个人拥有的相同信息。

比如你对我说："一起去爬山吗？"

我看过《隐秘的角落》，于是我回答："不用了，你还有机会！"

然后你我相视一笑，很有默契。

但如果我没看过这部剧，就不知道你为什么突然邀我去爬山，沟通就停滞了。

《隐秘的角落》就是我们之间的互信息。

双方的互信息越多，沟通就越顺畅，因此，你可以通过在团队中加入更多的互信息来提高成员间的沟通效率。

比如公司设立共同的"使命、愿景、价值观"。

这点我在本书中已经反复提及，它们就是团队所有人的互信息。

- 新产品如何设计？请看看我们的使命，这是大家思考的起点；

- 今年的目标怎么定？请看看我们的愿景，这是每个人努力的方向；

- 两套方案该如何选择？请看看我们的价值观，这是我们判断对错的标准。

你还可以组织集体培训，来增加互信息。

比如公司要用"视频号"开展新业务，你想让大家来讨论一下方案。

但大家对"视频号"的认知程度并不一致：有些人在分析用户需求，讲账号定位；有人却在说视频的形式，拿抖音的案例来争论；还有些人完全不知道"视频号"这个东西……他们沟通起来就会特别累。

所以，在讨论之前，你得先组织一次集体培训，给大家普及一些背景知识，比如什么是"视频号"，它和其他短视频平台有什么区别，目前已经有了哪些成功的案例，以及公司为什么要用"视频号"做业务……

这些被普及的知识点，就会成为他们的互信息，之后大家再一起讨论，沟通效率就会提升很多。

透明的信息环境，也能为团队提供大量的互信息。

比如把所有人的工作目标、任务进度公开，这样彼此都知道他人在做什么，做到什么程度，遇到什么问题，沟通起来就会更有针对性，也减少了询问、猜测、试探、确认等低效的沟通环节。

谷歌允许所有员工查看公司的软件代码；Netflix 把财务报表、战略文档在公司内部完全公开；桥水基金会对公司内的会议进行录音，然后对所有员工开放……

这些，都是通过"透明的信息环境"往团队里不断添加"互信息"来提高沟通效率的做法。

3. 高置信度

置信度，你可以把它理解为相信某条信息的程度。

以上说的两点，都是让沟通的内容更容易被理解，但仅仅理解还不够，如果你认为对方的话"置信度"很低，无论他说什么，你都选择不相信，那么沟通就无法完成。

因此，为了提高沟通效率，你还得帮助团队建立彼此间的信任。

具体怎么做？

我在第6章里说过，影响信任的三个要素，分别是：善意、能力和稳定性。你相信一个人，是因为这个人真心为你着想，他也有能力为你提供帮助，并且不会时好时坏，他会始终如一。

所以，建立信任，你可以从这三个方面入手。

第一，营造互助的氛围，为团队提供善意。

比如罗辑思维团队在企业内部发行了一种叫作"节操币"的流通货币（见图12-2），员工可以用它在公司周边合作的商家消费。

但节操币并不能直接使用，必须得经过一次"公开的转手"，转手时还必须写上理由，例如"感谢你上周给我提了一个好建议"，以此在团队里形成互助的氛围，增强彼此间的信任。

图 12-2

第二，招聘时严格把关，让员工对同事的能力放心。

- 乔布斯曾说："管理，就是找到最好的人，然后把事情交给他们。"
- 谷歌成功的秘密是，只招最好的人才。
- 网飞（Netflix）的招聘要求是，所有岗位上的人都必须是第一流的人才。

为什么这些公司对人才都有如此高的要求？

一个原因是它们已经拥有最好的员工，只有招来第一流的人才，才会令老员工信服，从而放心地把事情交给对方，协作时不必有过多的担心和干预，这样就减少了很多无谓的沟通时间，协作效率自然更高了。

第三，为团队注入"确定性"，让每个人都稳定靠谱。

我们都喜欢与"确定性"为伍。你的手机触屏不能时好时坏，你每一次按压屏幕，它的反馈都必须是确定的、可预测的，如果有几次按上去没反应，你就得花时间去修理它，甚至不想再用这台手机了。

人与人之间的合作也一样，我们希望对面的这个人是可预测的，这样合作起来就会很安心。

因此，你也需要为团队注入这种"确定性"，来提高团队成员间的协作效率。

比如你可以在团队里推行一种文化：凡事有交代，件件有着落，事事有回音。

这是一种做事的态度，虽然我们不能保证每件事的结果都令人满意，但我们可以保证在过程中与对方的协作方式是稳定的，该给反馈时给反馈，该提要求时提要求，绝不会出现石沉大海的情况，从而让彼此间的协作拥有一定的"确定性"。

4. 噪声要小

所谓噪声，简单来说就是和主题无关的信息。

你在听歌，外面在下雨，雨声就是噪声，它干扰了当前的主题——听歌，如果噪声太大，你可能就听不清歌手在唱什么了。

与人沟通也一样，如果不相关的信息太多，你就很难理解对方到底要表达什么，这会严重影响沟通的效率。

因此，你要帮团队减少沟通中的噪声。一般有三种方式。

第一，建立纠错机制。

比如你和下属说了"ABCDE"5点信息。你如何确保下属听到的、理解的和你表达的是同一个内容？

让他复述一遍。

他说："你说了AB4DF"。这样你就知道，他把"C"理解错了，把"E"给漏了，自己加了"F"。

这时，你需要做的就是再说一遍，然后再让他复述一下……如此往复，直到彼此的信息一致。

这种纠错机制，你需要在团队中全面推行，在每次沟通、会议之后，都要求参与者进行一次总结复述，必要时反复确认，以确保信息每次都能传递无误。

重复确认所"浪费"的时间，要远少于执行一个"错误传递的信息"所花费的时间。

第二，去掉冗余。

一次谈话或者会议，有80%以上的内容都是辅助说明核心观点的案例、铺垫、寒暄，或者是价值不大的内容，这些都是冗余的信息，在一定程度上也属于噪声。

沟通时如果没有这些，也许不利于对方的理解，或者你需要用这些话来营造一个良好的沟通氛围。但沟通结束之后，你就要把这些冗余的信息去掉，提炼出核心内容，以便对方接受和执行。

比如会议持续了5个小时，讲了很多内容，大家聊得都很"嗨"，但这些都不重要，重要的是最后得把这5个小时的沟通浓缩成一份只有"结论"的会议记录，交代清楚"谁，在什么时候，做什么事，做到什么程度"，然后群发给与会者，并跟进执行。

为了避免会议中"人多嘴杂"产生过多的冗余信息，你还可以控制会议的人数，明确发言的规则，执行严格的会议流程。

第三，进行交叉验证。

下属向你汇报一个情况，你不能立刻基于这个情况做出判断，因为这次汇报中可能掺杂着"噪声"，也许是他的"小九九"，也许是他道听途说的错误信息。仅仅基于这些，你很容易误判。

这时，你需要再多找几个人，从不同的角度来了解这件事情，进行交叉验证，从而去掉其中的噪声。

增加信息源，进行交叉验证，这在公司需要做出重大决定时尤为重要，你必须要把这个环节加入公司的决策流程中。

中观视角

上面，我们从微观的视角，看到了沟通对协作的重要意义，以及如何通过提升沟通效率来提升协作效率。

现在，我们把视角拉高，从两个人扩大到一群人，看看这时影响协作效率的又会是什么。

下面，我们进入协作的"中观视角"。

分工协作

前面我们解决了沟通问题，但这只是有了协作的基础，要产生"1+1 ＞ 2"的效果，还需要合理分工。

比如一群原始人要猎杀一只老虎，如果只是简单地一拥而上，是肯定会被"团灭"的，人多不一定力量大。但如果彼此分一下工，明确谁负责勘察地形，谁去引诱，谁做陷阱，谁来补刀等，大家默契配合，是有可能完成捕猎的。

有了"分工"，团体才能成为一个集体大于部分之和的"团队"。

为什么分工会产生"1+1 ＞ 2"的效果？

假设做一个东西需要 5 个步骤，小王完成每个步骤花费的时间分别是：5 分钟、25 分钟、60 分钟、110 分钟、20 分钟，其中每个步骤之间还有切换的时间（见图 12-3）。

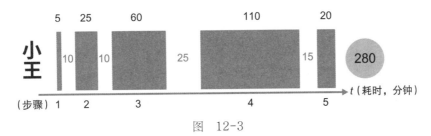

图 12-3

注：切换时间用来换工具、挪地方、做准备等。

小王需要280分钟才能做完。

而小李做这个东西完成每个步骤所花费的时间分别为：25分钟、35分钟、5分钟、70分钟、60分钟，加上中间切换的时间，总共花了260分钟（见图12-4）。

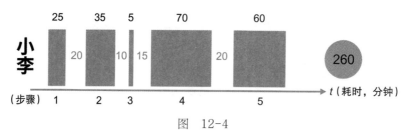

图　12-4

注：切换时间用来换工具、挪地方、做准备等。

你会发现他们完成不同步骤所需要的时间是不一样的，比如第一个步骤，小王只需要5分钟，小李却要25分钟。为什么？因为小王更擅长做第一步。

那么，如果两个人分工，都只做自己更擅长的步骤（见图12-5），会发生什么情况呢？

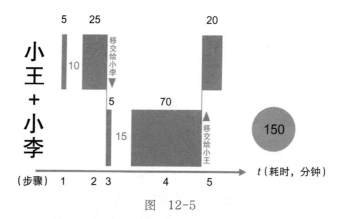

图　12-5

这个东西的生产时间缩短到150分钟，速度几乎快了一倍。

这就是分工产生效率的秘密：所有人都在做自己"擅长"的工作，并且因为更"专注"，切换步骤的时间也会随之减少。

有了这个认识，你具体该怎么给团队分工呢？

效 率 红 利

1. 基于长处进行分工

有个词你可能已经听腻了，就是领导最重要的能力之一——"知人善用"。但怎么知人，如何善用？

知人，就是找到每个人擅长的事；善用，就是基于他的长处来分工。

比如前NBA球星罗德曼，他最擅长的是防守和抢篮板，那么在打比赛的时候，教练就让他专注于这两件事，而把进攻和组织的工作交给乔丹和皮蓬。这样的分工优化了球队的整体效率，使公牛队的进攻和防守水平都达到联盟顶级。

但如果你没有基于某个人的"长处"来分工，结果就会比较惨。

比如迪士尼曾经有一名叫拉塞特的年轻动画师，他的故事创作很有创意，只是当时的领导并不认可他这一点，只让他画画，叫他不要整天胡思乱想，最终还因此把他赶出了公司。

这个年轻人后来成了皮克斯公司的创始人之一，就是那个做出《玩具总动员》的皮克斯。离开迪士尼后的拉塞特，改变了世界的动画行业。

当然，迪士尼后来很后悔，想和拉塞特再续前缘，最后花了74亿美元收购了皮克斯，这才把他重新请了回来。

2. 先分利，再分工

分工的目的，是提高效率。但为什么大家愿意"被分工"？

比如房产中介，卖掉一套房子获得的佣金是成交总额的3%，一笔不小的收入。但是要完成整个销售过程并不容易，既要找房源，又要找客户，还要带着客户看房子、促成销售，此外，过程中还要时刻提防同行撬单……效率很低。平均每个中介每年只能成交3套房子。

那怎么办？

合作。

贝壳，把原本由一个房产中介完成的工作，拆分成房源录入、房源实勘、客源推荐、客源成交等10个步骤，然后由不同的人，甚至是不同的房产公司来协作完成。

但大家为什么要合作？特别是原本是竞争关系的不同中介公司，凭什么我找到的房源，让别人来签单？

凭利益。

最终促成客户付款的"客源成交人"对这次交易的贡献最大，他拿走佣金的30%，但剩下的那些经纪人，有的给他提供了这套房源，有的给房子拍了照片，有的则是带客户第一次看了这套房子，还有的替他完成了房产交易的所有手续……他们让签单变得更加容易，因此他们也要从佣金总额中分走自己应得的部分。

虽然单个中介在一次交易中的收益变少了，但由于整体交易量的提升，不少门店的收入增长了1倍以上。

贝壳，通过重新分配利益，把竞争变成了合作，从而提升了整个行业的效率。一套房子的成交时间，从过去平均的143天缩短到109天。

需要注意的是，这个合作模式能成立且可持续的关键点，是只有当"合作的收益"＞"单干的收益"时，大家才愿意参与合作，不然迟早会离开。

比如原来你是自己一个人卖房子，平均一个月能赚1万元，但如果现在加入"分工"，你只负责开发房源，最后一算，收入却降低了，那你肯定不干了，对吧？

所以，在分工之前，得先做好"分利"，基于每个环节的"机会成本"（他不参与合作，做其他事情能获得的回报）来设计每个人的利益分配方案，用更高的回报，来维系协作的稳定。

3. 优化短板

分工，得基于每个人擅长的事来进行分配，也就是要发挥每个人的"长板"。

基于"长板"，把个人组合成一个整体之后，再要提高效率，就得找到他们中的"短板"，因为如果某个环节慢了，后面所有人都得等他，那整体的效率就会被他拖累。

效 率 红 利

这就是"木桶效应"：一只水桶能装多少水取决于它最短的那块木板。决定一个协作系统效率高低的，是它效率最低的那个环节。

这里插一句，很多人学一个理论，总是忽略它的应用场景，乱套乱改。比如有人说"木桶效应"过时啦，现在是"长板效应"。你可以把木桶横过来，这时决定木桶能装多少水的，不是最短的，而是最长的那块板！

"木桶效应"本来是用比喻来说明一个道理，现在直接把比喻给改了，然后说这个比喻的道理有问题，这逻辑真的是一言难尽……

对个人来说，确实得寻找"长板"，因为"长板"能够帮助你更好地嵌入其他的协作系统中。但作为系统本身来说，如果不解决短板问题，就好比一部手机，用上了全球最快的 CPU，却只给它配了 2M 的内存，那它一定会非常卡。

你该怎么基于"木桶效应"提升团队的协作效率呢？

首先，你要找到短板。就是你要找到流程中效率最低的那个环节，它就像水管中最细的位置，决定着整条水管水流的大小。

接着，优化这块短板。你可以通过第 3 章讲的"八段加速"来逐级提升这个环节的效率。

然后，再继续寻找下一块短板，如此往复……

组织结构

有了分工，集体就形成了一种最基本的"组织结构"，叫作职能型组织结构。

什么是组织结构？

组织结构，是成员之间"协作关系"的表现形式。

常见的结构类型有：职能型、项目型、矩阵型、网络型……它们所体现的，是整个团队内当前是如何协作的。

为什么会有这些结构形态？

为了提高协作效率。

单打独斗型 → 职能型

最初，你的团队只有你一个人，需求调研、技术开发、Bug 修复、页面设计、打广告、做销售、接电话、打扫卫生……你一个人干所有事情。很多事情其实你并不擅长，工作效率很低。

于是，你找来了技术大牛李布斯专注产品开发，又找来了能说会道的张大嘴负责营销渠道，请声音甜美的孙志玲担任客服，请认真勤奋的王奋斗帮你管后勤……大家基于各自的擅长进行分工协作（见图 12-6）。

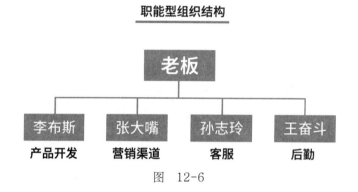

职能型组织结构

图　12-6

这时，你的组织结构便从"单打独斗型"变成了"职能型"，团队效率实现了第一次飞跃。

但随着事情变多，分工变细，团队人数越来越多，你每天要同时应对十几个人，沟通效率变得很低，协作出现混乱，团队开始减速。怎么办？

你开始在团队中建立"层级"（见图 12-7），提拔李布斯担任产品主管，张大嘴担任销售主管，孙志玲担任客服主管，王奋斗担任行政主管，由他们来分管其他相关人员，你每天还是与他们 4 人对话。

这时，你的组织结构虽然还是"职能型"，但因为有了层级，你的"管理幅度"大幅提升，原来 10 个人，你就管不过来了，现在分成了 4 个部门，人数轻松突破了 30 人，能同时处理更多的任务了，团队的效率实现了第二次飞跃。

效率红利

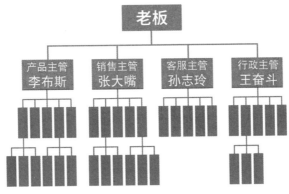

图　12-7

职能型 → 项目型

随着人数继续增多，部门不断壮大，新的协作问题又出现了，就是部门之间竖起了一堵堵高墙。比如：

每个人都只为部门内的事情负责，而不知道公司的整体目标，不管产品能否卖得掉，反正你要的功能实现了；

想要与其他部门协商一些问题，还得一层层往上报批，原来客户提个建议，你回头就能让身后的技术人员实现了，现在光审批讨论就得等上 2 周。

一旦公司业绩下滑，各部门就开始推诿扯皮……

- 产品部：卖不好当然是销售的责任！
- 销售部：你们好意思说，产品不好我们怎么卖？
- 产品部：我们是按客服部反馈的需求开发！
- 客服部：真有意思，一个做产品的，一个做销售的，业绩不好竟然怪我们客服部……

组织臃肿，沟通受阻，内部割裂，怎么办？

这时，新的职位"产品经理（项目经理）"出现了。他说："都别吵了，我来为最终结果负责，以后你们都听我的。"

于是，你将原有的组织结构打散，以产品经理（项目经理）为中心进行重组，将平时需要密切沟通的岗位，都放在一个部门内，由此形成了若干个事业部（项目组）。

如今，公司的组织结构便从"职能型"变成了"项目型"（见图12-8），或者也可以叫"事业部制"。

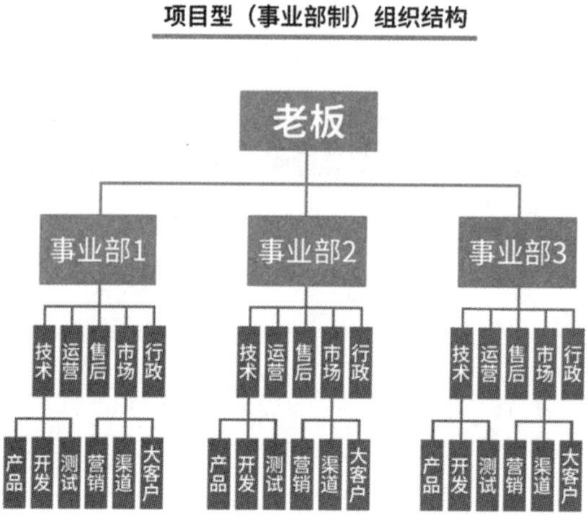

图 12-8

现在每天和你沟通的人，变成了各事业部的经理，他们为各自团队的最终目标负责，在事业部内，各职能间的沟通协作也变得更为顺畅，你的团队效率实现了第三次飞跃。

项目型 → 矩阵型

由于项目型组织结构有"效率高、复制快"的特点，因此你的团队继续膨胀，很快便有了5个事业部，总人数突破了200人，业务越做越大，但新问题随之而来。

那就是资源的浪费。

事业部相互独立，自产自足，所以很多职能型的岗位，比如人事、财务、技术等需要在每个事业部中重复配置。怎么办？

改成"矩阵型"的组织结构（见图12-9）。

职能部门隶属于公司总部，穿插服务于各个事业部中，让资源能够被重复利用，这些穿插的职能部门还能将各事业部的经验回流至总部，使其成为公司的能力。

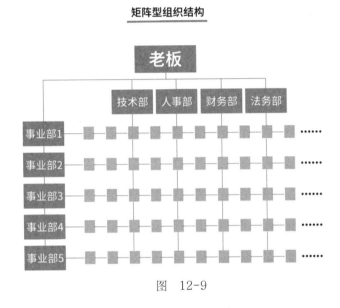

矩阵型组织结构

图　12-9

你的团队效率因此又完成了第四次飞跃。

但矩阵型的组织结构也有自己的问题，就是会出现"多头领导"，使得一些员工既属于事业部，也属于某个职能部门，这就会导致管理的混乱，对领导者的管理能力提出了更高的要求。

结构是演化出来的。

每次结构的调整，不是因为最近流行哪种结构，而是为了解决当前团队遇到的各种效率问题。每种组织结构既有优势，也存在缺陷。没有任何一种完美的组织结构，只有适合当前实际情况的组织结构。

那么，你又该为当前的团队设计怎样的组织结构呢？

设计，其实是个伪命题。前文我们说了，没有最好的结构，你需要根据外部环境、公司战略、团队规模、遇到的实际问题等来不断调整结构，从而找到最适合的一种。

组织结构不是"设计"出来的，而是"演化"出来的。

具体怎么做？

你需要遵循三个原则。

组织结构演化的三个原则

1. 沟通便利原则

组织结构的调整，是为了提升团队的协作效率，而协作效率与沟通效率成正比。

因此，在做任何调整时，你都要问自己：这样调整，能让团队之间的沟通效率变得更好吗？怎样能更好？

首先，把需要频繁沟通的人连接在一起。比如把一款产品的运营、开发、维护、销售放在一个团队内；为了完成某个特定项目，你可以组建"临时作战指挥室"，把核心成员安排到同一间屋子里办公，让他们整天在一起。

其次，要切断非必要的连接。比如公司内的小团体、办公室情侣等，他们之间的沟通内容，通常与公司目标无关，但却占用了公司的"沟通带宽"，影响整体的沟通效率。

另外，分层是为了解决管理幅度不当的问题。管理幅度不当，不一定要通过分层来解决，因为分层会降低层级间的沟通效率。所以，如果可以，你应该优先使用更高效的沟通工具，来提升自己的管理幅度。

2. 资源复用原则

你需要让资源在组织内流动起来，让它们能被重复使用，以提高团队的整体效率。

比如人员共享，通过矩阵式的组织结构让职能部门服务所有事业部；

比如能力共享，把项目经验总结成技术文档、工作流程，并应用到下一次项目中，使它变成公司的能力；

比如资源共享，建设"数据中台"，让一个业务获得的数据，为另外一个业务提供帮助。

3. 跟随战略原则

哈佛商学院教授艾尔弗雷德·D.钱德勒在他的《战略与结构》一书中说：战略决定结构，当企业战略发生改变时，组织结构也要做相应的调整。

2018 年，腾讯正式启动了一轮战略升级，以探索更适合未来趋势的社交、内容与技术的融合，并推动实现由消费互联网向产业互联网的升级。它的组织结构伴随战略升级做出了重大的调整，重新整合原有的七大事业群，并推出全新的"云与智慧产业事业群"和"平台与内容事业群"，以面对全新的挑战。

宏观视角

微观看沟通，中观看结构，现在我们继续把视角拉高，来到宏观视角。你将会看到什么呢？

以军队为例。

当你站在人群中，从"微观"的视角望去，你看到的，是彼此的沟通，是命令的执行，是责权利的分配。

当你站上高台，成为将军，从"中观"的视角望去，你看到的，是整个军队的组织结构，是排兵布阵。

而当你化身一只雄鹰，飞上三万英尺的高空，以"宏观"的视角俯瞰大地时，你会看到什么？

你看到的，是行军路线，是大军的行动是否规整；你能看清哪边是主力，哪边是侧翼，何处是疑兵；你还能看到援军如今身在何处，会在什么时候赶到；粮草辎重在哪，运输是否顺利……

这，就是在"宏观视角"下看到的场景。

那么，在这个视角下，你又该做什么来提升团队的协作效率呢？

一、用 OKR 黏合团队

在宏观视角下，你看到的不再是一个人，而是一个整体。所谓整体，就是虽然彼此做着不一样的事，但大家的行动方向、步调频率，应该是一致的。

因此，你需要用一罐"胶水"把大家黏在一起，让大家融为一体，这罐"胶水"就叫 OKR。

什么是 OKR

OKR 的中文名称叫：目标与关键成果法，O（objectives）指目标，KR（key results）指关键结果。它是一套目标分解的方法，起源于英特尔，被谷歌发扬光大。

OKR 是如何把团队黏在一起的呢？

首先，领导设定自己的 O，也就是目标，比如，今年要推出一款现象级的修图 App。

然后，找到"衡量"这个目标是否完成的"关键成果"，比如，安装量达到 1000 万、日活用户达到 300 万、用户评分超过 4.7 分，这些就是 KR（见图 12-10）。

O: 推出一款现象级的修图App

KR1: 安装量达到1000万

KR2: 日活用户达到300万

KR3: 用户评分超过4.7分

图 12-10

接着，下一层员工会根据领导的 KR，设定自己的 O，比如与安装量相关的渠道部经理，他今年的目标是要完成 1000 万的安装量。然后，他要找到这个目标的 KR：曝光量达到 5 亿，转化率达到 8%，安装率达到 30%（见图 12-11）。

效 率 红 利

图 12-11

然后再下一层员工，再根据这几个 KR 来设定自己的 O，再分解出自己的 KR……

如此这般，一层层往下分解，最终协同所有人。

OKR 将企业的战略转化成每个人的日常任务。当每个人努力把自己的目标实现之后，团队的总目标也就随之实现了，它像胶水一样，把一群人黏合在了一起，让十万大军，如一人前行。

在推行 OKR 的时候需要注意什么呢？

推行 OKR 时要注意三点

1. 目标要有挑战性，结果要可以衡量

目标要有挑战性，能让员工兴奋，但又不是异想天开。分解出来的关键成果要可以衡量，要遵循 SMART 原则。

注意，OKR 不是 KPI，不要以结果是否达成来决定员工的收入，这样会导致他不去制定"有挑战性的目标"；员工的收入由上司和同事对他工作的评价决定。

2. 层层分解，由沟通产生

层层分解是为了保证 OKR 把每个人的工作黏合在一起，并形成一个整

体，一起去实现同一个目标。

那下级的目标为什么要由沟通产生，而不是直接把上级的 KR 分派给他呢？

因为他自己定出来的目标，能让他从"要我做"变成"我要做"，他的工作意愿会变得更强，成果也更有可能超过预期。

当然，下级的 O 应该包含上级的 KR，这是因为，不能出现下级的目标实现了，上级的 KR 却没有达成的情况。

3. 公开透明，定期回顾

公司里的所有人（包括 CEO）的 OKR 都要让所有人可见，因为这样大家才会有整体感，知道自己在公司中的位置，知道自己能为公司做出怎样的贡献，也能知道自己该如何支持并帮助身边的同事。

OKR 要渗入每天的工作中，每周、每月、每季度都要有回顾总结，并制订下一步计划，不能等到截止日，才看有没有达成。

二、引入并合理分配资源

前文讲军队的时候，从宏观的视角看，你不仅能看到军队作为一个整体是如何行动的，还能看到粮草辎重的补给情况，看到援军前进的路线。

这些是什么？这些是你作战的资源。

巧妇难为无米之炊，打仗最终打的是资源，不能有了目标，光喊口号，你要为前线提供弹药，升级武器装备，要为自己的部队寻找援军，有了这些资源，士兵才有更强的作战能力，也更有信心勇往直前。

所以，行动之前，先自我审视，盘点一下库存，看看有多少粮食，能进行多大规模的战斗，如果不够，那就需要去外部找资源，比如人才、资金、技术、版权、渠道等，有多少资源，办多大事，不能异想天开。

向外寻找资源，是宏观视角下，一个 CEO 要为团队做的最重要的事情之一。

然后你会发现，无论你融了多少钱，招了多少人，资源总是有限的，强大如苹果公司，也不可能去做所有的事情，不同目标之间是冲突的。

因此，对内分配资源你要有取舍和平衡，把好钢用在刀刃上。

具体怎么做？

1. 在空间上要有侧重

2010 年，"千团大战"拉开帷幕，结局你已经知道了，美团胜出。但它是怎么赢的？

美团在 2010 年年底拿到的 A 轮融资才 1200 万美元，而它的对手们呢？拉手网，2010 年年底 B 轮融资 5000 万美元；2011 年 4 月 C 轮融资 1.11 亿美元。大众点评，2011 年 4 月 C 轮融资 1 亿美元！和它们比，美团的资源极其有限。⊖

怎么办？

当时它把整个中国市场分为 5 个等级：S 级，北上广深这类超级城市；A/B 级，省会城市；C/D 级，三、四、五线城市。

通常的思路，是按城市的体量平均分配公司资源。当时很多团购企业就是这么干的。

但美团不这么想，它认为，S 级城市是兵家必争之地，所有团购公司都会聚在这里厮杀，短时间内应该分不出胜负，所以它决定先不去这里硬拼，而是只投入一小部分资源，先占个位置。

C／D 级城市呢？地广人稀，需要投入资源不少，市场份额却很小，是那些在 S 级城市中落后甚至失败的企业会优先撤离的地方，因为它们要节省成本保 S 级的市场。所以这些地方，美团也决定先不进去，而是等对手撤走了再进来。

所以最终，美团决定先集中大部分的资源投入到 A/B 级城市。

很快，这些资源在 A/B 级城市的"相对优势"就显现出来了，约 2012

⊖ 资料来源于夸克企典。

年年中的时候，美团在这里的市场份额几乎都名列第一。

这时，它就有了很好的正向现金流，有了钱，它就可以在 S 级城市继续和其他企业竞争。

当 C/D 级城市市场空出来时，美团立刻进入，继续增加自己的市场份额与现金流。

后来的故事你也知道了，美团通过"农村包围城市"策略，在 S 级城市的竞争中获胜。

美团运用"资源在空间上有侧重"所带来的局部优势，再加以累积并扩大，最终获得全局的胜利。

2. 在时间上要有远近

不关注现在，你就活不下去，而不关注未来，你就活不长久。

在团队能活下来的前提下，不要把利润都藏起来，而要学会投资未来，为"长跑"做好准备。

2019 年 5 月，华为被美国商务部列入其所谓的"实体名单"，禁止华为在未经美国政府批准的情况下，从美国企业获得元器件和相关技术。在芯片领域，中国企业对国外特别是美国企业的技术和相关产品的依赖程度是非常高的，政令一旦生效，华为将面临"无芯可用"的绝境，所有相关业务都得停下。

美国这一招是想复制 30 多年前打压日本半导体企业的那一幕，以国家之力"封杀"华为。

顷刻间，"华为会不会就此倒下"成了当时全球热议的话题。

很快，华为海思总裁何庭波发声，表示公司十年前就做过这类极限生存的假设，并开启了一项"备胎计划"，安排了每年 4 亿元的研发投入、成千上万的工程师。现在，所有"备胎"将全部转正！

华为就此渡过了一场危机。

这就是在配置内部资源的时候，在时间上要有远近。今天埋下的一颗种子，也许会在十年之后长成参天大树。

以上，就是宏观视角下，你需要为提升团队协作效率而做的两件事情：一是，用 OKR 把团队黏合成一个整体；二是，引入并合理分配资源。

本章小结

把一群很厉害的人凑在一起，就能组成一个超级团队吗？

2004 年的美国男篮"梦之队"案例告诉我们：不行！

团队效率，并不等于个体效率之和，想要产生"1+1 > 2"的效果，必须要学会协作。那么，怎么提升团队的协作效率呢？

你可以用以下三个视角来观察自己的团队，从而找到解决之道。

1. 微观视角

在这个角度下，你会看到"沟通"是协作的基石，想要提升人与人之间的协作效率，首先得提升他们之间的沟通效率。

而沟通的本质是信息的传递，因此我们可以从信息论的角度，找到四个提高沟通效率的办法：第一，统一信息编码；第二，增加互信息；第三，提高置信度；第四，减少噪声。

2. 中观视角

在这个角度下，你看到了团队中的协作关系，由"分工协作"和"组织结构"组成。

分工之所以会产生"1+1 > 2"的效果，是因为所有人都在做自己擅长的事，而且更专注了，所以你可以从三个方面来提升分工的效率：第一，基于擅长进行分工；第二，先分利，再分工；第三，不断优化团队的短板。

组织结构是协作关系的表现形式，它有职能型、项目型、矩阵型等不同的形态，但它不是设计出来的，而是根据"团队遇到的效率问题"不断演化出来的。

演化要遵循三个原则：第一，沟通便利原则；第二，资源复用原则；第三，跟随战略原则。

3. 宏观视角

在这个角度下，你看到的不再是团队中的一个人，而是一个整体如何在更大的环境中行动。因此，你需要做好两件事。

首先，要用OKR来黏合团队，让大家变成一个整体。在团队中推行OKR时要注意三点：第一，目标的设定要有挑战性，结果要可以衡量；第二，从上至下层层分解，但每个目标都需要由沟通产生；第三，所有人的OKR都必须公开透明，并做好定期回顾。

其次，要重点关注资源的引入与分配。对外，你要引入资源，为团队赋能；但资源总是有限的，因此对内，你要学会取舍与平衡，在空间上要有侧重，在时间上要有远近，把好钢用在刀刃上。

改变系统，而不是改变人

有了微观、中观、宏观这三个视角，你便补齐了这第三模块"团队效率升级"的最后一块拼图：团队协作。

在讲如何提升团队协作效率的过程中，我从来没有说，你应该和员工说这个，应该让员工改那个。为什么？

因为协作不好，不是员工的问题。就像美国男篮"梦之队"在雅典奥运会中失利，不是球员的问题，他们都是超级明星，每个人都是世界顶级的球员，他们之间的协作不好，是因为他们所处的"协作系统"出问题了。

所以，那些天天抱怨员工的沟通有问题，团队没有凝聚力，工作流程效率低的老板，应该换个角度，将视线从员工的身上移开，看看自己身处的协作

效 率 红 利

系统，从这里找到病因。

协作，是一个系统问题，你要改变系统，而不是改变人。

祝你从今天开始，拥有一个高效的好系统。

参考文献

[1] 谢春霖 . 认知红利 [M] . 北京：机械工业出版社，2019.

[2] 清崎，莱希特 . 富爸爸穷爸爸 [M] . 杨君，杨明，译 . 北京：世界图书出版公司，2000.

[3] 圣吉 . 第五项修炼 [M] . 张成林，译 . 北京：中信出版社，2009.

[4] 艾利克森，普尔 . 刻意练习 [M] . 王正林，译 . 北京：机械工业出版社，2016.

[5] 艾伦 . 搞定：无压工作的艺术 [M] . 张静，译 . 北京：中信出版社，2010.

[6] 莱斯 . 精益创业 [M] . 吴彤，译 . 北京：中信出版社，2012.

[7] 勒朱瓦耶 . 落差：如何化解我们内心的失望 [M]. 陈思宇，译 . 南京：江苏凤凰文艺出版社，2016.

[8] 马薇薇，黄执中，周玄毅，等 . 好好说话 [M] . 北京：中信出版社，2017.

[9] 柯维 . 高效能人士的七个习惯 [M] . 王亦兵，译 . 北京：中国青年出版社，2008.

[10] 凯勒，帕帕森 . 最重要的事，只有一件 [M] . 张宝文，译 . 北京：中信出版社，2015.

[11] 平克 . 时机管理 [M] . 张琪，译 . 杭州：浙江教育出版社，2018.

[12] 布兰佳，约翰逊 . 一分钟经理人 [M] . 周晶，译 . 海口：南海出版公司，2004.

[13] 加勒特 . 用户体验要素（原书第 2 版）[M] . 范晓燕，译 . 北京：机械工业出版社，2011.

[14] 霍夫曼，卡斯诺查，叶 . 联盟：互联网时代的人才变革 [M] . 路蒙佳，译 . 北京：中信出版社，2015.

[15] 彭德格拉斯特 . 可口可乐传：一部浩荡的品牌发展史诗 [M] . 高增安，马永红，李维余，等译 . 上海：文汇出版社，2017.

[16] 刘慈欣 . 三体 2：黑暗森林 [M] . 重庆：重庆出版社，2008.

[17] 刘慈欣 . 三体 3：死神永生 [M] . 重庆：重庆出版社，2010.

[18] 卡尼曼 . 思考，快与慢 [M] . 胡晓姣，李爱民，何梦莹，等译 . 北京：中信出版社，2012.

[19] 李中莹 . 重塑心灵（修订版）：NLP——一门使人成功快乐的学问 [M] . 北京：世界图书出版公司，2006.

效　率　红　利

[20] 黎万强.参与感：小米口碑营销内部手册［M］.北京：中信出版社，2014.

[21] 弗洛伊德.梦的解析［M］.孙名之，译.北京：商务印书馆，2020.

[22] 希思，丹·希思.行为设计学：掌控关键决策［M］.宝静雅，译.北京：中信出版社，2018.

[23] 亚当斯.超越逻辑的情绪说服［M］.陈琇玲，译.台北：商周出版社，2018.

[24] 陈春花.管理的常识：让管理发挥绩效的7个基本概念［M］.北京：机械工业出版社，2010.

[25] 梅斯奎塔，史密斯.独裁者手册［M］.骆伟阳，译.南京：江苏文艺出版社，2014.

[26] 杜尔.这就是OKR：让谷歌、亚马逊实现爆炸性增长的工作法［M］.曹仰锋，王永贵，译.北京：中信出版社，2018.

[27] 哈斯廷斯，迈耶.不拘一格：网飞的自由与责任工作法［M］.杨占，译.北京：中信出版社，2021.

[28] 达利欧.原则［M］.刘波，綦相，译.北京：中信出版社，2018.

[29] 雷吉梅克.光刻巨人：ASML崛起之路［M］.金捷幡，译.北京：人民邮电出版社，2020.

[30] 罗振宇.罗辑思维［M］.上海：文汇出版社，2020.

[31] 萨瑟兰.敏捷革命：提升个人创造力与企业效率的全新协作模式［M］.蒋宗强，译.北京：中信出版社，2017.

[32] 施密特，罗森伯格，等.重新定义公司：谷歌是如何运营的［M］.靳婷婷，陈序，何晔，译.北京：中信出版社，2015.

[33] 金，贝尔，斯帕福德.凤凰项目：一个IT运维的传奇故事［M］.成小留，刘征，等译.北京：人民邮电出版社，2015.

[34] 钱德勒.战略与结构：美国工商企业成长的若干篇章［M］.孟昕，译.昆明：云南人民出版社，2002.

[35] 刘润.5分钟商学院·基础［Z/OL］.得到App，2016.

[36] 刘润.5分钟商学院·实战［Z/OL］.得到App，2017.

[37] 吴军.硅谷来信2·谷歌方法论［Z/OL］.得到App，2017.

[38] 张潇雨.商业经典案例课［Z/OL］.得到App，2017.

[39] 万维钢.精英日课第二季［Z/OL］.得到App，2017.

[40] 梁宁.产品思维30讲［Z/OL］.得到App，2018.

[41] 吴伯凡.认知方法论［Z/OL］.得到App，2018.

[42] 万维钢.精英日课第三季［Z/OL］.得到App，2018.

[43] 吴军.信息论40讲［Z/OL］.得到App，2019.

[44] 蔡钰.商业参考［Z/OL］.得到App，2020.

认知红利

作者: 谢春霖 ISBN: 978-7-111-63135-4 定价: 79.00 元

如何在这个时代脱颖而出?

作品点赞/收藏量超百万,

全网学习人次超 1 亿的知乎高人气作者谢春霖倾囊相授!

这是一本全面升级认知、快速提升脑力的书,作者思维新颖,对人、人性有独到的见解,对认知、思维有重构的逻辑,对效率和财富有独门的办法。阅读本书,是一次脑力激荡之旅,也是一条认知丰盈之路。

最新版

"日本经营之圣"稻盛和夫经营学系列

马云、张瑞敏、孙正义、俞敏洪、陈春花、杨国安　联袂推荐

序号	书号	书名	作者
1	9787111635574	干法	【日】稻盛和夫
2	9787111590095	干法（口袋版）	【日】稻盛和夫
3	9787111599531	干法（图解版）	【日】稻盛和夫
4	9787111498247	干法（精装）	【日】稻盛和夫
5	9787111470250	领导者的资质	【日】稻盛和夫
6	9787111634386	领导者的资质（口袋版）	【日】稻盛和夫
7	9787111502197	阿米巴经营（实战篇）	【日】森田直行
8	9787111489146	调动员工积极性的七个关键	【日】稻盛和夫
9	9787111546382	敬天爱人：从零开始的挑战	【日】稻盛和夫
10	9787111542964	匠人匠心：愚直的坚持	【日】稻盛和夫 山中伸弥
11	9787111572121	稻盛和夫谈经营：创造高收益与商业拓展	【日】稻盛和夫
12	9787111572138	稻盛和夫谈经营：人才培养与企业传承	【日】稻盛和夫
13	9787111590934	稻盛和夫经营学	【日】稻盛和夫
14	9787111631576	稻盛和夫经营学（口袋版）	【日】稻盛和夫
15	9787111596363	稻盛和夫哲学精要	【日】稻盛和夫
16	9787111593034	稻盛哲学为什么激励人：擅用脑科学，带出好团队	【日】岩崎一郎
17	9787111510215	拯救人类的哲学	【日】稻盛和夫 梅原猛
18	9787111642619	六项精进实践	【日】村田忠嗣
19	9787111616856	经营十二条实践	【日】村田忠嗣
20	9787111679622	会计七原则实践	【日】村田忠嗣
21	9787111666547	信任员工：用爱经营，构筑信赖的伙伴关系	【日】宫田博文
22	9787111639992	与万物共生：低碳社会的发展观	【日】稻盛和夫
23	9787111660767	与自然和谐：低碳社会的环境观	【日】稻盛和夫

推荐阅读

读懂未来 10 年前沿趋势

一本书读懂碳中和
安永碳中和课题组 著
ISBN：978-7-111-68834-1

双重冲击：大国博弈的未来与未来的世界经济
李晓 著
ISBN：978-7-111-70154-5

元宇宙超入门
方军 著
ISBN：978-7-111-70137-8

量子经济：如何开启后数字化时代
安德斯·因赛特 著
ISBN：978-7-111-66531-1